Inhaltsverzeichnis

Häussler trifft Kräling

Für sein Buch »Brot – Chancen für die Bäckerei« hat der renommierte Fachjournalist und Bäckermeister Werner Kräling bei uns im Backdorf mit unseren Backmeistern gemeinsam im Holz- und Steinbackofen gebacken. Eine Begegnung, die Folgen haben sollte: Die Chemie stimmte – rein menschlich betrachtet, aber wohl auch, weil es beiderseits ohne Chemie beim Brotbacken ans Werk ging. Begeistert von den Backergebnissen aus unseren Holz- und Elektro-Steinbacköfen reifte die Idee, das geballte Know-how gemeinsam in eine Waagschale zu werfen und ein Buch über das Brotbacken zu schreiben.

Mit diesem einzigartigen Buch geben Häussler und Kräling gemeinsam unser Wissen und Können an Brotliebhaber weiter, die ein gutes Brot zu schätzen wissen und zu Hause selbst backen wollen. 66 praxiserprobte und bewährte Rezepte bringen Brotvielfalt auf den Tisch und machen Lust auf natürlichen Brotgenuss und auf Experimente für neue und eigene Brotkreationen.

In leicht verständlicher Sprache erklärt der Brot-Experte die Grundlagen des Brotbackens, erläutert Wissenswertes, gibt wertvolle Praxistipps für den Einstieg und verrät viele Tricks, wie man in der heimischen Küche ein wahrhaft gutes, naturbelassenes Brot backen kann.

»Backen wie die Profis« ist nicht ganz einfach, aber eine reizvolle und spannende Herausforderung, die jeder Brot-Begeisterte meistern kann – unter anderem auch mit diesem Buch.

Und Brotbacken ist ein großartiges Vergnügen, ein sehr sinnliches Erlebnis. Ob mit den Händen im Teig, beim Formen der Brote und Einschießen der gärreifen Laibe. Erst recht, wenn der betörend schöne Duft der frischen Brote die ganze Küche erfüllt.

Die Tür in die Welt des Brotbackens wollen wir Ihnen mit diesem Buch weit öffnen.

Viel Spaß beim Lesen, Backen und Genießen wünscht

Ihre Rosemarie Häußler-Mayer

Ohne Kompromisse

Es war mir ein Vergnügen, mit dem Häussler-Team und meinem Bruder dieses Buch auf den Weg zu bringen. Natürliches Brotbacken ist eine Passion, die wir gemeinsam teilen, die unmittelbar verbindet: Mit den Backmeistern in der Häussler-Backstube zu arbeiten - das war gelebte Begeisterung für gutes Brot. Spaß an der Freude zu backen, Freude am guten Brot. Rein natürliche Zutaten auswählen, kein Diskutieren über mögliche Hilfs- und Zusatzstoffe, kein Lamentieren über die einfach erforderlichen Reifezeiten für die Teige, um das natürliche Brotaroma bestens zu entfalten. - Kurzum: Keine Kompromisse beim Backen naturbelassener Brote.

Und wenn man dann ein frisch duftendes Brot aus dem Ofen zieht, ist der Lohn der Mühen perfekt.

Bis dahin ist es aber ein Stück Arbeit - daraus will ich keinen Hehl machen. Und es mag sein, dass das erste Brot noch nicht den Olymp der kulinarischen Hochgenüsse erklimmen kann. Aber wer die Anfangshürden nimmt, gewinnt ein Stück Lebensqualität: Beim Backen und beim Brotessen und Genießen. Dass kann bewusst gesund genießen heißen, das kann herzhaft deftig sein, leicht und mediterran oder eine süße Verführung versprechen: Brot hat viele Gesichter - und die wollen wir in diesem Buch mit 66 Rezepten vorstellen.

Erst einmal heißt es nun, die Ärmel hochzukrempeln und die Hände in den Teig zu stecken, auf dass das Werk gelingen möge! Vor den Preis haben die Götter bekanntlich den Schweiß gesetzt. Es schmeckt aber noch mal so gut, wenn Sie es sich redlich verdient haben, wenn das Brot Ihrer Hände Arbeit entspringt.

Dass schon auf Anhieb Ihr erstes Brot gelingen möge,

wünscht Ihnen

Werner Kräling

Backkultur & Lebensart

BROT – EIN STÜCK LEBENSQUALITÄT

Als Kulturgut und wertvolles Lebensmittel gebührt dem Brot eine besondere Wertschätzung – ob beim Backen, beim Einkaufen oder beim Essen. Es ist ein Stück Lebensqualität, gutes Brot zu genießen, und wenn man es selber backt, dann weiß man um seine vielen Facetten, die es so faszinierend machen.

Das mag vielleicht übertrieben klingen, kann man doch ein Toastbrot in Plastik eingeschweißt für wenige Cent beim Discounter kaufen. Leider, denn wie bei vielen wunderbaren anderen Lebensmitteln auch – neben Brot z. B. auch bei Milch, Eiern oder Fleisch – ist der Herstellungsprozess aus dem Sichtfeld und damit aus dem Bewusstsein vieler Verbraucher gerückt. Mit industrieller Massenproduktion wird der niedrige Preis möglich – nicht selten auf Kosten der Qualität und bei vielen Produkten auf Kosten der Tiere. Den Grundnahrungsmitteln wird oft zu wenig Beachtung geschenkt, die ihnen eigentlich gebührende Wertschätzung bleibt aus.

Jeder hat aber als Verbraucher die Macht und das Vermögen, für sich die Welt anders zu gestalten. Und dazu gehört für mich auch der Broteinkauf im handwerklichen Bäckereifachgeschäft. Wir haben eine Vielzahl sehr guter Handwerksbäcker, die nach alter Väter Sitte gutes Brot backen. Bei ihnen bedient zu werden, macht Spaß. Ihre Geschichten und Anekdoten rund um ein Brotrezept bereichern den Alltag. Und das Brot darf das Dreifache und gern noch mehr als im Discounter kosten, denn preiswerter als mit täglichen Brotgenuss kann man sich doch kaum eine Freude bereiten.

Und wenn Sie einen guten Handwerksbäcker bei sich um die Ecke nicht mehr finden, dann backen Sie eben selbst ein tolles Brot. Gönnen Sie sich dieses Stück Lebensqualität. Das tägliche Essen sollte uns etwas wert sein. Auch, oder besser gesagt: Gerade vermeintlich Einfaches – wie unsere Grundnahrungsmittel. Gönnen Sie sich ein Stück Lebensqualität: Brot vom Handwerksbäcker oder eben selbst gebacken!

SO WIRD NATUR KÖSTLICH

Ein gutes Brot braucht nicht mehr als Mehl, Wasser, Hefe und Salz. Rein natürliche Zutaten. Zu denen dann noch ein behutsam gereifter Natursauerteig kommt, der dem Brot sein ursprüngliches und unverfälschtes Aroma verleiht. Genauer gesagt: Alle künstlichen Zusatzstoffe sind überflüssig!

Diese klare Überzeugung und dieser schlichte Grundsatz bilden das Fundament, auf dem dieses Buch aufgebaut ist. Brot braucht keine Chemie, denn die Natur bringt alle erforderlichen Inhalts- und Wirkstoffe und damit auch das »Backmittel« bereits mit: Schon das Getreidekorn enthält eine Fülle von Enzymen, die über das Mehl in den Teig gelangen. Sogar wichtige Helferlein, wie z. B. die Milchsäurebakterien, sind ebenfalls schon vorhanden. Ihnen helfen wir durch die Zucht eines Natursauerteiges auf die Sprünge und verstärken ihre natürliche Kraft. Es braucht eigentlich nur noch eine Zutat, um diesen faszinierenden Mikrokosmos der Natur in Gang zu setzen: Zeit. Zeit ist das wertvollste Backmittel – und kostet nichts! Zeit für die Teigreife, Backen mit Zeit für Geschmack. Es ist ähnlich wie bei einem guten Käse oder einem Rotwein: Erst durch die richtige Reife entfaltet sich das volle Aroma. Beim Brotteig dauert das etwa zwischen 6 und 24 Stunden, vielleicht auch mal mehr, beim Käse und Rotwein freilich länger – aber das Prinzip ist das gleiche: In natürlichen Prozessen bilden Mikroorganismen durch ihren Stoffwechsel das ursprüngliche natürliche Brotaroma, das beim Backen vollendet wird.

Bei Familie Häußler habe ich mit dieser Überzeugung offene Türen eingerannt: Schon seit Jahrzehnten dreht sich in der ländlichen Idylle in Oberschwaben alles um eine Frage: Wie wird Natur köstlich? Und über die Zutaten hinaus kommt bei dieser Frage natürlich unweigerlich ein zweiter Aspekt ins Spiel: Das technische Zubehör zum Brotbacken. Mit welcher Mühle lässt sich das Getreide schonend vermahlen? Welche Knetmaschine kann auch Brotteige kneten und wie lassen sich Brote so

Genießen kann so einfach sein: Ein gutes Brot braucht nicht mehr als Mehl, Wasser, Salz und Hefe, um sein wunderbares Aroma zu entfalten.

Gutes Brot bedeutet ein Stück Lebensqualität; bedeutet täglich genießen zu können – schenken wir ihm die gebührende Wertschätzung.

backen, dass sie innen schön saftig bleiben und außen eine knusprige Kruste bekommen?

Die Fragen nach dem richtigen Zubehör, nach geeigneten und praxisgerechten Geräten treiben die Häußlers seit nunmehr über 35 Jahren an, und das Familienunternehmen entwickelte Getreidemühlen, robuste Knetmaschinen oder die heute schon legendären Holz- und Steinbacköfen.

Bei den Häußlers dreht sich alles darum, wie man der Natur beim Kochen und Backen zur Entfaltung verhelfen kann: Wertvolles Wissen aus der Tradition des Brotbackens wird mit neuen technischen Erkenntnissen vereint, um den Bau der Geräte und Backöfen stetig zu verbessern.

Als ich im Jahr 2007 das erste Mal das Backdorf besuchte – damals als Chefredakteur der Allgemeinen Bäckerzeitung –, war ich schlicht perplex, wie viel hochwertiges Profizubehör zum Brotbacken man als Privatmann finden kann: Alle erdenklichen Spezialwerkzeuge für das Brotbacken, Mühlen und Kneter, Gärkörbchen und Backbleche bis hin zum Stein- oder Holzbackofen für beste Backergebnisse stehen im Backdorf parat.

Backen wie die Profis ist also auch in der heimischen Küche möglich!

Bis heute spielt das Unternehmen nicht im lauten Konzert der preisgetriebenen Mengenproduktion mit, hat sich vielmehr seinen ganz eigenen Platz, seine Nische für den handwerklichen Qualitätsbau sehr hochwertiger Geräte, Backöfen und ausgefallener Sonderbauten erobert. Paradebeispiel für die Unternehmenskultur dieser Qualitätsschmiede ist die technische Entwicklung der Holz- und Steinbacköfen. Ein Wunsch stand Pate zum Auftakt ihrer Erfolgsgeschichte – und Kenner wissen heute längst: der Name Häussler steht für bodenständige, handwerkliche Wertarbeit, für eine außergewöhnliche Qualität.

Grund genug, ein wenig mehr über die Öfen, ihren Ursprung im Oberschwäbischen, die Familie Häußler, das Backdorf und seine vielen großen und kleinen Schätze zu erfahren.

Aus dem Nähkästchen geplaudert oder: Die Häußler-Story

AUS DEM NÄHKÄSTCHEN GEPLAUDERT: »DIE GUTE ALTE ZEIT«

In der landwirtschaftlich geprägten Region Oberschwabens war es Mitte des 20. Jahrhunderts üblich, dass sich die Menschen selbst versorgten – so wie in allen landwirtschaftlich geprägten Regionen Deutschlands. Auf den Höfen zählte das Brotbacken genau wie das Wursten, Buttern und Einkochen von Früchten zu den gewohnten Tätigkeiten. Im Einklang mit der Natur und entsprechend den Jahreszeiten bestimmte die Erntezeit den Speiseplan. Diese Zeit der 1950er und 60er Jahre hat Adelinde Häußler geprägt, schon als Kind hat sie bei diesen Tätigkeiten geholfen und in ihrer Ausbildung als Hauswirtschafterin von der Pike auf erlernt, wie aus natürlichen Zutaten köstliche Gerichte und wertvolle Lebensmittel werden.

Das Brotbacken zählte zu den wichtigen Arbeiten und stand mindestens einmal in der Woche auf dem Arbeitsplan. Da war ein gut funktionierender Backofen Gold wert, aber so manch einer der gemauerten Öfen hatte seine Tücken, denn die Brote backten nicht an jeder Stelle gleich: Während die einen schon fast schwarz wurden, waren andere noch viel zu hell. Der Grund: Beim historischen Holzbackofen, wie er schon um 1700 von Beller Stuckern in Bell bei Koblenz aus Tuffstein gebaut wurde, bestand der Backraum aus einem gemauerten Gewölbe, um die Statik des Ofens gewährleisten zu können. Auf Grund der Wölbung bräunten die Brote je nach ihrem Platz im Ofen unterschiedlich schnell. An den Seiten mit geringerem Abstand zur Decke wurde es schnell zu heiß, die Brote mussten also während des Backens komplett versetzt werden – ein Mehr an Arbeit und nicht selten dennoch mit zu hellen und zu dunklen Broten.

Was im Rückblick bisweilen gern als »die gute alte Zeit« romantisch verklärt wird, war harte Arbeit verbunden mit Entbehrungen und der ständigen Suche nach Möglichkeiten, das Leben leichter und die Arbeit besser machen zu können. Das Wirtschaftswunder der 1960er Jahre kam in der Region etwas verspätet an, aber auch hier hielt der neue Wohlstand Einzug, das Brotbacken auf den Höfen und in den Haushalten wurde durch den Brot-Einkauf abgelöst. In den Küchen hielten die Convenience-Produkte Einzug: Saucen kamen aus der Tüte und ganze Gerichte aus der Dose. Die Dosen-Ravioli zählte zu den Rennern der ersten Stunde und ist heute das Paradebeispiel für den Einsatz von Fertigprodukten in der Küche Anfang der 1970er Jahre.

Wie gut die Wurst vom eigenen Hausschwein, selbst gemachte Spätzle oder ein Brot aus dem Holzbackofen schmeckten, geriet bei den Häußlers aber nicht in Vergessenheit. »Nicht alles war früher besser, bei einer solchen Einschätzung ist oft eine nostalgische Verklärung im Spiel, aber manches war tatsächlich besser – und das gilt es zu bewahren: Das Brotbacken in einem Holz- oder Steinbackofen zählt zweifelsohne dazu«, erklärt Adelinde Häußler. Der Wunsch, dieses Brot wieder genießen zu können, stand Pate beim ersten Bau des heute legendären Häussler-Holzbackofens aus Heiligkreuztal.

AM ANFANG STAND EIN WUNSCH

Im Jahr 1974 bat Adelinde Häußler ihren Ehemann Karl-Heinz, einen echten Holzbackofen zu bauen, und betonte die Wichtigkeit, dass alle Brote bei gleicher Backzeit rundum gleichmäßig bräunen müssen. Die Tücken vieler mit Gewölbe gemauerter Öfen waren ihr noch all zu gut in Erinnerung. Keine einfache Herausforderung, denn irgendwie müssen die Steine ohne den Bau eines Gewölbes ja halten und sich obendrein zum Backen eignen, weshalb z. B. Beton als einfache Lösung ausscheidet.

Was lag für den gelernten Landmaschinen-Schlosser näher, als seinen vertrauten Werkstoff Stahl in die Überlegungen einzubeziehen und zur Lösung eine Kombination aus Stahl und Stein zu suchen? Gesagt, getan: Schamottesteine aus gebrannte Tonerde eignen sich hervorragend zum Backen, können aus der Tonerde unter hohem Pressdruck auch zu Steinen mit großer Spannweite geformt werden und lassen sich mit Stahl fest verbinden, der als äußerer Mantel wiederum für die stabile Statik sorgt. Klingt rückblickend ganz einfach und war einfach genial: Der Backraum bietet an jeder Stelle des Ofens eine gleichmäßige und ideale Übertragung der Hitze, der Ofen stand stabil und konnte anders als seine nur gemauerten Vorgänger nach Belieben am geeigneten Platz aufgestellt und auch wieder versetzt werden! Das waren revolutionäre Neuerungen im Bau von Holzbacköfen – mit so vielen Vorteilen verbunden, dass man sich heute fragt, warum da keiner eher drauf gekommen ist.

TRADITIONELLER OFENBAU

Brote gelingen am besten in einem aus Stein gemauerten Ofen. An dieser grundlegenden Erkenntnis hat sich in den vergangenen 300 Jahren nichts geändert – trotz vielseitigen technischen Fortschritts im Ofenbau. Nur weiß man heute mit wissenschaftlicher Forschung zum Backprozess genauer, warum das so ist. Auf einen einfachen Nenner gebracht: Es liegt an der Art der Wärmeübertragung, die durch den direkten Kontakt und die sanfte Strahlungshitze der Steine sehr nachhaltig, aber nicht aggressiv erfolgt: In der sogenannten ruhenden Backatmosphäre mit sich natürlich regelnder Luftfeuchte bleiben Brote im Inneren sehr schön saftig und erhalten außen eine knackig krosse Kruste mit vielen wertvollen Aromastoffen. Die enormen Vorteile des Backens auf Stein kann ein herkömmlicher Haushaltsofen, nur aus Blech gefertigt und mit Heizschlangen ausgestattet, einfach nicht bieten.

MASSGESCHNEIDERTE WERTARBEIT

Die Geburtsstunde der Häussler-Holzbacköfen gab den Startschuss zur Neuausrichtung der Landmaschinenschlosserei, nämlich zu einer leidenschaftlichen Arbeit, um das Brotbacken in der heimischen Küche mit all seinen Anforderungen auf solide Füße zu stellen. Denn schnell wurde deutlich, dass es nicht nur an einem vernünftigen Ofen haperte, auch geeignetes Zubehör fehlte: Eine gute Mühle, um das Getreide schonend zu mahlen, und vor allem ein »richtiger« und starker Kneter waren gefragt, denn die üblichen Küchenmaschinen reichen bei schweren Brotteigen oft nicht einmal an die Ergebnisse der Handarbeit heran – die aber wiederum ist bei größeren Teigen freilich mühselig und zeitaufwendig.

Mit jedem Backen entstanden neue Wünsche zur Verbesserung, entstanden Ideen, wie man das Brotbacken daheim einfacher machen kann: An Inspirationen fehlte es den Maschinenschlossern, Schweißern und Maurern also nicht, und um den Ansprüchen der Chefin gerecht zu werden, legten sie sich mächtig ins Zeug.

Die erste Häussler-Schmiede, gegründet 1948, steht heute originalgetreu aufgebaut im Backdorf. Rechts im Vordergrund sieht man den ersten Häussler-Holzbackofen aus dem Jahre 1980.

Ein Häussler Holzbackofen der jüngsten Generation mit Pelletheizung: Wertstabil aus gusseisernem Stahl – massive Bauweise in moderner Eleganz, auf das Wesentliche konzentriert.

Handwerker in Oberschwaben sind es gewöhnt, mit Erfindergeist und Fleiß Probleme eigenständig zu meistern – Kreativität und handwerkliches Können standen Pate, wenn es in Heiligkreuztal um die Entwicklung neuer Ofenmodelle oder Knetmaschinen ging. Stets mit dem Blick auf eine solide Bauweise und die perfekte Funktionalität – ein Leben lang sollen sie halten, weshalb typische Verschleißteile immer nur aus bester Qualität verbaut wurden. Sicher eine schwäbische Tugend, aber bei Häussler mehr noch die Freude, ein besonders hochwertiges und wertbeständiges Gerät oder Werkzeug zu bauen.

Im Laufe der Jahre und mit wachsendem Unternehmen wurde das Qualitätsmanagement auf mehrere Schultern verteilt und in die Abläufe der Produktion eingebunden. Kein Gerät und kein Backofen verlässt das Werk ohne gründliche Qualitätskontrolle. Heute bauen rund 80 Mitarbeiter Stein- und Holzbacköfen und leistungsstarke Knetmaschinen. Das strenge Urteil der Chefin hat nach wie vor Gewicht – erst Adelindes Urteil gibt grünes Licht, wenn Kneter, Öfen oder Mühlen den Weg in das Angebot finden. Hält eine Knetmaschine, ein einfacher Teigspachtel oder ein Brotschieber den hohen Anforderungen nicht stand, muss er wieder zurück in die Produktion zur Weiterentwicklung.

Ein einfaches Beispiel: Viele am Markt erhältliche Handschießer für das Brotschieben haben eine zu hohe Seitenkante, mit der sich die Brote nicht gut vom Tisch aufnehmen und an den Ofen übergeben lassen. Häussler-Schießer hingegen laufen spitz zu und schießen Brotlaibe behutsam ein und nehmen (»krabbeln«) die Brote aus dem Ofen auch mühelos auf. Aus massivem Buchenholz ist die Zunge in einem Stück gefertigt und mit dem Stiel fest verbunden. Weder die Brotgewichte noch die Ofenhitze können den Häußler-Schießern etwas anhaben. »Unkaputtbar« – genauso wie die Aschekrücke oder die Kehrbesen für die Ofenarbeit.

BACKKULTUR & LEBENSART

Bodenständig mit der Region verbunden, entwickelte sich der Firmensitz in den 1990er Jahren schnell zum Geheimtipp und Treffpunkt für all jene, für die Essen mehr bedeutet als bloß »irgendwie satt« zu werden. Das funktioniert schließlich auch mit der erwähnten Dose Ravioli, die aber nicht gerade besondere Gaumenfreuden versprechen kann und auch keinen Beitrag zur gesunden Ernährung leistet.

Brotliebhaber, Fleischkenner und Grillexperten, Müslifreaks oder Freunde selbst gemachter Spätzle und Pasta kommen im Backdorf voll auf ihre Kosten und finden beste Ofentechnik, handgefertigte Getreidemühlen und robuste Knetmaschinen – bis hin zum richtigen Flocker für die frisch gequetschten Haferflocken im Müsli.

»Natürlich genießen« lautet die Devise und »So wird Natur köstlich« ist zum prägnanten Leitsatz in der Unternehmensphilosophie geworden, in der sich alles rund ums Kochen und Backen dreht – selbst gemacht aus natürlichen Zutaten.

In Zeiten von Fast-Food, TK-Pizzen und Convenience-Produkten wirkt ein Besuch im Backdorf wie frisches Quellwasser einer Oase: belebend und inspirierend. Das klingt ein wenig pathetisch, und das soll es auch. Denn wenn das frisch gemahlene Mehl aus der Mühle rieselt oder Flocken aus dem vollen Korn die Schale für das Müsli füllen, dann erlebt man bei den Vorführungen, während einer Beratung und in den Seminaren Ursprüngliches, erkennt natürliche Zusammenhänge. Im Backdorf wird begreiflich, wie eng wir mit der Natur beim Backen und Kochen verbunden sind. Auch wenn das vielen heute im Alltag nicht mehr bewusst ist. Das ist ein Manko der modernen Versorgung mit Lebensmitteln, das immer mehr Menschen als Verlust oder als Entfremdung empfinden.

Zu erleben, wie aus einfachen natürlichen Grundzutaten eine Pasta oder ein Brot aus dem Holzofen werden kann, das bringt uns nicht nur der Natur näher, das lässt uns auch elementare Erfahrungen sammeln, die unser modernes Leben bereichern.

Im Zeitalter der Informationsflut per Internet, ständiger Erreichbarkeit via Smartphone ist chronischer Zeitmangel laut einer Nestlé-Studie zum Ernährungsverhalten der Deutschen eine der Hauptursachen dafür, dass die TK-Pizza das Abendbrot ersetzt. Die riesige Auswahl von Fertigmenüs, ob Dosen- oder Tütensuppe, TK-Nasi-Goreng oder eine eingeschweißte Rindsroulade, scheint heute bisweilen den Blick auf das Wesentliche zu versperren. Wirklich Wichtiges, wie die Qualität und der Genuss beim täglichen Essen, drohen in dieser Flut unterzugehen, bleiben auf der Strecke. Im Überfluss entsteht ein Mangel an wirklich Gutem. Viele Menschen verspüren das, steuern bewusst gegen und räumen ihrer Ernährung und einem genussvollem Essen wieder die gebührende Zeit im Alltag ein. Backen und Kochen selber. Wer das tun möchte, findet mit Häussler eine gute Adresse, um sich mit natürlichen Zutaten und hochwertigen Geräten sowie nützlichem Zubehör auszustatten.

FAMILIENBETRIEB

2010 übergaben die Eltern Adelinde und Karl-Heinz die Geschäftsleitung an Sohn Richard und Tochter Rosemarie, die heute die Geschicke des Unternehmens leiten. Häussler ist und bleibt ein bodenständiges Familienunternehmen, das es versteht, traditionelle Wertarbeit beim Bau hochwertiger Küchengeräte zu bewahren und heute mehr als ein Geheimtipp für Koch- und Backbegeisterte ist. Das Herzstück der Manufaktur in Oberschwaben bildet die Fertigung exklusiver Qualitätsgeräte: Holz- und Steinbacköfen, Teigknetmaschinen, Nudelmaschinen, Getreidemühlen und Räucherschränke stehen im Mittelpunkt des umfangreichen Angebots rund um das Mahlen, Kneten, Kochen und Backen.

Einem Grundsatz ist die schwäbische Manufaktur immer treu geblieben: Hochwertige und langlebige Arbeitsgeräte zu bauen – Wertarbeit für Wertbeständigkeit. Die Leidenschaft für Qualität gibt die Marschroute für Innovationen vor und ist der Antrieb, Gutes besser zu machen.

Ein starkes Team – vereintes Know-how: Bei Familie Häußler dreht sich alles rund ums Backen und Kochen.
Aus Liebe zum guten Essen – mit Leidenschaft für natürlichen Genuss.

Backen im Holzofen – vielseitiges Vergnügen

Es ist bis heute die beste Art ein Brot zu backen: das Backen direkt auf Stein, das Backen in einem komplett mit Stein ausgekleideten Ofen. Das gilt für den Holzbackofen und den Elektro-Steinbackofen gleichermaßen.

Die Besonderheit beim Backen im Holzofen besteht zusätzlich darin, dass dünne naturbelassene Holzscheite direkt in der Backkammer brennen, bis die noch glimmende Glut ausgekehrt werden kann. Bei modernen Backöfen wird die Hitze dagegen von außen zugeführt. Echtes Holzofenbrot muss nach der traditionellen Methode backen, sonst darf es den auszeichnenden Namen nicht tragen, sondern nur »Brot nach Holzofen-Art« genannt werden. Das ist aber so ähnlich wie beim Wiener Schnitzel und dem Schnitzel »nach Wiener Art« – dazwischen liegen Welten. Deshalb gilt es beim Kauf eines Holzbackofens darauf zu achten, dass genau dieses Kriterium der direkten Befeuerung erfüllt ist. Bei den Holzbacköfen von Häusslers ist das der Fall, und dem unverfälschten, echt-ursprünglichen Vergnügen steht nichts im Wege.

BACKEN MACHT SPASS

Das traditionelle Backen und Kochen feiert heute eine Renaissance, wie sie in den 1980er und 1990er Jahren kaum absehbar gewesen ist. Die vielen Kochshows und jüngst auch Backshows der TV-Sender geben beredtes Zeugnis von diesem Trend. Es macht ja tatsächlich auch Spaß, sich bei Koch- und Backsendungen Inspirationen zu holen.

Viel mehr Spaß, als den Köchen und Bäckern im Fernsehen bei der Arbeit in Wettbewerben zuzuschauen, macht es, selbst in den Töpfen zu rühren oder die Hände in den Teig zu stecken, ein Brot zu formen und in den Ofen zu schieben.

Selber Brot zu backen ist ein Erlebnis. Es ist ein sinnliches Vergnügen. Und wenn dann das frische Brot seinen Duft verströmt, vollendet der Stolz auf der eigenen Hände Arbeit den Genuss. Und die Freude, ein selbst gebackenes Brot zu servieren, lässt sich noch steigern, wenn man aus dem Brotbacken ein geselliges Erlebnis

Faszination Feuer – Ursprünglichkeit und Tradition

Schon seit Urzeiten fasziniert ein knisterndes Feuer mit seinen lodernden Flammen die Menschen – zieht sie magisch in seinen Bann, gibt wohlige Wärme, strahlt Geborgenheit aus. Und am Anfang des Brotbackens im Holzofen steht das Anzünden des Feuers.

Naturbelassenes Holz brennt dank guter Sauerstoffzufuhr und clever gebautem Kaminabzug sehr sauber ab – gut für die Umwelt durch geringe Emissionen, hohe Effektivität bei der Wärmeerzeugung. Die Abluftklappe zum Kamin lässt sich über den »Zug« einfach regulieren. Jetzt laden sich die Schamottesteine aus gebrannter Tonerde mit Hitze auf, die sie während des Backens dann an die eingeschossenen Brote übertragen.

Erlischt die Glut, wird sie mit der Aschekrücke in den Aschekasten ausgekehrt. Ein Besen mit Stahlborsten und ein Feinbesen erledigen den Rest, aber eingefleischte Holzofenbäcker wollen eine Spur feine Asche am Brotboden nicht missen – ein untrügliches Indiz für die Echtheit und ein I-Tüpfelchen für das rauchig herzhafte Aroma.

Währenddessen reifen die Brotlaibe, die Spannung vor dem Einschießen steigt – und dann muss es schnell gehen: Mit dem Holzschießer genau platziert, finden die Brote eins neben dem anderen ihren Platz im Ofen. Mit gebührendem Abstand zum Nachbarn, damit sie alle rundum schön gleichmäßig bräunen können. Häussler-Holzbacköfen verfügen über ein Bimetall-Thermostat, das die Temperatur im Backraum genau angeben kann.

Und darin sind die gemauerten Holzbacköfen wahre Meister: Kraftvoll und sanft zugleich vermögen die Schamottesteine die gespeicherte Hitze abzugeben – so wie es die Brote mögen, wenn sie innen saftig und außen knusprig werden sollen. Es wird bei stetig langsam fallender Temperatur gebacken – nur mit der gespeicherten Hitze, ohne neues Aufheizen. Deshalb eignen sich die Holz- und Steinbacköfen auch hervorragend für das Garen eines Fleisch-Bratens: Der schmeckt nämlich auch am besten, wenn er innen schön saftig bleibt und außen eine krosse Kruste bekommt. Selbst zum Grillen lässt sich der Holzbackofen hervorragend nutzen – so vielseitig nutzbar wird er unweigerlich zum Mittelpunkt jeder Gartenparty.

macht, die ganze Familie einbezieht, Nachbarn oder Freunde einlädt. Gemeinsam zu kochen oder zu backen ist »in«, und dazu eignet sich der Holzbackofen wegen seiner traditionellen Befeuerung in ganz besonderer Weise – von Beginn an ist mit dem Entzünden des Feuers für Spannung gesorgt und die Ofenarbeit macht mindestens so viel Spaß wie das Brotbacken selber!

DIE RICHTIGE REIHENFOLGE BEIM HOLZOFEN-BACKEN

Mit der richtigen Reihenfolge beim Brotbacken lassen sich unterschiedliche Backwaren direkt hintereinander backen, bis zu vier, ja sogar fünf Stunden lang, ohne noch einmal Feuer machen zu müssen! Zuerst backen Pizzen, elsässische Flammkuchen oder schwäbische Dinnete in der hohen Anfangshitze bei rund 320 °C – mit knusprigem Boden und saftigem Belag, eben genau so, wie sie sein müssen. Dann kommen bei etwa 280 °C die Holzofenbrote an die Reihe, gefolgt vom süßen Hefezopf, der eine mildere Wärme von etwa 220 °C braucht. Oder ein saftiger Butterkuchen, mit Mandeln und Zucker bestreut, bräunt goldgelb in der sanften Hitze. Den krönenden Abschluss bei immer noch rund 175 bis 200 °C Restwärme können Sandkuchen oder Wiener Böden bilden.

Dank der enormen Wärmespeicherkapazität der gebrannten Schamottesteine lässt sich diese Vielfalt mit einer einzigen Feuerung des Holzofens backen. Und dank der sehr sicheren und kinderleichten Bedienung der Holzbacköfen gelingt das Backen in den praxisbewährten Öfen ohne Komplikationen problemlos – Pures Backvergnügen ohne Hindernisse.

Und wer über Backwaren hinaus auch Fleisch grillen oder garen will, der kann die enorm hohe Anfangshitze eines Häussler Holzbackofens von 375 °C sofort nach dem Auskehren der Asche nutzen: Steaks oder Fleischspieße gelingen dann besonders gut.

Backen im Holzbackofen macht am meisten Spaß zusammen mit der Familie und mit Freunden.

Der Star in der Küche

Die guten Backergebnisse durch Schamottesteine bleiben nicht den Gartenbesitzern und Holzofenbäckern vorbehalten: Das traditionelle Backen auf Stein funktioniert auch in der Küche – mit einem Elektro-Steinbackofen.

Wer Brote, Pizzen, Flammkuchen und auch süße Kuchen oder Zopfgebäcke in ungewöhnlich guter Qualität backen will, der wird die Backeigenschaften eines echten Steinbackofens nicht missen wollen. Seine Backeigenschaften unterscheiden sich von denen eines herkömmlichen Haushaltsbackofens gewaltig: Durch die vollständige Auskleidung mit Schamottesteinen aus gebrannter Tonerde erzielen die Steinbacköfen hervorragende Backeigenschaften: Kontakt- und Strahlungshitze liefern in ruhender Backatmosphäre ein besseres Backergebnis, als es z. B. die Kombination aus Umluft und Ober/Unterhitze der Heizschlangen in einem herkömmlichen Haushaltsofen vermag.

BACKEN AUF STEIN

Die Brote trocknen im Steinbackofen weniger aus, denn bei ruhender Backatmosphäre kann sogar die abgegebene Eigenfeuchte der Brotlaibe einen Beitrag für den Ofentrieb und die Volumenentwicklung der Brote leisten: Die Teighaut bleibt länger elastisch und damit dehnbar, der Brotlaib kann sich durch die entstehenden Lockerungsgase gut ausdehnen (Volumenzunahme), um seine gewünschte Form zu erreichen. Damit entsteht auch eine gute Lockerung der Brotkrume, die wesentlich zum Genusswert der Brote beiträgt.

Dieser Effekt lässt sich sogar mit der Schwadengabe an großen Bäckerei-Öfen vergleichen, über die herkömmliche Haushaltsbacköfen meist aber nicht verfügen. Der Steinbackofen braucht keine separate Vorrichtung für die Erzeugung von Wasserdampf zur Schwadengabe.

Ein weiterer Clou beim Elektro-Steinbackofen besteht darin, dass die Ober- und Unterhitze der Steine ge-

In unterschiedlichen Größen erhältlich und wahlweise auch mit einem Wagen und Kneter zur kompletten Backstation kombinierbar: Ein Häussler-Steinbackofen passt sich Ihren Wünschen an.

Backvergnügen pur: Wer einmal in einem Steinbackofen Brot gebacken hat, wird das hervorragende Backergebnis nicht mehr missen wollen.

Backen ist reines Vergnügen.

trennt voneinander sehr genau geregelt werden können. So lässt sich beispielsweise der Boden einer Pizza bei direktem Kontakt mit dem heißen Stein gewünscht knusprig backen, während der Käse bei 320 °C Oberhitze im richtigen Zeitfenster schmilzt und der gesamte Belag saftig bleibt. Genau so wie eine wirklich gute Pizza sein soll, eben wie beim besten Italiener der Stadt.

Das Besondere am Backen im Steinbackofen ist zweifelsohne, dass in ihm sowohl ein saftiger Blechkuchen oder ein softes Toastbrot perfekt gelingt und genauso gut ein rustikales, kräftig gebackenes Steinofenbrot mit kräftiger Kruste backt – der Steinofen kann beides: sanft und kräftig. Weil die Steine ihre Wärme bei 200 °C sehr sanft abgeben, aber auch bei hoher Hitze nicht »aggressiv flämmen«, wie Fachleute sagen, sondern nachhaltig bräunen. Ein enormes Leistungsvermögen über ein breites Einsatzspektrum.

Gut zu wissen: Eine einfache Steckdose mit 230 Volt reicht dennoch für die massiv gebauten Öfen der Baureihe MONO aus, um die erforderliche Energie zum Aufheizen der Steine bereit zustellen. Erst bei den großen Modellen PRIMUS und INO wird ein 400-Volt-Anschluss erforderlich.

BESTENS AUSGESTATTET

In drei unterschiedlichen Größen gebaut, steht der passende Steinbackofen für unterschiedliche Anforderungen zur Wahl: Wer für den eigenen Bedarf backt, findet im MONO den richtigen Ofen, der bereits 4 Broten à 750 g ausreichend Platz zum Backen bietet. Wer gleich die Verwandtschaft, Nachbarn oder gute Freunde am Brotgenuss teilhaben lassen möchte, der trifft mit dem PRIMUS die richtige Wahl: Mit 6 Broten à 750 g oder 12 Broten à 500 g mit einem einzigen Schuss kann man schon eine stattliche Menge Brot backen.

Mit der Bauserie INO stehen Elektro-Steinbacköfen mit Kapazitäten zur Wahl, die mit 9 oder sogar 15 Broten im Großhaushalt oder in der Gastronomie beste Dienste leisten. Beim MONO und beim PRIMUS sorgt eine Doppelglastür für das energiesparende Qualitätsbacken, beim INO wird das große Sichtfenster sogar dreifach verglast, um die Hitze dort zu bewahren, wo sie hingehört: im Backraum.

Die Reinigung ist denkbar einfach, denn ein einfaches Auskehren mit dem Ofenbesen oder ein Durchwischen mit einem nassen Lappen reicht aus, um die Backkammer zu pflegen. Die hohen Temperaturen wirken selbstreinigend.

Ein Blickfang sind die Häussler-Steinbacköfen obendrein, und sie avancieren in ihrem edlen, eleganten Design zum Mittelpunkt in jeder Küche. Ob als freistehendes Tischmodell oder integriert in eine Küchenzeile – beides ist möglich. Häussler baut die stabilen und fahrbaren Tische für die Öfen selbst und bietet komplette Backstationen mit aufeinander abgestimmter Teigknetmaschine, integrierter und ausklappbarer Arbeitsplatte aus Buchenholz, praktischer Ablage und weiterem passenden Zubehör.

Alles aus einer Hand – damit Maße und Fassungsvermögen zueinander passen und dem Backvergnügen nichts im Wege steht.

Zutaten und Zubehör: Alles rund ums Brotbacken

SCHÄTZE DER NATUR

Dem Getreide und den daraus gewonnenen Mehlen, Schroten oder Flocken gebührt beim Brotbacken besondere Beachtung: Sie sind backtechnologisch und mengenmäßig betrachtet die wichtigsten Zutaten und bringen zudem die wertvollen Inhaltsstoffe des Getreidekorns mit in den Teig und leisten somit einen wertvollen Beitrag zur gesunden Ernährung. Wir gehen darauf später näher ein, denn bisweilen wird bei manch einseitigen Diäten oder Ernährungsratgebern der Verzehr von Getreide auf die rote Liste gesetzt – meist zu Unrecht.

In den wohlsortierten Regalen des Häussler Backdorfs finden sich nicht nur die typischen Brotgetreidesorten Weizen und Roggen aus heimischen Anbau, sondern auch Dinkel, der sich einer wachsenden Fangemeinde bei gesundheitsbewussten Genießern erfreut.Beim Häussler-Dinkel handelt es sich um das Oberkulmer Rotkorn, eine sehr ursprüngliche und reine Dinkelsorte, die nicht mit Weizen gekreuzt wurde. Im kontrolliert biologischen Anbau wächst er auf der schwäbischen Alb und weiß mit seinem nussigen Aroma nicht nur geschmacklich zu überzeugen, sondern eignet sich auch als Alleingetreide hervorragend zum Brotbacken.

Auch die Urgetreidesorten Emmer und Einkorn führt Häussler im Programm: Beide sorgfältig ausgewählten Sorten werden mit ursprünglichem Saatgut angebaut und zeichnen sich durch einen sehr hohen Mineralstoffgehalt (Magnesium, Zink, Eisen) sowie hohen Anteil an Carotinoiden und Aminosäuren aus. Kamut, eine alte Kulturform des Hartweizens und verwandt mit dem wilden Emmer, und naturbelassene Saaten wie z. B. ungeschälter Sesam, Leinsamen und Blaumohn sowie Kürbis- und Sonnenblumenkerne in ausgewählter Qualität komplettieren das Angebot der Naturschätze.

Ursprünglich genießen: Natürliches Brot beginnt mit natürlichen Rohstoffen. Besonders wertvoll sind die alten Getreidesorten, die im Moment eine Renaissance erleben.

Fein gewürzt: Edle Gewürze, frisch vermahlen und direkt verpackt, sind eine tolle Ergänzung beim Backen.

AUSGEWÄHLTE ZUTATEN

In der Rubrik »Adelindes Spezialitäten« finden sich darüber hinaus eine Reihe speziell zusammengestellter Mehle und Brotmischungen, die sich zum Backen ausgewählter Brot- und Gebäckspezialitäten besonders gut eignen: In Häusslers »Schwäbischem Bauernbrot« z. B. liegen Dinkel-, Roggen- und Weizenmehl im richtigen Verhältnis vor, das »Würzige Kartoffelbrot« hat geeignete Kartoffelflocken als Zutat und glänzt obendrein mit einer feinen Saatenmischung, und im »Weckle- & Brezelmehl« sorgt Acerola aus der gleichnamigen Kirsche für die Stärkung des Klebergerüsts im Teig, wodurch die Gebäcke formstabil backen können. Die Mischungen lassen sich äußerst praktisch, schnell und mit hoher »Gelingsicherheit« verwenden: Salz und je nach Sorte auch Natursauerteig und Backmalz sind im richtigen Verhältnis und korrekten Mengen ebenfalls zugegeben, sodass die Backmischungen nur noch mit Wasser und Hefe zu einem homogenen Teig geknetet werden müssen.

Jede Mischung besteht aus rein natürlichen Zutaten – ohne jegliche Geschmacksverstärker, Farbstoffe oder »künstliche« Zusatzstoffe mit der berühmt berüchtigten E-Nummer. Keine Chemie – so wird Natur köstlich.

Bei vielen Brotsorten darf in Süddeutschland ein feines Brotgewürz nicht fehlen, um den Brotgeschmack harmonisch abzurunden und einen besonderen Kick zu verleihen. Dabei kommt es auf die gekonnte Mischung verschiedener Kräuter und Gewürze an. In Häusslers Brotgewürz steckt das Aroma von Anis, Fenchel, Koriander und Kümmel – frisch vermahlen, fein aufeinander abgestimmt und direkt verpackt.

NATÜRLICHER SAUERTEIG

Wer den Aufwand für die eigene Sauerteigzucht nicht leisten möchte, wird bei Häusslers getrockneten Natursauerteigen fündig: sowohl im Roggen- als auch im Weizenbereich! Für ihre Herstellung kommen nur rein natürlich gezüchtete Natursauerteige zum Einsatz. Nach ihrer Reife werden sie in einem schonenden Verfahren getrocknet, sodass die wertvollen Aromastoffe weitgehend erhalten bleiben. Ein weiterer Vorteil: Die getrockneten Sauerteige erweisen sich angesichts der Konzentration der Aromen als sehr ergiebig und lassen sich über zwei Jahre problemlos aufbewahren.

UNENTBEHRLICHE HELFER

Tagtäglich wird bei Häussler im Backdorf gebacken: Sei es, um neue Rezepte zu testen, neue Geräte auszuprobieren oder Innovationen an den Knetern oder Öfen auf ihre Praxistauglichkeit hin zu überprüfen. Stets sind Mühlen, Kneter, Kleingeräte und Werkzeuge im Dauereinsatz. Auch bei den vielen Seminaren und Back-Kursen müssen die Werkzeuge tadellos funktionieren. Eine harte Prüfung, die auch zur Auslese bestens geeigneter Arbeitsgeräte und Werkzeuge führt. Bei den Kursen zur Einweisung in das Backen mit dem Holzofen zählen immer häufiger auch Handwerksbäcker zu den Teilnehmern, die diese traditionelle Art des Backens wieder zunehmend für sich entdecken, um ihren Kunden mit echtem Holzofenbrot einen besonderen Genuss bieten zu können. Die Profis schauen den Häussler-Backmeistern genau auf die Finger, wenn die Brote in Form geraten, prüfen mit kritischem Blick, welches Werkzeug benutzt wird. Und nicht selten wird ein scharfes Schneidemesser, die praktische Stippwalze oder ein stabiler Brotschießer gleich mitgenommen, weil er bei den Backvorführungen in der Praxis überzeugen konnte. Eine hohe Auszeichnung, denn die Profis brauchen für den harten Dauereinsatz in den Backstuben robuste und gut funktionierende Arbeitswerkzeuge.

Heute kann Häussler ein sehr umfassendes Programm an praxiserprobten Geräten und wichtigem Zubehör rund um das Brotbacken präsentieren: Angefangen mit den Teigspachteln, scharfen Teigschneidemessern für die Brotbearbeitung, über Mehlschaufeln und Siebe, Stippwalzen und Pinsel, Gärkörbchen und Backformen bis hin zu Backblechen und Spezialwerkzeugen reicht die Palette. Stabil gebaut, handgerecht geformt und über viele Jahre in der Praxis erprobt.

GANZHEITLICH DURCHDACHT – ALLES AUS EINER HAND

Weil die Häußlers ganzheitlich den gesamten Vorgang des Brotbackens im Blick behalten, sind alle Geräte funktional aufeinander abgestimmt: Die Blechmaße passen zu den Öfen, die Dauerbackfolien zu den Blechen und die Gärkörbchen zu den Teiggewichten der Rezepte in diesem Buch. Perfekt aufeinander abgestimmt, bereiten die Öfen, Geräte und die kleinen Helferlein beim Brotbacken viel Freude.

Umfangreiches Sortiment: eine große Auswahl und nützlichen und unverzichtbaren Werkzeugen für das Brotbacken

Darunter finden sich auch robuste Gärkörbchen aus Peddigrohr, stabile Backformen, gelochte Backbleche und vieles mehr

Getreidemühlen und Knetmaschinen

FRISCH GEMAHLEN

Viele Brotliebhaber mahlen ihr Getreide gern selbst, um es als Vollkornmehl frisch verbacken zu können. Alle wertvollen Inhaltsstoffe des vollen Korns bleiben so erhalten. Das Vollkornmehl bereichert ein gesundes Brot obendrein mit einer Vielfalt an natürlichen Getreidearomen, die bei einem Auszugsmehl der Type 405 nicht mehr enthalten sind. Durch den Keimling und die Randschichten kommen also nicht nur Mineralstoffe und Vitamine ins Brot, sondern es entsteht auch ein ausgeprägtes, würzig kräftiges Brotaroma.

Schonend vermahlen: Häussler Getreidemühlen mahlen mit einem Steinmahlwerk. Der Mahlgrad lässt sich variabel einstellen.

Um das Getreidekorn möglichst schonend und in gewünschter Größe zu vermahlen, arbeiten die Häussler-Mühlen mit einem ausgesprochen harten Mahlwerk, das aus Korund-Stein und Keramik-Steingut besteht. Bei Tests und Backversuchen hat sich dieses Mahlwerk als besonders geeignet und als ebenso robust erwiesen: Es arbeitet nahezu verschleißfrei und schärft sich dabei immer wieder automatisch selbst. Von der kleinsten bis hin zur größten der Häussler-Mühlen wird es in allen Modellen eingesetzt. Das Getreide wird nicht gequetscht oder gehackt, es wird ohne nennenswerte Erwärmung bei niedriger Drehzahl schonend zerrieben. Das Mahlverfahren gleicht dem Funktionsprinzip der großen Mahlsteine traditioneller Wassermühlen. Durch Drehen am Mühlenkopf lässt sich der Abstand der beiden Mahlsteine einstellen und somit der Mahlgrad festlegen: Je enger sie beieinander liegen, desto feiner wird das Vollkornmehl.

Die handgefertigten Gehäuse mit elegant geschwungenen Rundungen bestehen aus Zirbelkieferholz, dessen Harze dazu beitragen, Mehlschädlinge fern zu halten. Die attraktiven Häussler-Getreidefässer für die trockene und luftdichte Aufbewahrung des frischen Mehles werden ebenfalls aus Zirbelkieferholz gefertigt und mit Wasserlack behandelt.

KNETEN WIE DIE PROFIS

Wenn aus Mehl, Wasser, Salz und Hefe ein Brotteig entstehen soll, dann ist gründliches Mischen und kräftiges Kneten gefragt! Wer öfters backen möchte oder auch größere Mengen Teig für 5-6 Brote kneten möchte, um Freunde oder Nachbarn am Brotvergnügen teilhaben zu lassen, der wird eine richtige Knetmaschine nicht missen wollen.

Freilich steht in den Betriebsanleitungen vieler Küchengeräte und Mixer-Systeme, dass sie auch Brotteige kneten können. Die Ergebnisse lassen aber oft zu wünschen übrig und bleiben sogar hinter der Handarbeit zurück. Die Handarbeit ist allerdings zeitaufwendig und bei größeren Teigen auch kräftezehrend. Beim

Robuste Bauweise: »Made by Häussler« heißt grundsolide Verarbeitung bis ins Detail – also auch langlebige Bauteile im Inneren: Der kraftvolle Industriemotor mit widerstandsfähigem Kettenantrieb schafft auch große Teigmengen mühelos.

Kneten wird aber eine ganz wichtige Basis für die spätere Brotqualität gelegt, denn während dieses Prozesses wird bereits das Krumenbild unseres fertigen Brotes maßgeblich vorbestimmt. Alle folgenden Arbeitsschritte - Formen, Gären und Backen - können nur vollenden, was beim Kneten auf den Weg gebracht wurde. Beim Kneten gemachte Fehler sind irreversibel!

Es lohnt sich also, eine richtige Knetmaschine passend zu den Teigmengen anzuschaffen, die in der Regel auf dem Backprogramm stehen sollen. Sie erzielen bei Roggen- und Weizenteigen das bessere Knetergebnis als herkömmlichen Küchenmaschinen: Roggenhaltige Teige erreichen im Kneter schnell eine homogene Konsistenz, und bei Weizen- oder Dinkelteigen bilden sich die sogenannten Kleberstränge optimal aus, die dem Teig seine Stabilität und später der Brotkrume ihre Lockerung geben.

Häussler baut Knetmaschinen in sehr vielen unterschiedlichen Größen, angefangen beim Tischmodell für 2 oder 5 kg Teig, über Modelle für 9, 14 oder 18 kg Teig bis hin zu Knetern für 35, 65 oder sogar 200 kg Teig, die in Handwerksbäckereien zum Einsatz kommen.

Alle Häussler-Kneter sind durch ihre besondere Bauweise so ausgelegt, dass auch bei sehr unterschiedlichen Füllmengen mit Mehl und Wasser der Teig stets vollkommen durchgeknetet wird. Das ist ein sehr wichtiges Kriterium, das viele Küchenmaschinen und auch Kneter nicht erfüllen können. Der Radius des spiralförmig gebogenen Knetarms ist so ausgelegt, dass er auch bei kleinen Füllmengen von nur 10 Prozent der maximal möglichen Füllmenge den Teig immer komplett erreicht. Und gleichzeitig verfügt der starke Motor mit robustem Kettenantrieb über eine hohe Leistungskapazität, die auch bei einem schweren und festen Weizenteig nicht an ihre Grenzen stößt. Dennoch verbraucht die Häussler-Maschine relativ wenig Strom.

Kneten auf Knopfdruck macht das Leben in der Küche leichter und den Brotteig deutlich besser.

Und wenn in der Vorweihnachtszeit Lebkuchen auf dem Backprogramm stehen, dann schaffen die Häussler-Kneter sogar diese sehr schweren und extrem festen Teige mühelos - den süßen Verführungen für die Festtage steht nichts im Wege. Der Clou der Häussler-Kneter besteht darin, dass der spiralförmig gebogene Knethaken bis auf den Kesselboden und mit seinem Wirkradius bis weit an den Kesselrand reicht, sodass je nach Wunsch mal mehr, mal weniger Brote gemacht werden können.

Durch die gleichzeitige Drehbewegung von Knethaken und Kessel erzielen die Häussler-Kneter einen hohen Energie- und Sauerstoffeintrag - zwei wichtige Aspekte für die Teigentwicklung - und brauchen dabei keinen sogenannten Leitstab in der Mitte des Kessels, da der Radius des Knetarms den Teig aus der Kesselmitte bis an den Rand immer wieder erreicht und vollständig durchknetet.

Wer in der Champions League der Brotbäcker spielen will, der wählt einen Kneter mit Zwei-Gang-Getriebe, kann also für das extrem intensive Kneten von Weizenteigen noch einen Gang zuschalten, um einen hohen Energieeintrag für perfekt ausgeknetete Teige zu erzielen. Das vermögen die Eingang-Kneter auch, mit zwei Gängen geht es allerdings schneller und besser. Bei allen Häussler-Knetern lassen sich die Knethaken hochschwenken und die Kessel in dieser Stellung bequem entnehmen. Der Knethaken ist ebenfalls werkzeugfrei zu entnehmen, sodass die Reinigung mühelos erfolgen kann.

»Übung macht den Meister« – Häusslers Back-Seminare

»Es ist noch kein Meister vom Himmel gefallen«, heißt ein geflügeltes Sprichwort, und das gilt auch für das Brotbacken. Zuerst muss man sich mit dem lebendigen Werkstoff »Teig« vertraut machen, der so viele unterschiedliche Gesichter hat: Mal hat er eine eher feste und plastische Konsistenz wie z. B. beim Toastbrot, mal ist er weich und fast fließend für ein Schweizer Bürli. Und sogar wie ein Getreidebrei kann ein Brotteig aussehen, wenn ein Schrotbrot aus vollen Körnern und groben Schroten gebacken wird.

Handwerkliches Geschick ist gefragt, damit die unterschiedlichen Brotsorten in die gewünschte Form geraten und auch beim Backen im Ofen nichts mehr schiefgeht.

BROTBACKEN IM BACKDORF

Seit Jahrzehnten pflegen die Häußlers in Heiligkreuztal eine traditionelle und echt handwerkliche Backkultur. Der schwäbische Bauernlaib aus dem Holzbackofen hat wohl schon Kultstatus bei vielen Brotliebhabern erlangt, weil er in seiner Ursprünglichkeit ein Stück unverfälschte Natur mit dem Brotgenuss erlebbar macht. Vielleicht wirkt sich die Abgeschiedenheit und Ruhe des Backdorfs positiv auf die Konzentration auf das Wesentliche aus. Der Familie Häußler ist es jedenfalls geglückt, wertvolle Kenntnisse über das Brotbacken zu bewahren, zu erweitern und an viele Back- und Kochinteressierte weiterzugeben.

Den Bauernlaib oder eine schwäbische Dinnete haben in Oberschwaben über Jahrzehnte hinweg schon viele Besucher genießen dürfen: Regelmäßig bieten die Häußlers Seminare und Kurse rund um das Brotbacken, Kochen und Nudelmachen an: Allen voran ist es die Seniorchefin Adelinde Häußler, die ihr umfangreiches Wissen in den Seminaren und Kursen weitergibt.

Wenn Adeline Häußler über Dinkel, Emmer und Einkorn spricht und die Bedeutung der wertvollen Getreidebestandteile für eine gesunde Ernährung erläutert, dann ist sie voll in ihrem Element. Die gelernte Hauswirtschafterin bildete sich zur Gesundheitsberaterin fort und hegte schon als junge Frau den Wunsch, ihr fundiertes Wissen über Backen, Kochen und ernährungsphysiologische Zusammenhänge weiterzugeben. Lehrerin wollte sie werden, aber Studieren war für junge Mädchen in den 1960er Jahren in der ländlichen Region von Oberschwaben nicht vorgesehen, war ein seltenes Privileg ganz weniger. Das hinderte sie aber nicht daran, sich ihren Wunsch zu erfüllen. Sie bildete sich zur Gesundheitsberaterin fort und begeistert seit den 1990er Jahren alljährlich viele Teilnehmer, die dem Backen und Kochen in ihrem Leben einen besonderen Stellenwert einräumen.

Für Anfänger, fortgeschrittene Hobbybäcker und Profis die passende Fortbildung:
In den Häussler-Seminaren erfahren Sie alles rund ums Brotbacken.

EIN STARKES TEAM

Adelinde Häußler weiß ihre Zuhörer mit fundiertem Wissen zu faszinieren und mit einer Portion Humor die kleinen und großen Herausforderungen beim Brotbacken aus dem Weg zu räumen. Drei Backmeister stehen ihr heute zur Seite, um das umfassende Seminar-Programm mit all seinen Facetten kompetent abzudecken. Angefangen mit einem Streifzug über die Getreidesorten, über das Backen mit Dinkel- oder Vollkornmehl, über regionale Brotspezialitäten und Laugengebäcke bis hin zu internationalen Brotsorten reicht das Repertoire. Das geht nicht alles auf einmal, deshalb gibt es zu den einzelnen Themen auch spezielle Seminare: Vom Grundkurs Backen über Intensiv- oder Spezialseminare zum Backen im Holzofen oder zum Nudelnmachen bietet der umfangreichen Seminarplan jedes Kalenderjahr reichlich Auswahl. Das Häussler-Team sorgt dafür, dass Sie einen ereignisreichen Tag im Backdorf erleben und vor allem jede Menge Wissen, Tipps und Tricks rund um das Brotbacken mit nach Hause nehmen können. Die Seminare sind sehr beliebt und immer rasch ausgebucht.

GEBALLTES KNOW-HOW – KOMPETENTE BERATUNG

Bei Häussler endet der Kontakt nicht einfach mit dem Verkauf eines Ofens oder eines Kneters: Die kompetente und zuverlässige Kundenbetreuung zählt bei Häussler auch nach dem Kauf zur Selbstverständlichkeit – das wird heute in Zeiten des Internethandels nicht immer gewährleistet. Wer Fragen zum Gerät, seiner Bedienung oder ganz einfach ein Problem beim Brotbacken hat, findet bei Familie Häußler und Mitarbeitern ein offenes Ohr – und die kompetente Antwort. Häußlers legen Wert auf die eingehende Beratung, nehmen sich im Backdorf oder am Telefon die Zeit zum Gespräch. Was sich aus den Erläuterungen auf der Homepage oder im Katalog nicht direkt erschließen lässt, wird gern erklärt – ohne dass man in der Warteschleife einer Hotline vertröstet wird.

Eine virtuelle Rundreise auf der Homepage kann das Live-Erlebnis im Backdorf nicht ersetzen, aber informiert doch umfassend, was denn so alles bereitsteht, um für das Brotbacken entdeckt zu werden.

ALLES WISSENSWERTE RUND UMS BROTBACKEN

Brotgetreide: Weizen, Roggen, Triticale (eine Kreuzung aus den beiden) und Dinkel

Nicht-Brotgetreide: Reis, Mais, Hirse, Gerste, Hafer und Buchweizen

Urgetreide mit geringer Backfähigkeit: Emmer, Einkorn, Amaranth, Quinoa und Kamut

Die Zutaten – Natur pur

Ein gutes Brot braucht nicht mehr als Mehl, Wasser, Salz, Hefe und Natursauerteig. Punkt, aus und Schluss. Lauter natürliche Zutaten. Wer noch mehr aufzählt, hat keine Ahnung vom Brotbacken oder möchte Ihnen etwas verkaufen, was Sie nicht brauchen. Wir verzichten auf Zusatz- und sogenannte Hilfsstoffe. Gute Handwerksbäcker tun das auch – daran erkennen Sie sie ganz einfach.

Diese wenigen Zutaten wollen wir kurz beleuchten, um ihre Eigenschaften und ihre Funktion beim Brotbacken kennenzulernen. Ihre Bedeutung für unsere Ernährung zu erläutern, würde den Rahmen dieses Buches sprengen, doch bei unserer wichtigsten Zutat – den Getreide- und Getreidemahlerzeugnissen – nennen wir die Inhaltsstoffe der beiden Haupt-Brotgetreidesorten, um sie vergleichbarer zu machen. Auch, um etwas Licht in das Dickicht der Vorurteile gegenüber dem Weizen zu bringen – dem wichtigsten und meistverwendeten Brotgetreide.

DIE GETREIDEMAHLERZEUGNISSE

Wir stürzen uns gleich mitten hinein und unterscheiden die Brotgetreide von den Nicht-Brotgetreidearten. Brotgetreide sind zunächst einmal ganz einfach die, die sich zum Brotbacken eignen: Weizen, Roggen und Triticale (eine Kreuzung aus Roggen und Weizen) zählen zu dieser prominenten und exklusiven kleinen Gruppe. Aber eigentlich sollte auch der Dinkel hier seinen Platz finden. Würde man Schulnoten für die Backfähigkeit ausstellen, müsste man dem Dinkel mindestens ein befriedigend+ geben; wenn man ihn richtig behandelt, sogar ein »gut«. Das ist also unsere wichtigste Gruppe der Getreidearten. Sie bringen auf Grund ihrer Eigenschaften als Naturprodukte beste Voraussetzungen für das Brotbacken mit, und dafür sind maßgeblich ihre Eiweißstoffe verantwortlich. Es ist aber nicht die Höhe des Eiweißgehalts allein, sondern es sind die Eigenschaften der Eiweißstoffe eines Getreides, die seine Backfähigkeit bestimmen. Das Pseudogetreide Amaranth z. B. enthält mit 16–18 Prozent extrem viele Proteine, kann aber als Mehl allein nicht zum Brotbacken verwendet werden: Lediglich bis zu rund 40 Prozent lassen sich in Weizen- oder Roggenteigen verarbeiten.

Beim Weizen hingegen erfüllen die Eiweißstoffe Gliadin und Glutenin beste Voraussetzungen, um ein Brot mit guter Lockerung und attraktivem Volumen für eine typische Brotscheibe zu backen. Sie sind dazu in der Lage, während des Knetprozesses unter Einwirkung mechanischer Energie ein sogenanntes Klebergerüst im Teig aufzubauen, das dem Teig seine Struktur und Stabilität verleiht. Neben den Eiweißen ist es aber auch noch die Beschaffenheit der Stärke, die die Backfähigkeit eines Getreides ausmacht, denn sie muss bei Broten, die mit Hefe und / oder Sauerteig gelockert werden, während des Backprozesses unter Hitzeeinwirkung so verkleistern, dass sich eine stabile Brotkrume ausbilden kann.

Beim Roggen hemmen u. a. die Schleimstoffe (sogenannte Pentosane) die Bildung eines Klebergerüstes im Teig, und auch die in ihm enthaltenen Enzyme, die Alpha- und Beta-Amylasen, machen der Stärke zu schaffen, da sie diese zu Zuckern verstoffwechseln. Deshalb wird zur Steigerung der Backfähigkeit des Roggens eine gewisse Menge Säure zugesetzt, die die Enzyme in ihrer Tätigkeit hemmt. Das kann durch ein Teigsäuerungsmittel, einen Schuss Essig, aber am besten über die Zucht eines Natursauerteiges geschehen. Dass die deutschen Handwerksbäcker weltweit als wahre Meister des Brotbackens bekannt und für ihre Brotvielfalt anerkannt sind, ist zu einem großen Teil der Tatsache zu verdanken, dass es ihnen durch die Führung eines Sauerteiges gelungen ist, aus Roggen sehr herzhafte Brote zu backen. In Mittel- und Norddeutschland ist der Roggensauerteig seit Jahrzehnten, ja Jahrhunderten fester Bestandteil der Brotkultur. Roggen- und auch Schrotbrote sind hier besonders beliebt. Aber auch in Süddeutschland hat sich der Roggensauerteig längst etabliert und bereichert die Brotkultur.

Zu den typischen Nicht-Brotgetreidesorten zählen Reis, Mais, Hirse, Gerste, Hafer und Buchweizen. Sie bringen keine Backfähigkeit mit, um aus ihnen ein mit Hefe und / oder Sauerteig gelockertes Brot zu backen, und können deshalb nur in kleineren Mengen (bis zu max. 40 Prozent) in Kombination mit ein oder zwei Brotgetreidesorten als Zutat verwendet werden. Aus einer dieser Sorten allein ein Brot zu backen, ist nur schwer möglich, bei einigen funktioniert es überhaupt nicht – lediglich ein flacher Fladen lässt sich backen.

1.

2.

3.

4.

5.

6.

1. Weizen | 2. Roggen | 3. Dinkel | 4. Hafer | 5. Einkorn | 6. Emmer | 7. Kamut | 8. Gerste | 9. Amaranth | 10. Quinoa

EIN GANZ BESONDERES BROT AUS ALTEN SORTEN

Der Bäckermeister Erich Kasses aus Thaya bei Wien führt eine kleine Handwerksbäckerei und verarbeitet in seinem »Waldbauernfladen« drei unterschiedliche Roggensorten, nämlich den Champagner-Roggen, einen sibirischen Roggen und den Waldstauden-Roggen – drei exklusive alte Sorten, die bisweilen auf hohem stabilem Halm stehen, weniger ertragreich sind, aber einen ganz besonderen Geschmack aufweisen, der dieses Brot auszeichnet. Dass er dann auch noch drei unterschiedliche Sauerteige nur für dieses eine Brot führt, macht den Waldbauernfladen zum Genusserlebnis. Freilich zählt Erich Kasses zu den Besten seiner Zunft; ihm nachzueifern ist nicht ganz einfach. Aber das Beispiel soll ja auch nur zeigen, was man beim Brotbacken mit Getreidesorten machen kann, um besondere Geschmackserlebnisse zu kreieren und Brot als Genuss zu erleben.

PRAXISTIPP

Wenn Sie kreativ experimentieren und Ihr eigenes Brot erfinden wollen, müssen Sie diesen Grundsatz beherzigen:

- *Etwa 60 bis 70 Prozent der eingesetzten Getreidemahlerzeugnisse müssen backfähig sein, also zu den Brotgetreidesorten zählen. Dann ist gewährleistet, dass sich aus dem Teig während des Backens eine gelockerte Brotkrume mit guter Volumenentwicklung und eine das Brot stabilisierende Kruste ausbilden können.*

- *Bei Emmer und Einkorn können Sie je nach Erntequalität auch 50 bis 60 Prozent und sogar mehr einsetzen. Sie sollten das Brot aber sicherheitshalber im Kasten backen.*

GETREIDEMAHLERZEUGNISSE IM BROTREZEPT

Der Begriff »Getreidemahlerzeugnisse« ist zwar lang und sperrig, aber in der Verwendung deutlich korrekter als das Wort »Mehl«. Bei der professionellen Entwicklung und Berechnung eines Brotrezeptes setzt man die Menge aller eingesetzten Getreidemahlerzeugnis gleich 100 Prozent und erhält so die Bezugsgröße, um die weiteren Zutaten in ihrer korrekten Menge zu berechnen. Der Begriff sollte also zum Vokabular eines Hobbybäckers gehören, weil er Mehle aller Typen, Vollkornmehl (es erhält keine Typenbezeichnung), ganze Getreidekörner, Schrot, Grieß und Flocken gleichermaßen als Oberbegriff umfasst, die bei der Brotherstellung allesamt zum Einsatz kommen können – eben je nach Brotsorte.

Und in der Art der Ausmahlung des Getreides zu Mehlen und der Zusammenstellung der Mehle nach Typen und/oder Schroten sowie Flocken liegt ein wichtiger Schlüssel, um den Charakter eines Brotes zu beeinflussen: Die Getreidemahlerzeugnisse bestimmen zunächst die Konsistenz der Krume und damit das Mundgefühl beim Kauen. Als mengenmäßig dominierende Zutat haben sie außerdem enorme Auswirkungen auf das Aroma und den Geschmack eines Brotes: Es macht einen großen Unterschied, ob ein Brot mit Weizenmehl Type 550 oder mit der Type 1050 gebacken wird, die mehr Ballast- und Mineralstoffe mitbringt.

In den Rezepten finden Sie deshalb eine recht breite Variation der Mehltypen und Getreidemahlerzeugnisse überhaupt, um den Charakter des Brotes gezielt zu beeinflussen. Es lohnt sich also durchaus, von den beiden Standardtypen Roggenmehl Type 997 und Weizenmehl Type 550 abzuweichen. Freilich eignen sie sich backtechnologisch betrachtet besonders gut zum Brotbacken, aber Variation und Abwechslung bringen andere Geschmackserlebnisse. Das Besondere verlangt eben auch besondere Anstrengungen. Sie können aber auch ohne große Probleme von den im Rezept angegebenen Mehltypen abweichen. Wenn sie die Type 1050 nicht im Haus haben, dann nehmen sie 550, das Rezept funktioniert auch so.

Leider gibt es in Deutschland immer weniger kleine Mühlen, bei denen das Mehl direkt bezogen werden kann, aber im gutsortierten Handel lassen auch ausgefallene Mehltypen finden.

Glutenfreies Brot aus Reisvollkornmehl, Buchweizen- und Maismehl. Als Lockerungsmittel kommt statt Hefe Xanthan zum Einsatz. Krume und Kruste erinnern an den Charakter eines Sandkuchens.

WEIZEN- ODER GLUTEN-ALLERGIE

Von Weizenunverträglichkeiten und Weizenallergien hört man allerorten, und man sollte bei entsprechendem Verdacht bzw. Symptomen durch einen kompetenten Arzt feststellen lassen, worauf der Körper tatsächlich reagiert, und dann die richtigen Maßnahmen ergreifen. Das kann lebenswichtig sein, denn die Reaktion des Immunsystems auf das allergieauslösende Lebensmittel kann sehr heftig ausfallen. Leider findet man im Internet sehr viel Unsinn zu diesem Thema, das man wirklich nicht auf die leichte Schulter nehmen darf. Da wird der Dinkel als »gesunde Alternative« empfohlen, obwohl er mit dem Weichweizen sehr eng verwandt ist und ebenfalls einen sehr hohen Anteil des Eiweißstoffs Gluten aufweist, der oft für die Weizenunverträglichkeit oder eine Allergie verantwortlich ist. Die meisten Dinkelsorten sind zudem mit Weizenarten gekreuzt. Auch Emmer und Einkorn dürfen nicht als Alternative bei Weizenallergien empfohlen werden. Sie zählen zur Familie der Weizengetreide und enthalten Gluten.

Eine Weizenunverträglichkeit oder eine Weizenallergie muss außerdem von der Krankheit Zöliakie unterschieden werden, bei der bisweilen eine extreme Form der Glutenunverträglichkeit vorliegt. Wurde die Krankheit erkannt, wissen Betroffene allerdings, dass sie glutenhaltige Lebensmittel konsequent meiden müssen.

GLUTENFREI BACKEN?

Die Backfähigkeit eines Getreidekorns oder Getreidemahlerzeugnisses hängt maßgeblich von seinem Vermögen ab, ein Klebergerüst zu entwickeln. Dabei spielt das Gluten eine wesentliche Rolle. Bei einer Weizenunverträglichkeit dürfen nun aber Getreidesorten, die Gluten enthalten (und dazu gehören neben dem Weizen auch Roggen, Dinkel, Emmer und Einkorn, egal was man Ihnen an anderer Stelle erzählt) nicht verzehrt werden.

Wer wirklich glutenfrei Brot backen will oder muss, der wird einen konsequenten Weg gehen müssen, aber es ist durchaus möglich: Zunächst sollte man ein glutenfreies Brot im Kasten backen, dann entstehen weniger Probleme, die Form zu wahren. Die Lockerung kann nicht über Hefen oder Sauerteige erzielt werden, stattdessen kann Xanthan in geringer Dosierung diese Aufgabe übernehmen. Aber auch dann bleibt die Krume außerordentlich kompakt und das Brot weist einen eher kuchenartigen Charakter auf, wie man ihn von klassischen schweren Rührkuchen kennt.

VEGETARISCH UND VEGAN BACKEN

Es ist hingegen nicht schwierig, vegetarisch und vegan zu backen, denn Brot eignet sich für die vegane Küche als ein zentrales Basisprodukt »von Haus aus« besonders gut und leistet einen wichtigen Beitrag zur gesunden Ernährung. Der Nähr- und Genusswert kann noch gesteigert werden, wenn Hülsenfrüchte wie Erbsen, Linsen oder Bohnen im Brot verarbeitet werden. Sie liefern neben hochwertigen pflanzlichen Eiweißen eine Menge essentielle Fettsäuren und Aminosäuren, die bei einer veganen Ernährung nicht fehlen dürfen. Und natürlich eine Portion Ballaststoffe, die ein Vollkornbrot aber schon selbst mitbringt. Als Beispiel haben wir in diesem Buch das Linsenbrot in den Rezeptreigen aufgenommen. An Stelle der Linsen können andere Hülsenfrüchte je nach Geschmack eingesetzt werden. Wer als Veganer oder Vegetarier die Hülsenfrüchte als gekochte Beilage zu warmen Gerichten nicht mag, der hat beim Brotbacken eine sehr interessante Alternative – die wertvollen Inhaltsstoffe bleiben nach dem Backprozess erhalten, auch die hitzeresistenten Vitamine!

MEHLTYPE UND MINERALSTOFFGEHALT

Entscheidend für die ernährungsphysiologische Wertigkeit eines Brotes ist in erster Linie, welche Mehltype ich auswähle: Je höher die Mehltype, desto höher der Ballast-, Vitamin- und vor allem der Mineralstoffgehalt. Bis hin zum Vollkornmehl an der Spitze dieses Rankings, dem in Deutschland allerdings keine Type verliehen wird, weil sich der Aschegehalt von Vollkornmehlen nicht als Standard spezifizieren lässt. Er unterliegt den natürlichen Schwankungen der jeweiligen Ernte, weil das gesamte Korn vermahlen wird. Während der Mineralstoffgehalt beim Weizenmehl der Type 550 zwischen etwa 0,5 bis 0,6 Prozent liegt, kann die Type 1050 schon mit ca. 0,9 bis 1,2 Prozent glänzen – das ist das Doppelte!

Was besagt und bedeutet nun diese ominöse Mehltype und wie wird sie ermittelt? Sie gibt an, wie viel Asche übrig bleibt, wenn ein Mehl vollständig verbrannt wird. Da die Mineralstoffe als einziger Mehlbestandteil nicht brennbar sind, lässt sich so der Mineralstoffgehalt exakt bestimmen. Die Type 405 beim Weizenmehl gibt an, dass in 100 Kilo Mehl 405 Gramm Mineralstoffe enthalten sind. In Deutschland müssen Mehle nach einer DIN-Norm mit einer Type gekennzeichnet sein, um verkauft werden zu können.

Der Ausmahlungsgrad und die Mehltype hängen unmittelbar zusammen: Der Ausmahlungsgrad gibt von der »Mitte« des Getreidekorns aus gedacht an, welche Teile des Korns für ein Mehl bei der Vermahlung genutzt werden, welche Bestandteile also in das Mehl kommen. Je höher der Ausmahlungsgrad, desto mehr Mineralstoffe sind im Mehl enthalten. Dabei muss man etwas um die Ecke denken, denn von einem niedrigen Ausmahlungsgrad spricht der Müller, wenn die Mehle stark ausgemahlen werden, also der Keimling und auch die Randschichten größtenteils entfernt werden.

Bei höherer Ausmahlung gelangen auch Teile der Aleuronschicht in das Mahlerzeugnis, die für die Ernährung wertvolle Eiweiße enthält, aber das Backverhalten eines Mehles verschlechtern, da dies keine Kleber bildenden Eiweißstoffe (Gliadin und Glutenin) sind.

Die liegen im Inneren des Mehlkörpers: Das Weizenmehl Type 550 ist ein sogenanntes Vordermehl mit einem niedrigen Ausmahlungsgrad von 0–73, sprich 73 Prozent, das reich an den Klebereiweißen und Stärke ist, aber wenig Mineralstoffe, Ballaststoffe und Vitamine enthält. Noch extremer ist dann das Auszugsmehl Type 405 mit einem Ausmahlungsgrad von 40 Prozent, bei dem fast nur Stärke und Eiweiß aus der Kornmitte gewonnen werden. Dieses Mehl hat m.E. allerdings beim Brotbacken wenig zu suchen und sollte der Herstellung feiner Backwaren vorbehalten bleiben. Allenfalls bei einem Toastbrot kann es sinnvoll zum Einsatz kommen, oder beim süßen Hefezopf, den wir hier bei den Brotrezepten als beliebten Grenzgänger aufgenommen haben – allerdings mit der Type 550.

Durch die Ausmahlung wird auch die Teilchengröße der Mehlbestandteile bestimmt (Granulation): Sehr kleine Teilchen der Type 405 nehmen bei der Teigbereitung schneller Wasser auf und beschleunigen die Hefegärung. Je größer die Mehlbestandteile sind, desto langsamer nehmen sie Wasser auf und neigen zum »Nachsteifen« der Teige, wenn das Wasser mit dem Mehl während der Teigruhe weiter verquillt.

__Mehltypen bei Weizen:__ 405, 550, 812, 1050, 1600. Ferner: 1700 = Backschrot (Vollkornschrot und Vollkornmehl ohne Typen-Angabe)
__Mehltypen bei Roggen:__ 815, 997, 1150, 1370, 1740, 1800 = Backschrot (Vollkornschrot und Vollkornmehl ohne Typen-Angabe)
__Mehltypen bei Dinkel:__ 630, 812, 1050 (Vollkornschrot ohne Typen-Angabe)

WISSENSWERT

- *Je höher der Ausmahlungsgrad, desto höher die Mehltype, desto höher der Mineralstoff, Ballaststoff und Vitamingehalt eines Mehles.*
- *Je niedriger der Ausmahlungsgrad, desto heller das Mehl = niedrige Mehltype, desto mehr Ballast-, Mineralstoffe und Vitamine gehen verloren.*
- *Ein Weizenmehl der Type 550 (Ausmahlungsgrad ca. 73 %) enthält nur noch 20 % des wichtigen Vitamins B1, 30 % der Mineralstoffe und nur noch 5 % der Ballaststoffe, die im Weizenvollkornmehl, sprich im Korn ursprünglich vorhanden sind.*

VOM KORN ZUM MEHL

Die Ausmahlung eines Getreidekorns zum Mehl erfolgt in verschiedenen Schritten über Riffel- und Glattwalzen der Walzenstühle einer Mühle. Die unterschiedlich

Beispiele für unterschiedliche Getreide(mahl)erzeugnisse, die beim Backen Verwendung finden:

1. Ganzes Roggenkorn (wird grundsätzlich über ein Kochstück zum Teig gegeben)
2. Roggenflocken = das ganze Korn durch einen Flocker gequetscht (werden entweder über ein Quell- oder Kochstück zum Teig gegeben oder zur Oberflächenveredelung eingesetzt)
3. Roggenschrot (wird entweder über ein Quell- oder ein Kochstück zum Teig gegeben)
4. Roggenmehl der Type 997, das sich sehr gut zum Backen eignet
5. Dinkelschrot (wird selten verarbeitet, ergibt als Kochstück zugesetzt aber sehr gute Dinkelbrote mit langer Frischhaltung)
6. Dinkelvollkornmehl
7. Dinkelmehl, Type 630 (das meistverwendete Dinkelmehl)
8. Weizenmehl Type 550, das meistverwendete Mehl zum Brotbacken
9. Haferflocken (werden als Quell- oder Kochstück dem Teig zugegeben oder zur Oberflächenveredelung genutzt)
10. Hirse (als Nichtbrotgetreide am besten als Kochstück verwendbar)

Von links: Himalaya-Salz, Kochsalz und Meersalz – alle handelsüblichen Salzsorten eignen sich zum Brotbacken, die Spezialsalze müssen (je nach Körnung) vor der Teigbereitung gemahlen oder im Schüttwasser aufgelöst werden.

- Es fördert die Bräunung der Kruste (Maillard-Reaktion) während des Backprozesses. Das funktioniert, weil das Salz die Proteine während des Backprozesses verflüssigt. Durch die Hemmung der Hefetätigkeit bleibt mehr Zucker im Teig, der ebenfalls für die Maillard-Reaktion unerlässlich ist. Je mehr Salz zugegeben wird, desto dunkler wird ein Brot.

Um diese backtechnologischen Funktionen zu erfüllen, würde eine Dosierung von etwa 1 Prozent ausreichen, doch diese Menge reicht nicht aus, um ein abgerundetes Brotaroma zu erzielen. Unterhalb einer Salzdosierung von 1,4 Prozent, bezogen auf die eingesetzten Getreidemahlerzeugnisse, kann ein Brot nicht sein volles Aroma entfalten (»Aromatransfer«), weshalb den Bestrebungen der Europäischen Kommission, den Salzgehalt im Brot per Vorschrift zu reduzieren, entschieden entgegenzutreten ist.

PRAXISTIPPS

- *Handelsübliches Kochsalz ist zum Brotbacken bestens geeignet.*
- *Besondere Salze (Meersalz, Himalaya-Salz etc.) kosten deutlich mehr, verändern aber nicht den Brotgeschmack. Sie sollten der gezielten Veredelung von gekochten Speisen vorbehalten bleiben, bei speziellen Brotkreationen vielleicht als Aufstreu eingesetzt werden.*
- *Wenn Sie grobes Himalaya-Salz oder grobes Meersalz verwenden wollen, dann müssen Sie es vorher mahlen oder im Schüttwasser auflösen.*

WISSENSWERT

Leitungswasser und handelsübliches Kochsalz eignen sich bestens zum Brotbacken – egal in welcher Region Sie wohnen und welches Salz Sie kaufen. Wer etwas »Besonderes« will, muss für die bunten Etiketten auf Salzpäckchen und Mineralwasserflaschen viel Geld bezahlen – Marketing für Marken kostet schließlich Geld.

DIE HEFE – AM BESTEN FRISCH

Jetzt wird's spannend: Für das Brotbacken kommen kultivierte sogenannte Reinzuchthefen zum Einsatz, die in Hefefabriken speziell auf Melasse (Abfallprodukt der Zuckergewinnung) gezüchtet werden. Die Backhefe (Saccharomyces cerevisiae) wurde aus der obergärigen Bierhefe gezüchtet, stammt also aus der Braukunst.

Bei der Backhefe wird zunächst unterschieden zwischen Trocken- und Frischhefe, die sogenannte Presshefe, die im Pfunds-Block für Backbetriebe oder als Würfelhefe im Einzelhandel erhältlich ist. Um Trockenhefe herzustellen, wird die Presshefe gefriergetrocknet und so das Wasser entzogen (nur ca. 4–8 % Wasser verbleiben). Durch diese Konzentration wird sie beim Brotbacken deutlich niedriger dosiert als die frische Presshefe: Etwa ⅓ der Frischhefe reichen aus, um die gleiche Triebkraft durch die Hefetätigkeit zu erzielen. Bevor die Trockenhefe dem Teig zugegeben wird, sollte man sie in etwas warmem Wasser (ca. 30 °C) auflösen, um sie zu aktivieren. Ein 2-cl-Glas (»Schnapsglas«) eignet sich gut dazu.

Im Vergleich zur Trockenhefe verfügt die Presshefe aber über eine höhere Triebkraft, da ihre Hefezellen vitaler sind. Ihr gebührt deshalb generell der Vorzug, erst recht, wenn Sie für Teigruhe und Stückgare in Ihrer Küche nicht die optimalen Raumtemperaturen gewährleisten können. Frischhefe lässt sich im Kühlschrank in Plastik verpackt etwa 2–3 Wochen aufbewahren, ohne dass sie Schaden nimmt. Bei längerer Lagerung nimmt die Gärkraft ab.

Wer also regelmäßig backt, ist mit dem Kauf frischer Hefe bestens beraten. Trockenhefe leistet allerdings auch absolut zuverlässige Dienste für die alkoholische Gärung im Teig und lässt sich über einen sehr langen Zeitraum aufbewahren (ca. 6 Monate, kühl, 15–18 °C, und trocken lagern). Hefe immer sollten Sie verschlossen aufbewahren, da sie ansonsten Wurstwaren, Obst etc. im Kühlschrank kontaminiert.

WOHLFÜHL-KLIMA FÜR DIE HEFE

Die Hefezellen vermehren sich im Teig durch Sprossung (ungeschlechtlich durch Zellteilung; zur Sporenbildung kommt es im Brotteig nicht), und zur Gewinnung von Energie hat die Hefezelle zwei unterschiedliche Möglichkeiten für den Stoffwechsel: Atmen und Gären. Der für das Backen wichtigste Inhaltsstoff der Hefezelle ist ein Enzymkomplex, der zusammengefasst als Zymase bezeichnet wird. Die Zymase ist verantwortlich für die Bildung von Alkohol.

Frisch- und Trockenhefe sorgen im Brotteig für die Bildung des Lockerungsgases Kohlendioxid.

Bei guten Lebensbedingungen, also ausreichend Wasser, Einfachzucker (Glucose) und Sauerstoff verbrennt die Hefe den Einfachzucker (in Wasser gelöst), um sich zu vermehren. Das geschieht im Teig alle 1-2 Stunden, je nach Bedingungen. Zu den geforderten Bedingungen zählt an erster Stelle die Temperatur, denn die Hefe mag es warm: Zwischen 24 und 35 °C fühlt sie sich am wohlsten. Bei ihrem Stoffwechsel wird der Einfachzucker zu Kohlendioxid und Wasser abgebaut.

Die Gärung läuft ohne Sauerstoff ab, und zwar bevorzugt bei hohen Temperaturen von 28-38 °C. Das Lockerungsgas Kohlendioxid wird vornehmlich bei der Atmung der Zellen zu ihrer Vermehrung gebildet. Für das Brotbacken von ebenso großer Wichtigkeit ist die Bildung von Ethanol, da es eine bedeutende Rolle für die Entwicklung des späteren Brotaromas spielt.

Bei den angegebenen Temperaturen handelt es sich um Idealbedingungen. Für das Brotbacken in der Küche ist es wichtig, zu wissen, dass die Hefe auch bei 18 bis 25 °C recht aktiv ist und erst unter 5 °C ihre Aktivität weitgehend einstellt. Erst bei -5 °C kommt sie komplett zum Erliegen, weshalb man einen Teig zwar eine Nacht lang im Kühlschrank aufbewahren kann, aber nicht länger. Hinzu kommt außerdem, dass die mehleigenen Enzyme wesentlich kälteunempfindlicher sind und fleißiger als die Hefe weiterarbeiten.

DIE BACKTECHNOLOGISCHE FUNKTION VON HEFE

- *Hefe bildet das Lockerungsgas Kohlendioxid (CO_2) und Alkohol durch ihre Stoffwechselprozesse (Atmung und Gärung).*
- *Bei Temperaturen von 24–27 °C findet sie gute Lebensbedingungen im Teig und arbeitet mit der gewünschten Geschwindigkeit für die Teigentwicklung.*
- *Sie sorgt damit für die Lockerung der Krume und die Bildung von Aromavorläufern (Ethanol).*
- *Hefe bringt ein fein hefiges Aroma in die Gebäcke, das besonders bei Weizenbroten gut wahrnehmbar ist.*
- *In den Rezepten haben wir mit Frischhefe gearbeitet. Beim Einsatz von Trockenhefe fällt die Dosierung etwa um zwei Drittel niedriger aus.*

BACKMALZ – GUT ZU ENTBEHREN

Eine Zutat sei noch erwähnt, die Ihnen sicher begegnet ist, wenn Sie als Hobbybäcker schon öfter Brot gebacken haben und vielleicht schon über Rezeptbücher verfügen oder Rezepte aus dem Internet runterladen: das Malz. Es wird aus gekeimter Gerste gewonnen und als Flüssigmalz, Malzextrakt und Malzmehl hergestellt. Es kommt nur bei Weizenbroten, Kleingebäck oder bei Weizenmischbroten zum Einsatz.

Malz braucht man nicht unbedingt zum Brotbacken, und in den Rezepten dieses Buches kommt es nur bei 2 bis 3 von 66 Rezepten zum Einsatz, z. B. beim Weizenbrot (Weißbrot), weil es hier in aktiver Form eine backtechnologische Funktion übernehmen kann. Aber damit sind wir bereits bei der wichtigsten Frage zum Einsatz von Malz beim Brotbacken: Ist das Malz aktiv oder handelt es sich um ein inaktives Malzprodukt?

Malzerzeugnisse stellen vergärbaren Zucker entweder direkt bereit (= inaktives Malzprodukt) oder sorgen durch verstärkten enzymatischen Abbau der Mehlstärke während der Teigführung dafür, dass ständig und schnell Einfachzucker für die Hefetätigkeit nachgeliefert wird (= aktives Malzprodukt).

Malzprodukte können je nach ihren jeweiligen Eigenschaften bei direkten und kurzen Teigführungen in aktiver Form einen enzymatischen Beitrag zum Stärke- und Eiweißstoffwechsel leisten und führen so zu elastischen Krumen und einer zart röschen Krustenstruktur bei guter Bräunung.

Bei langen Teigführungen, die wir grundsätzlich empfehlen, wirkt sich aktives Malzmehl schnell kontraproduktiv aus, weil die zusätzlichen Zuckerstoffe die Hefetätigkeit zu sehr begünstigen, Teigruhe und Stückgare in ihrer Zeit also begrenzt werden müssen. Andernfalls lassen die Teige nach, die Bräunung fällt zu intensiv aus und die Kruste wird schnell ledrig und zäh.

Ratsamer ist es, durch lange, kühle Teigführungen den mehleigenen Enzymen und der Hefe Zeit für ihren Stoffwechsel zu geben, denn dann treten die positiven Effekte des zugegebenen Malzproduktes von ganz alleine ein.

Der Einsatz von inaktiven Malzprodukten ist ohnehin fragwürdig, weil sie die Brotkrume dunkel verfärben. Wenn ich ein Brot mit 70 Prozent Weizenmehl der Type

550 backe, dann will ich ein »helles Brot«, das mit Butter und einer fruchtigen Konfitüren oder Honig bestens harmoniert – ich muss mir dann nicht durch eine dunklere Krumenfarbe vorgaukeln, dass ich ein hoch ausgemahlenes Mehl genommen habe und mir eine Portion Ballaststoffe zuführe!

Überlassen Sie dieses Prozedere der Industrie, die heute bei Toast- und Weizenbroten diese Strategie fährt und die Brote gesünder aussehen lässt, als sie tatsächlich sind. Gern wird dabei auch noch mit 5 Prozent Leinsamen oder anderen Saaten nachgeholfen und ein nennenswerter Körneranteil suggeriert, der aber nicht wirklich vorliegt.

WISSENSWERT

Beim Malz werden aktive und inaktive Malzprodukte unterschieden. Aktive Malzprodukte sollten nur bei kurzgeführten Weizenteigen zum Einsatz kommen, da sie bei langen, kühlen Teigführungen kontraproduktiv wirken. Inaktives Malz wird vorwiegend zur Braunfärbung verwendet.

BUTTER UND CO. – FETT IM BROT

Fett zählt eigentlich nicht zu den Grundzutaten eines klassischen Brotrezepts, doch bei den süßen Broten ist es oft Bestandteil der Rezeptur, und in einem Stuten macht Butter den feinen Unterschied im Geschmack aus.

Eine Portion Schmalz wiederum bringt eine herzhafte Note mit und kann vor allem als rein natürliches Backmittel in deftig, würzigen Broten gute Dienste leisten: Mit seinen natürlichen Mono- und Diclyceriden wirkt es als natürlicher Emulgator, der die Teige geschmeidig macht, ihre Stabilität verbessert und das Volumen erhöht. Wer Schweineschmalz aus religiösen Gründen ablehnt, hat genug gute Alternativen: Es kann auch Gänseschmalz eingesetzt werden, aber darüber hinaus natürlich eines der genannten Öle.

Die Favoriten unter den Fetten zum Brotbacken sind Schmalz, Butter, Olivenöl, Sonnenblumenöl und Rapsöl. Butter bringt zwar nicht die besten Backeigenschaften mit, da sind spezielle Backmargarinen und Fette deutlich überlegen, aber ihr unvergleichlich guter Geschmack wiegt die Nachteile auf.

Margarine ist weniger gut geeignet, da sie geschmacklich beispielsweise in einem süßen Stuten nicht überzeugen kann. Und auch ein Toastbrot mit guter Butter gebacken schmeckt einfach viel besser als eins mit Margarine. Apropos »gute Butter«: Diese Formulierung hat sich umgangssprachlich eingebürgert, und ich mag sie sehr, weil sie das Reinheitsgebot deutscher Markenbutter widerspiegelt. Korrekter wäre es, von reiner Butter zu sprechen, die durch Salze, Öle, etc. nicht in ihrem Geschmack oder in ihrer Konsistenz verändert worden ist.

Die genannten Öle eigenen sich sowohl zur Geschmacksverbesserung, z. B. das Olivenöl im Schweizer Bürli oder im italienischen Ciabatta, als auch zur Verbesserung der Teigeigenschaften, denn Fette haben je nach Höhe der Dosierung unterschiedliche Auswirkungen auf Teig und Gebäck.

BACKTECHNOLOGISCHE FUNKTIONEN VON FETTEN

Sie spielen beim Brotbacken eine untergeordnete Rolle, da in den meisten Brotsorten kein Fett enthalten ist. Wenn es wie in einem Butterstuten eine tragende Rolle spielt, dann kommt es auf die Menge an, wie sich das Fett auswirkt:
Geringe Mengen (1 bis max. 5 %) bezogen auf die Getreidemahlerzeugnisse (wirken leicht emulgierend und)

- *verbessern die Teigstabilität und die Gärtoleranz*
- *erhöhen das Volumen*
- *verfeinern die Krume*

Hohe Mengen von 5 bis 10 % oder mehr

- *hemmen die Hefetätigkeit und verringern die Triebkraft (= geringeres Volumen, deshalb Hefemenge etwas erhöhen)*
- *verleihen dem Teig plastischere, weniger elastische Eigenschaften*
- *verringern den Ofentrieb*
- *verfeinern der Krume (zarter und mürber)*
- *verbessern den Geschmack des Brotes*
- *verlängern die Frischhaltung*

»Gute Butter« bringt in Toastbroten den besten Geschmack mit.

Klassische Zutaten, um ein Brot zu veredeln: Nüsse, Ölsaaten und Trockenfrüchte erhöhen obendrein noch den Gesundheitswert eines Brotes.

EIN SCHLARAFFENLAND: GESCHMACKSGEBENDE ZUTATEN

Über diese Basis-Zutaten hinaus lassen sich Brote durch eine Vielzahl ganz unterschiedlicher Rohstoffe und Lebensmittel veredeln und somit um eine geschmackliche Komponente bereichern. Wir nennen sie deshalb geschmacksgebende Zutaten. Für den gewerblichen Verkauf werden sie in den Leitsätzen für Brot und Kleingebäck auch wertbestimmende Zutaten genannt. Sie müssen in einer bestimmten Menge zugegeben werden, damit sich ein Brot z. B. Rosinenbrot nennen darf.

In backtechnologischer Hinsicht sind sie zunächst uninteressant, eher stören sie das empfindliche Gefüge unserer Basis-Zutaten im Teig.

Typische Vertreter dieser Kategorie sind traditionell z. B. die Rosinen, Nüsse aller Art oder Ölsaaten wie Leinsamen und Sesam. Letztendlich sind der Phantasie allerdings keine Grenzen gesetzt, ob mit Schalenobst, Ölsamen, Früchten oder Gemüse oder Obst ein Brot veredelt wird. Die Liste ließe sich über Käse, Wurst oder Schinken, Schokolade und Marzipan bis hin zu frischen Kräutern endlos fortführen. Die Spezialbrote lassen sich dabei grob unterscheiden in herzhafte und süße Varianten: Beispiele sind das Sauerkrautbrot mit Schinkenwürfeln oder ein Banane-Kokos-Stuten.

Je nachdem, welche Zutaten dem Brotteig zugegeben werden, dominieren sie das eigentliche Brotaroma bisweilen deutlich. Den Geschmack eines Brotes kann man durch geschmacksintensive Zutaten sehr leicht beeinflussen. Bestes Beispiel ist das Salz, weshalb bei der Dosierung Genauigkeit gefordert ist.

Es ist deshalb ratsam, zwischen Brotaroma und Brotgeschmack zu unterscheiden: Das Aroma eines Brotes an sich beeinflusst man in erster Linie durch die Sauerteigführung, die Teigführung und den Backprozess, nicht durch die geschmacksgebenden Zutaten! Nomen est omen: Sie richten den Geschmack aus.

Das ist eine recht wichtige Unterscheidung. Wenn Sie Spezialitäten wie Baguette oder Ciabatta backen, dann erleben Sie das arteigene Aroma am besten, wenn es ohne Oliven oder getrocknete Tomaten veredelt ist. Der Zauber des Einfachen, die Ursprünglichkeit des unverfälschten Aromas ist dann am besten sensorisch (riechen, schmecken) wahrzunehmen.

Zweifelsohne hat beides seinen ganz eigenen Reiz: Ein absolut schlichtes Roggenbrot aus Natursauerteig mit kräftiger Kruste und ein Schoko-Chili-Kirsch-Stuten, den wir ebenfalls in unseren Rezeptreigen aufgenommen haben.

ZUTATEN RICHTIG DOSIEREN

In ungebremster Hülle und Fülle können die geschmacksgebenden Zutaten dem Teig nicht zugegeben werden, da sie die Teigstruktur belasten (Klebergerüst) und bei Überdosierung sehr schnell zu Backfehlern führen. Im fertigen Brot weist die Krume dann große Hohlräume auf oder die Zutaten sinken im Teig während des Backprozesses auf den Boden ab.

Neben der zugegebenen Menge spielt auch die Größe der Zutaten eine Rolle: Je größer die Stücke in den Teig gegeben werden, desto besser muss der Teig geknetet sein, damit die sich beim Backen bildende Krume den Belastungen standhält, wenn die Stärke unter Hitzeeinfluss verkleistert.

Bei den Rezepten Früchtebrot und Grünkohlbrot mit Mettwurst sind wir mit Backversuchen an die sinnvolle Grenze herangegangen, weil wir möglichst große Stücke für eine attraktive Optik erzielen wollten. Mit den Trockenfrüchten funktioniert das einfacher als mit wasser- oder fetthaltigen Produkten wie beispielsweise einer Mettwurst. Je kleiner und feiner die Stücke geschnitten werden, desto einfacher sind sie zu verarbeiten, desto weniger belastend für Teigentwicklung und Krume.

Die Größe der Zutatenstücke wirkt sich allerdings auch auf das Mundgefühl und die Geschmackswahrnehmung aus: Genau wie beim Kochen bringt z. B. eine geriebene Knoblauchzehe (oder Knoblauchpulver) ein ganz anderes Aroma in das Brot als eine Knoblauchzehe, die gehackt oder in Vierteln zugegeben wird.

TIPPS FÜR DIE VERARBEITUNG

- *Das Wichtigste vor ab: Alle geschmacksgebenden Zutaten werden erst gegen Ende des Knetprozesses zugegeben, damit sich zuvor eine gute Teigstruktur bilden kann. Einige Zutaten können vor der Zugabe in Mehl gewälzt werden, damit sie sich bei der Teigbildung besser mit dem Teiggerüst verbinden.*

- *Einfacher zu verarbeiten sind trockene und damit auch klassische Brot-Zutaten wie Sonnenblumenkerne, alle Nusssorten, Leinsamen oder auch Rosinen und andere Trockenfrüchte.*

- *Trockene Zutaten, die Wasser aufnehmen können, sollten vor der Zugabe zum Teig im Wasserbad mindestens 2 bis 3 Stunden vorquellen, z. B. Leinsamen. Aber auch Rosinen sollte man vor der Teigbereitung waschen und in einem Abtropfsieb über Nacht stehen lassen. Einerseits weisen Rosinen nicht selten kleinere*

Roggenschrotbrot mit Walnüssen und Cranberrys – eine Sinfonie für die Sinne

Herzhaft, deftig: Geschmacksrichtungen lassen sich durch einzelne Zutaten oder Kombinationen in unzähligen Variationen kreieren.

Das Sauerkrautbrot mit Kartoffeln und Schinken bekommt mit Pfeffer und einer Spur Muskatnuss den letzten Pfiff.

Verunreinigungen auf, andererseits tut auch ihnen das zusätzliche Wasser gut, damit sie dem Teig kein Wasser entziehen.

- *Schwieriger wird es, wenn frische Zutaten wie Obst oder Gemüse das Rezept bereichern sollen: Sie bringen meist einen hohen Wasseranteil mit und verbinden sich insgesamt schlechter mit der Krume. Das gilt auch für Dosenobst. Das Klebergerüst wird gestört, bisweilen unterbrochen, die Bindigkeit der Krume herabgesetzt. Um die Teigentwicklung wenig zu stören, empfiehlt es sich, die Stücke recht klein zu schneiden. Wird eine geringe Menge von 10 bis 15 % zugesetzt, sind keine Beeinträchtigungen zu erwarten. Die Crux bei der Sache ist aber, dass sich dann die geschmacksgebenden Zutaten im Teig nahezu verlieren und z. B. das Paprikabrot kaum seinen Namen verdient. Und anders als die Industrie sollten Hobbybäcker nicht an den Zutaten sparen.*

DIREKT ZUM TEIG ODER ALS FÜLLUNG EINARBEITEN?

Eine sehr interessante Alternative zum Unterkneten bei der Teigbereitung ist die spätere Zugabe während des Formens der Brote. Dazu stehen verschiedene Techniken zur Verfügung. Vor dem abschließenden Langwirken kann eine größere Zutat (z. B. ein Mettwürstchen am Stück) oder eine Füllung eingebracht werden. Eine zweite Variante ist, den Brotteig mit einem Rollholz auszurollen und mit einer Füllung zu bestreichen (bzw. Zutaten aufzustreuen), aufzurollen und anschließend zu einem Einstrangzopf zu flechten und im Kasten zu backen.

Ein Beispiel: Wir haben zwei Rezepte mit Bananen in diesem Buch. Einmal haben wir das Bananenpüree über die Füllung in das Brot gebracht (Einstrangzopf), einmal direkt über den Teig: Das ergibt vollkommen unterschiedliche Geschmackserlebnisse: Während die Füllung ein sehr deutliches Bananenaroma in das Brot bringt, verliert sich das Bananenpüree im Teig im Zusammenspiel mit den Brotaromen während der Verkleisterung im Backofen zu einer »feinen Nuance«. Das gilt auch für Nougat, Schokolade und Marzipan: Bleibt die Zutat als Stück im Teig isoliert, wird sie intensiver wahrgenommen, als es bei einer Teigzugabe der Fall ist.

PRAXISTIPPS

- *Geschmacksgebende Zutaten erst gegen Ende in den Kneter geben, wenn der Teig fast fertig ausgeknetet ist. Bäcker nennen das »unterlaufen lassen«.*
- *Trockene Zutaten, die Wasser aufnehmen können, müssen vor der Zugabe zum Teig im Wasserbad mindestens 2 bis 3 Stunden vorquellen. Prominentes Beispiel: Leinsamen. Besser ist es aber, sie über Nacht einzuweichen.*
- *Auch Kürbiskerne, die nur wenig Wasser aufnehmen, sollten ein Wasserbad nehmen, um sich besser mit dem Teig zu verbinden.*
- *Bei Sonnenblumenkernen, Haselnüssen oder auch Sesam empfiehlt es sich, die Saaten oder Nüsse vor der Teigbereitung zu rösten: Sie bringen dann ein deutlich besseres Aroma in den Teig. Das Rösten kann in einer Pfanne (ohne Öl) oder auf dem Backblech im Ofen geschehen. Regelmäßiges Wenden ist in beiden Fällen erforderlich.*
- *Wasserhaltige und frische Produkte sicherheitshalber recht klein schneiden, damit sie die Teigstruktur nicht zu sehr strapazieren und zu Backfehlern führen.*
- *Während der Aufarbeitung der Brote lassen sich Füllungen sehr gut zur intensiven Geschmackswahrnehmung in einen Brotteig einarbeiten.*

Stets zu beachten: Trockene Zutaten lassen sich leichter verarbeiten als frische Zutaten mit bisweilen hohem Wassergehalt.

Je nach Beschaffenheit der Zutaten lassen sich Zutaten als Füllung einarbeiten (links) oder eignen sich für die direkte Zugabe zum Teig (rechts). In der Wahrnehmung ihres Geschmacks entstehen durch die Verfahren bisweilen große Unterschiede.

DER BESONDERE KICK: BROTGEWÜRZE

Grundsätzlich lässt sich ein Brotteig durch alle Gewürze veredeln. Der Phantasie bei neuen Brotkreationen sind keine Grenzen gesetzt. Zu den klassischen Brotgewürzen zählen Kümmel, Anis, Fenchel, Koriander und auch Rosmarin, aber genauso können Paprika, Pfeffer, Muskatnuss, Knoblauchpulver, Chili oder Curry dem Brot eine besondere Note verleihen. Bei den Gewürzkräutern steht Bärlauch hoch im Kurs, und mediterrane Spezialbrote können mit Basilikum, Oregano oder Majoran (frisch oder getrocknet) veredelt werden.

Wenn Sie experimentieren wollen, dann gehen Sie vorsichtig bei der Dosierung ans Werk, denn einige Gewürze können schnell dominant wirken und das gesamte Brotaroma überlagen. Stellen Sie sich darauf ein, dass gut und gerne 2 bis 3 Backversuche erforderlich seien können, wenn Sie ein neues Brot entwickeln wollen.

In Süddeutschland ist das Würzen von Broten weiter verbreitet als im Norden: Neben Kümmel kommen vorzugsweise Koriander, Fenchelsamen und Anis zum Einsatz; typisch ist die Verwendung einer Mischung, bei der diese Gewürze in etwa gleichen Teilen verwendet werden. Die Dosierung erfolgt in extrem kleinen Mengen, etwa 0,05 bis 0,2 Prozent bezogen auf die Mehlmenge können zugegeben werden.

PRAXISTIPP

- *Brote nicht überwürzen und mit der Dosierung über eine Briefwaage sehr vorsichtig umgehen.*

Erforderliche Geräte – unentbehrliche Helfer

Zum Brotbacken sind nicht sonderlich viele Geräte und Arbeitswerkzeuge erforderlich, was den Weg zum selbst gebackenen Brot einfach und auch kostengünstig macht. Einige der unentbehrlichen Helfer finden sich womöglich bereits in Ihrem Haushalt:

- Ein Litermaß, um die Menge des Schüttwassers korrekt zu bemessen

- Ein Thermometer (Schwimmthermometer), um die Temperatur des Schüttwassers exakt einzustellen. (Evtl. ist ein Wasserhahn mit Temperatureinstellung vorhanden, dann ist das Schwimmthermometer entbehrlich.)

- Außerdem sollte die Küche über ein gutes Raumthermometer verfügen, und sinnvoll ist ein drittes Thermometer: ein Kerntemperaturmessgerät, das eventuell vorhanden ist, um den Garpunkt eines Fleischbratens zu bestimmen. Genauso funktioniert es beim gebackenen Brot und liefert auch eine genaue Angabe über die Teigtemperatur.

- Schüsseln (Kunststoff oder Edelstahl für die Vor- und Sauerteige und die Teigbereitung)

- Kleine Schaufeln aus Aluminium, um das Mehl abzuwiegen

- Eine elektronische Waage mit großer Auflagefläche und möglichst genauer Anzeige des Gewichts. Optimal ist eine genaue Anzeige in Grammschritten, da sich so auch Salz und Hefe genau dosieren lassen. Das sind die beiden Grundzutaten, die unbedingt exakt abgewogen werden müssen. Noch besser eignet sich dafür eine Löffelwaage.

- Ein Rollholz wird bei einigen wenigen Brotsorten ebenfalls benötigt, ist aber in vielen Küchen bereits vorhanden. Das Gleiche gilt sicher für Plastik- oder Frischhaltefolien, mit denen Vor- Sauerteige und Hauptteige in den Schüsseln abgedeckt werden. Dazu lassen sich auch saubere Baumwolltücher verwenden.

Auch bei den speziell erforderlichen Werkzeugen bleibt die Liste überschaubar. Sie brauchen:

- Einen Mehlbesen, um den Tisch und auch Brotteiglinge abfegen zu können

- Ein kleines, sehr scharfes Messer mit breitem Wellenschliff, um die Brotteiglinge vor dem Schieben einschneiden zu können

- Evtl. eine Stipprolle, mit der ein Brotteigling vor dem Einschießen in den Ofen angestochen wird

- 1–2 Teig-Spachtel aus Kunststoff (auch Teigspatel oder Teigkarte genannt) mit gerundeter Seite, um den Teig aus dem Knetbottich kratzen zu können

- 1–2 Teig-Spachtel aus Metall, um den Teig zu portionieren. Dazu eignen sich auch Teigspachtel aus Kunststoff, wenn sie stabil gefertigt sind und über eine gerade, scharfe, stabile Kante verfügen.

- Einen Pinsel mit weichen Borsten/Haaren, um den Brotteigling vor dem Einschießen mit Wasser abzustreichen. Es gibt dazu auch spezielle Brotbürsten (auch »Schwiddel« genannt). Wer öfter backt, dem sei die Anschaffung empfohlen.

- Mehlsiebe mit Holz- und Metallrahmen, auch um Brotoberflächen zu besieben

- Spezielle Gärkörbchen aus Kunststoff oder Peddigrohr, um das Brot auf Gare stellen zu können. Hier ist es sehr sinnvoll, sowohl eine runde als auch eine längliche Form anzuschaffen und auf die Größe zu achten (gewünschte Brotgröße, Maße des Haushaltsofens).

- Ein oder zwei Leinentücher, möglichst 2 m lang und ca. 50 cm breit. Das Leinentuch ist kein unbedingtes Muss, aber wir haben hier im Buch einige Rezepte, bei denen die Stückgare der Brote in Leinentüchern erfolgt. Alternativ können Gärkörbchen zum Einsatz kommen. Baumwolltücher funktionieren zur Not auch.

HÄUSSLER
SO WIRD NATUR KÖSTLICH

HÄUSSLER

- Verschieden große Backformen (Kastenformen, z. B. Blauglanz oder Edelstahl), wiederum abgestimmt auf die gewünschte Brotgröße und die Ofenmaße.

- Einen sogenannten Handschießer: Das ist ein flaches Holzbrett mit Griff, dessen Zunge spitz zuläuft. Bestenfalls ist das auch bei den Seitenkanten der Fall. Er wird benötigt, um Brote aus dem Leinentuch aufzunehmen und in den Ofen zu schieben. Ebenso werden freigeschobene Brote mit ihm in den Ofen eingebracht (»eingeschossen«, wie die Bäcker sagen). Bei größeren Öfen wie z. B. einem Holz- oder Steinbackofen wird ein zweiter Schießer mit längerem Stiel erforderlich.

- Backbleche, passend zu den Ofenmaßen

- Backpapier oder, noch besser, Dauerbackfolien

- Ein Thermometer mit Messsonde, um die Temperatur im Teig oder auch im Ofen zu bestimmen, wenn wir ihn als Gärraum nutzen wollen. Je nach der Güte des Haushaltsofens ist dessen Temperaturanzeige eventuell nicht genau genug, um im Bereich zwischen 25 und 35 °C genaue Angaben machen zu können.

Sie finden diese Utensilien im gut sortierten Fachgeschäft für Küchen- und Haushaltsgeräte, auf Märkten oder bei einer Vielzahl von Anbietern über das Internet.

Für das Kneten und besonders für das Formen der Brote eignen sich als Arbeitsfläche unbehandelte Buchenplatten am besten. Problemlos gelingt das Kneten aber auch auf den beschichteten Arbeitsflächen Ihrer Küchenzeile. Eine Buchenplatte als Arbeitsplatte darüberzulegen ist nicht zu empfehlen, weil sie beim Kneten und Aufarbeiten der Brote verrutscht.

SAUBERE ARBEITSGERÄTE

Noch ein Wort zur Hygiene und Sauberkeit der Arbeitsgeräte: Alle Werkzeuge, die bei der Aufarbeitung der Brote zum Einsatz kommen, werden direkt nach der Arbeit mit heißem Wasser gereinigt, damit anhaftende Teigreste komplett entfernt werden. Trocknen dieTeigreste erst aus, müssen sie vor dem Spülen eingeweicht werden, denn der Teig haftet dann extrem fest an. Auf ein Spülmittel lässt sich verzichten, wenn mit sehr heißem Wasser kräftig gebürstet wird.

Gärkörbchen und Leinentücher sollten Sie nicht nach jedem Einsatz nass reinigen, sondern die Gärkörbe gründlich mit dem Mehlbesen ausfegen und über Kopf auf der Tischplatte ausschlagen. Die Leinentücher im Freien ausschlagen und lüften lassen. Sollten Teigreste anhaften, was bei der Stückgare nicht passieren sollte, müssen diese, nachdem sie getrocknet sind, manuell (mit einem Messer) entfernt werden. Auch Behälter, in denen selbst gemahlenes Mehl aufbewahrt wird, müssen regelmäßig möglichst restlos bis in die Ecken von Mehl befreit werden. Runde Behälter sind da freilich im Vorteil.

Eine Mühle benötigen Sie nicht zwingend, denn Mehle lassen sich in unterschiedlicher Type und auch als Vollkornmehl im Einzel- und Internethandel problemlos kaufen. Wer aber nicht von Hand kneten will, der braucht eine Küchenmaschine, die nicht nur einen Rührkuchen anrührt, sondern auch einen Brotteig kneten kann. Dazu sind durchaus einige Modelle in der Lage, aber empfehlenswert ist für passionierte Brotbäcker eine kleine Knetmaschine.

RÜHR- UND KNETMASCHINEN

Zwar geben die meisten Gerätehersteller an, dass ihre Maschine dazu in der Lage ist, einen Brotteig zu kneten, in der Praxis erweisen sie sich aber bei Weizenteigen als nicht geeignet. Das liegt an zu schwachen Motoren und wenig geeigneten Knetwerkzeugen.

Einfache Rührmaschinen schaffen kleinere Roggenteige gut, bei festeren Weizenteigen stoßen sie an ihre Leistungsgrenze, da diese Teige einen deutlich höheren Widerstand bieten und zudem kräftiger und lange geknetet werden müssen. Ein bloßes Vermischen reicht hier nicht aus.

Ungeeignet sind Stab- und Standmixer. Mit ihnen lässt sich kein Brotteig herstellen – dann nehmen Sie lieber Ihre Hände, ein wahrhaft meisterliches Werkzeug für das Kneten und besonders für das Formen der Brote. Allerdings mit Muskelkraft betrieben, und die Muskeln werden bei Weizenteigen dann auch ordentlich beansprucht.

Wenn Sie noch keine Rührmaschine besitzen, machen Sie sich schlau und fühlen dem Anbieter auf den Zahn.

Auf der sicheren Seite ist man mit einer richtigen Knetmaschine, kurz »Kneter« genannt. Wichtig bei der

Auswahl ist sein Fassungsvermögen, denn das muss auf die gewünschte Teigmenge, sprich Anzahl der Brote abgestimmt sein, die gebacken werden sollen. Gute Modelle ermöglichen eine sehr variable Füllmenge, denn sie können große Teige auf Grund ihrer Leistung auskneten, erreichen aber auch bei nur einem Drittel der maximalen Menge ein sehr gutes Ergebnis. Das gelingt durch die Bauweise des meist spiralförmig gebogenen Knetarms wie z. B. bei den Knetern von Häussler, die sogar kleine Mengen von nur 10 Prozent der maximalen Teigmenge kneten können.

DER BACKOFEN

Mit jedem Haushaltsbackofen kann man ein Brot backen. Ganz gleich, wie gut oder schlecht er sein mag, ganz unabhängig davon, wie viel er gekostet hat. Allerdings bestehen sehr große Qualitätsunterschiede zwischen einzelnen Modellen und Anbietern, weshalb sich ein etwas genauerer Blick auf das Leistungsvermögen lohnt. Zuerst sollte gewährleistet sein, dass er eine Temperatur von mindestens 250 °C erreichen kann. Beim Backen von roggenhaltigen Broten sind noch höhere Temperaturen (270 °C) zu Beginn von Vorteil. Erreicht der Ofen diese Temperatur nicht, backen Sie etwas länger aus (ca. 5 Minuten).

PRAXISTIPP

Um ein kräftigere Unterhitze bei herkömmlichen Haushaltsbacköfen zu erzielen, kann auch ein passend geschnittener Schamottestein (Backstein) in den Ofen eingelegt werden: Damit erreicht man zwar nicht die Backatmosphäre eines Steinbackofens, erhöht aber die Speicherwärme und intensiviert die Wärmeübertragung von unten.

Bei den meisten Öfen gibt es verschiedene Stufen und Programme, die z. B. Umluft mit Unterhitze und Oberhitze aus den Heizschlangen kombinieren können. Auch das separate Steuern von Ober- und Unterhitze ist bei vielen Modellen möglich. Diese Funktionen können zur Steuerung des Backprozesses gute Dienste leisten, denn je nachdem, wie der Ofen backt, lässt sich die Oberhitze z. B. abschalten, wenn Brote an der Oberfläche vor Ende der Backzeit bereits zu stark bräunen. Bei bestimmten Brotsorten, z. B. weizenbetonten Spezialbroten, kann es sinnvoll sein, für die letzten 5 bis 10 Minuten der Backzeit noch einmal die Umluft hinzuzuschalten, um eine besonders stabile Brotkruste zu erzielen. Aber dazu mehr im Kapitel Backprozess, hier geht es erst einmal nur um die technischen Möglichkeiten der Öfen.

Es ist bei Haushaltsöfen ein wenig eine Crux, dass die angegebenen Temperaturen auf der Anzeige nicht unbedingt der Realität in ihrem Ofen entsprechen müssen. Das können nur die sehr guten Öfen. Es ist also unumgänglich, Erfahrungen zu sammeln, wie der eigene Ofen backt. Die in den Rezepten angegeben Temperaturen geben allerdings gute Richtwerte ab, da wir sie in verschiedenen Modellen getestet haben.

Die meisten Haushaltsöfen verfügen über keine Funktion, mit der sich auf Knopfdruck Wasserdampf in den Backraum einbringen lässt, den wir aber beim Schieben vieler Brotsorten gut gebrauchen können. Doch das Problem lässt sich lösen: Auf den Herdboden des Ofens können wir bereits vor dem Aufheizen ein Backblech mit Rand einschieben und gießen beim Schieben dann etwa 50 ml heißes Wasser auf das Blech: Weil das Brot dann bereits im Ofen sein muss, ist dazu etwas Geschick erforderlich, wenn man das Wasser mit einer Tasse einfüllt. Mit einer kleinen Gießkanne gelingt es am besten. Zu diesem Problem werden für Hobbybäcker auch andere Lösungen vorgeschlagen, aber nach Versuchen mit eingestellten Wasserschalen, Kästen mit nassen Schrauben oder Sprühpistolen hat sich dieser Weg als sehr gut herausgestellt: Aufgrund der großen Oberfläche des Backblechs verdampft das Wasser in kürzester Zeit (ca. 3–4 Minuten), und viel länger soll der Schwaden (Dampf) auch nicht einwirken.

Man sollte dieses Thema nicht überbewerten, denn die meisten Brote lassen sich auch ganz gut ohne Wasserdampf backen: Sein Fehlen macht sich durch einen verlangsamten Ofentrieb bemerkbar, da die Wärmeübertragung durch Kondensation fehlt. Evtl. entstehen (kleine) Risse an der Oberfläche des Brotes, da die Teighaut sich als weniger dehnbar erweist. Gravierende Backfehler sind aber nicht zu erwarten. Bei glatten Broten macht sich eine weniger glänzende Oberfläche und generell ein etwas kleineres Volumen bemerkbar – alles kein Beinbruch.

Im speziellen Steinbackofen sorgt die nachhaltige Wärmeübertragung für eine besonders kräftige Kruste bei saftiger Krume.

STEIN- UND HOLZBACKÖFEN

Es gibt aber auch Backöfen, die sich für das Brotbacken ganz besonders gut eignen, ohne dass sie über die Funktion der Schwadengabe verfügen müssen: Bei Steinbacköfen und Holzbacköfen sorgt die ruhende Backatmosphäre mit kräftiger Unter- und Oberhitze ohnehin für ein Klima mit ausreichend Feuchtigkeit zu Beginn und einem geringen Austrocknungsverlust (Backverlust) während der gesamten Ausbackzeit. Häussler baut diese beiden Ofentypen seit über 30 Jahren und kleidet sie komplett mit den für das Backen besonders gut geeigneten Schamottesteinen aus. Schamottesteine, aus feuerfester Tonerde gebrannt und geformt, können durch ihre poröse, offene Struktur Hitze sehr gut aufnehmen, lange speichern und über einen langen Zeitraum nachhaltig abgeben. Heute erfolgt der Ofenbau bei Häussler nach einem über die Jahrzehnte immer perfekter ausgeklügeltem System: Die Steine werden in verschiedenen Mischungsverhältnissen von Ton und Wasser gebrannt, unterschiedlich geformt und auch in ihrer Stärke exakt zugeschnitten. Durch die Kombination unterschiedlicher Steine – ein jeder an seinem vorgesehenen Platz verbaut – wird das gleichmäßige Backergebnis an jeder Stelle des Ofens gewährleistet.

DER STARTSCHUSS FÄLLT – ERFORDERLICHE VORBEREITUNGEN

Stehen Zutaten und Arbeitsgeräte bereit, kann endlich der Startschuss fallen. Und beim Brotbacken fällt er früher als man denkt, nämlich nicht selten am Tag zuvor oder zumindest am frühen Morgen, wenn abends gebacken werden soll. Denn eine unserer wichtigsten Zutaten ist der Natursauerteig. Er zählt zur großen Familie der sogenannten Vorstufen. Der Begriff »Vorstufe« bezeichnet alle Teige, die vor dem eigentlichen Hauptteig (auch Brotteig genannt) hergestellt werden müssen. Außer den Sauerteigen zählen zu den Vorstufen auch die sogenannten Vorteige für weizenbetonte Brote sowie die Quell-, Brüh- und Kochstücke, die beim Verarbeiten von Schrot und ganzen Körnern eine wichtige Rolle spielen. Ihnen allen gemeinsam ist, dass sie mehrere Stunden vor der Brotteigbereitung hergestellt werden müssen

Um sich mit dem Arbeitsablauf für ein Brotrezept vertraut zu machen, gilt es deshalb zuerst immer, das gesamte Rezept in Ruhe zu lesen, um sich einen Überblick über die erforderlichen Tätigkeiten und Arbeitsschritte zu verschaffen.

Doch keine Sorge: Die eigentliche Arbeitszeit für das Brotbacken weicht von der Gesamtdauer des Prozesses extrem ab: Einen Sauerteig hat man in wenigen Minuten zubereitet, dann muss er etwa 16 bis 20 Stunden reifen, und das schafft er ganz alleine – wenn man ihm die richtigen Lebensbedingungen bietet. Und damit sind wir beim spannendsten Thema des Brotbackens: der faszinierenden Welt des Sauerteigs.

geringe Menge Hefe (ca. 0,5 % Hefe bezogen auf die Mehlmenge) dazu. Damit wird ein warm und weich geführter Teig angesetzt. Im Klartext: Auf 100 g Mehl und 0,5 g Hefe schütten wir 90 ml Wasser und temperieren das Schüttwasser so, dass unser Teig eine Temperatur von 25–28 °C aufweist. Diese Temperatur sollte während der Reife nicht unterschritten werden.

In diesem Milieu mit ausreichend Wasser und Nahrung des Mehles fühlen sie sich die Hefen und Milchsäurebakterien pudelwohl und gedeihen prächtig. Je nach Ausgangsmehl entsteht so sehr schnell ein Roggen- oder auch Weizensauerteig.

PRAXISTIPP

Gegenüber dem Spontansauer bietet die Anzucht mit Hefe ein höheres Maß an Sicherheit, die richtigen, sprich für das Brotaroma gewünschten Milchsäurebakterien über den Sauerteig in den Brotteig zu bekommen. Ein Teelöffel Essig verschafft den Milchsäurebakterien bei einem Spontansauer bessere Ausgangsbedingungen und unterdrückt das Wachstum unerwünschter Bakterien. Der Sauer erzielt höhere Säuregrade, weshalb die Führung dann kürzer ausfallen sollte.

EINE WEITERE ALTERNATIVE: BACKFERMENT

Als Alternative zur Backhefe oder zu einem Sauerteig wird gelegentlich die Verwendung eines sogenannten Backferments vorgeschlagen. Hierbei handelt es sich um ein von Hugo Erbe in den 1930er Jahren entwickeltes Produkt, dass auf der Basis von Honig, Salz und Erbsenmehl eine spontan einsetzende Fermentation unterstützen soll. Statt Backhefe wird also Backferment zur Fermentation und Brotlockerung eingesetzt. Bei verschiedenen Anbietern wird man über die einschlägigen Suchmaschinen im Internet schnell fündig, und meist wird das Produkt mit dem Slogan »Brot ohne Hefe« beworben. Die Produkte unterscheiden sich aber in der Zusammensetzung. Wir haben ein Backferment gefunden, das auch ausgewählte Stämme aktiver Milchsäurebakterien enthält. Es eignet sich also wie ein Roggensauerteigstarter zur Zucht eines Sauerteiges. Doch stellt sich die Frage, ob der Einsatz eines Backferments natürlicher sein soll als der Einsatz ausgewählter natürlicher Hefen, die sich für das Backen von Brot als besonders geeignet erwiesen haben und deshalb gezüchtet werden.

Backhefe enthält eine beachtliche Anzahl von Milchsäurebakterien und kann somit fast wie eine Starterkultur zur Anzucht eines Sauers eingesetzt werden – gegenüber der spontanen Fermentation eine gute Alternative.

Kostbares Gut: Wenige Gramm eines reifen Vollsauers reichen als Anstellgut aus, um mit der Mikroflora eines reifen Sauers einen neuen Anfrischsauer mit 1 Kilogramm Mehl und 1 Liter Wasser herzustellen (fortlaufende Führung). Rechts: Fermentation nach 16 Stunden Reifezeit.

SICHERHEIT BEIM BROTGESCHMACK

Bei den eingangs erwähnten Starterkulturen der Hersteller handelt es sich nicht um die Verwendung eines einzigen Stammes der Milchsäurebakterien, was der Name nahelegen könnte, sondern um Mehrfachstammkulturen auf Getreidebasis, die mit ihrer Stoffwechseltätigkeit nicht nur für die erforderliche Säureproduktion sorgen, sondern in der Summe auch ein ausgewogenes, arttypisches Brotaroma erzeugen. Die Keimzahlen von Milchsäurebakterien und Hefen liegen im Reinzuchtsauer (als Anstellgut) zwischen 100- und 10000-fach höher als die Keimzahlen der Getreidemahlerzeugnisse – die mehleigene Flora spielt praktisch keine Rolle mehr, unerwünschte Keime werden wirksam unterdrückt, die mehleigenen Enzyme behalten aber ihre Aktivität. Der Einsatz einer Starterkultur ist deshalb die sicherste Methode, einen guten Sauerteig zu züchten.

EIN- ODER MEHRSTUFIGE SAUERTEIG-FÜHRUNGEN?

Wer seinen Sauerteigstarter oder den selbst gezüchtete Sauer als Anstellgut endlich in Händen hält, sieht sich gleich mit der nächsten Frage konfrontiert: Welche Methode der Sauerteigführung ist die beste? Und das ist sowohl bei Profis als auch bei Hobbybäckern eine beliebte und viel diskutierte Frage, wie ein Blick ins Internet zeigt.

Es gibt Hunderte unterschiedlicher Sauerteigführungen, in den Backstuben der Handwerksbäcker und immer öfter auch in den heimischen Küchen. Diese Sauerteigführungen gehorchen alle den oben beschriebenen Gesetzen der Mikrobiologie, und im Laufe der Jahrzehnte haben sich bestimmte Grundtypen herauskristallisiert, die sich in der Praxis handwerklicher Backstuben als besonders gut erwiesen haben und sich sicher anwenden lassen.

PARAMETER DER SAUERTEIGFÜHRUNG

Um die Reife eines Sauerteiges zu beeinflussen, stehen folgende Parameter zur Verfügung:

- *Die Verwendung einer Starterkultur (= ausgewählte Mikroorganismen eines Reinzuchtsauers), die eine sichere Ausgangsbasis gewährleistet (in Reformhäusern oder über das Internet zu beziehen)*
- *Die Einstellung der Temperatur (über die Temperierung des Schüttwassers). Sie ist das wichtigste Steuerungsinstrument, weil wir mit ihr für die Beschleunigung respektive Hemmung des Wachstums/der Vermehrung der Milchsäurebakterien sorgen.*
- *Die Reifezeit: Sie ist die zweitwichtigste Einflussgröße, weil die Milchsäurebakterien Zeit brauchen, um ihre Arbeit zu verrichten.*

- *Das Mehl: Über die Auswahl der Mehltype (Zeit der Reife, Zugabe von Mahlerzeugnissen und Wasser zur Versorgung mit Nährstoffen; evtl. auch Zufuhr von Sauerstoff). Je höher die Mehltype, desto besser ist die Versorgung mit Nährstoffen.*

- *Die Verfügbarkeit von Wasser, die über die Bestimmung der Teigausbeute reguliert wird. Ab einer bestimmten Mindestmenge spielt das Wasser nur eine untergeordnete Rolle. Zwischen Teigausbeuten von ca. 170/180 und 240 lassen sich Sauerteige führen, ohne dass dieser sehr breite Spielraum eine nennenswerte Auswirkung auf die Qualität des Sauers nimmt. Beim Wasser muss man es also bei der Sauerteigzubereitung nicht so genau nehmen. Erst wenn zu viel Wasser vorliegt, wird der Nährstoffwechsel erschwert.*

METHODEN DER FÜHRUNG

Nun gibt es unterschiedliche Methoden der Sauerteigführung, bei denen diese Steuerungsinstrumente zur gewünschten Reife aufeinander abgestimmt und möglichst genau eingestellt werden. Dabei unterscheidet man einstufige und mehrstufige Sauerteigführungen. Für einstufige Führungen wird nur einmal ein Sauerteig zubereitet, dann reifen sie. Mehrstufige Führungen müssen 2 bis 5-mal immer wieder in genauen Zeitabständen neu mit Mehl und Wasser versorgt werden.

Drei wollen wir vorstellen: die Detmolder Ein-Stufen-Führung, den Berliner Kurzsauer und die Detmolder Drei-Stufen-Führung.

Um sich für oder gegen eine Sauerteigführung zu entscheiden, sollte man neben dem Aspekt der mit ihr erzielbaren Brotqualität immer auch den erforderlichen Arbeitsaufwand und vor allem die »Gelingsicherheit« berücksichtigen. Die erforderliche Zeit und den Aufwand für die Genauigkeit gilt es realistisch einzuschätzen – zumal die Geschmacksunterschiede, die durch unterschiedliche Führungsarten entstehen können, nicht sehr groß sind.

Wenn Sie sich mit dem Brotbacken schon einmal beschäftigt haben, ist Ihnen bestimmt bereits der Drei-Stufen-Sauerteig begegnet, und er wurde dann sicherlich als besonders gut, womöglich als die Krönung aller Sauerteige empfohlen. Da ist auch etwas dran, aber er ist auch mit Abstand am schwierigsten und aufwendigsten herzustellen, weshalb wir ihn nur für fortgeschrittene, ambitionierte Hobbybäcker empfehlen können.

Die Temperaturen gilt es penibel einzuhalten, die Zeiten müssen exakt stimmen. Ist das nicht der Fall, dann war alle Mühe umsonst. Dann ist die einstufige, viel einfachere und sichere Führung klar im Vorteil. Ein fehlerhaft geführter Drei-Stufen-Sauerteig ist immer »schlechter« als ein einstufiger, der korrekt geführt wurde!

EINFACH PRAKTISCH: DER EINSTUFIGE ROGGENSAUERTEIG

Unser Favorit für die heimische Küche ist ein einstufig geführter Roggensauerteig, der recht lange und kühl geführt wird: die sogenannte Detmolder Einstufenführung, die den Namen der lippischen Stadt Detmold trägt, weil sie Prof. Dr. Jürgen Michael Brümmer dort in den 1960er Jahren am heutigen Max Rubner Institut entwickelt hat. Brümmer zählt zu den renommiertesten Brotexperten Deutschlands.

Gestartet wird in der Regel mit etwa 5 bis 10 % Anstellgut bei einer Temperatur von ca. 24–26 °C und einer Teigausbeute von ca. 190. Schwankungen bis zu 10 Punkten sind durchaus möglich: Wenn Ihnen der Sauer zu fest erscheint, dann nehmen Sie ruhig noch etwas Wasser nach.

Die eingesetzte Menge des Anstellguts ist auch abhängig von der Länge der Führung. Reicht sie über 18–20 Stunden, sollten eher 5 % eingesetzt werden (kühle Temperaturen), fällt sie mit etwa 14–16 Stunden kürzer aus, können 10 % eingesetzt werden. Hinzu kommt natürlich der gewünschte Brotgeschmack: Je mehr Anstellgut eingesetzt wird, umso schneller wird Säure gebildet, die Enzymtätigkeit wird gebremst. Mengenmäßig mehr Säure wird durch die höhere Anstellgutmenge nicht gebildet.

Grundsätzlich sind kühle und lange Sauerteigführungen (über 14 Stunden) zu empfehlen, damit sich ein möglichst vielfältiges Aromaspektrum ausbilden kann.

Generell gilt es beim Einsatz einer Starterkultur auch die Angaben des Herstellers auf der Verpackung zu beachten.

Reifeprozess eines einstufigen und fest geführten Sauerteiges über 16 Stunden: Volumenzunahme und Verflüssigung zeigen den Reifestand an. Die einstufigen Führungen über Nacht erfordern deutlich weniger Arbeitsaufwand als mehrstufige Sauerführungen. Dennoch müssen sie sich im Ergebnis hinsichtlich des Aromas und der Frischhaltung keineswegs verstecken.

DETMOLDER EINSTUFENFÜHRUNG (DEF)

Anstellgut	*Temperatur*	*TA*	*Sauerteiganteil*	*Säuregrad*	*Reifezeit*	*V-Toleranz*
3 – max. 10 %	*etwa 24–26 °C*	*180–190*	*35–45 %*	*14–18*	*14–16 Std.*	*4 Std.*

Die einstufige Sauerteigführung eignet sich wegen ihrer praxisgerechten, einfachen Führungsart mit wenigen Fehlerquellen für das Backen in der heimischen Küche sehr gut. Der mögliche Verarbeitungszeitraum von bis zu 4 Stunden reicht aus, um die Aufarbeitung der Brote zeitlich flexibel gestalten zu können oder auch verschiedene Brotteige mit einem Sauerteig zu kneten. Wer z. B. einen Backtag am Holzofen plant, sollte die Menge des Anstellguts eher bei 5 % ansetzen, um ein zu intensive Säuerung zu vermeiden.

Die Dosierung des Anstellguts bietet einen gewissen Spielraum, um Probleme bei der Temperatursteuerung in der Küche zu kompensieren: Je kühler die Küche, desto höher die Anstellgutmenge und umgekehrt.

DER STECKBRIEF

- *Kühle und lange Führung sichert die Verquellung für die längere Brotfrischhaltung*
- *Bildet ein abgerundetes Brotaroma bei angenehm säuerlicher Note*
- *Sicher in der Handhabung, geringer Arbeitsaufwand*

Unterschätzen darf man sie allerdings nicht, denn nach etwa 8 Stunden Reifezeit eines Weizenhefevorteiges melden sie sich zu Wort und machen sich durch die Bildung von Säure bemerkbar: Der Weizenhefevorteig verwandelt sich in einen Weizensauerteig! Diese Tatsachen haben wir uns bei der spontanen Fermentation eines Roggensauers schon zu Nutze gemacht und können das bei der Zucht eines Weizensauers noch besser. Aber zunächst zum Weizenhefevorteig: Bei ihm ist die Säureproduktion unerwünscht, weil er genutzt wird, um mild-aromatische Brote ohne saure Note zu backen.

DER WEIZENVORTEIG

Ein Weizenhefevorteig bringt weniger Aroma(vorläufer) in den Teig als ein Weizensauerteig. Seine Aufgabe besteht vornehmlich darin, dem Brot eine zartsplittrige Kruste, eine saftige Krume und eine längere Frischhaltung zu verleihen. Erst bei längeren Stehzeiten (ab 4-5 Stunden) wirkt er sich auch positiv auf das Aroma aus.

Um einen Weizenhefevorteig bestmöglich anzustellen, sollte nur sehr wenig Hefe in den Vorteig gelangen: 1 % bezogen auf die Mehlmenge reicht aus! Eigentlich sind 0,2 bis 0,5 % schon ausreichend, aber die entsprechend geringen Mengen lassen sich bei kleinen Teigen nur schwierig abwiegen und dosieren. Mit einer guten Löffelwaage funktioniert es. Wenn Sie etwas mehr Hefe nehmen, muss entsprechend die Temperatur niedriger ausfallen und die Stehzeit des Weizenhefevorteiges verkürzt werden: Ca. 1-2 Stunden können dann ausreichen. Beobachten Sie dazu die Volumenzunahme und Verflüssigung des Teiges: Wenn er sich verdoppelt hat, Poren und Bläschen aufweist und »flüssiger« wird, kann er verwendet werden.

BEISPIEL-REZEPT FÜR EINEN WEIZENHEFEVORTEIG

200 g Weizenmehl, Type 550
160 ml Wasser
2 g Hefe

Auch »normales« Weizenbrot – nicht nur Baguette und Co. – sollte immer mit Weizenvorteig oder Weizensauerteig geführt werden: Eine gut bestreichbare Krume und eine verlängerte Frischhaltung sind handfeste Vorteile.

Und so wird's gemacht: Die Trocken- oder Frischhefe in warmem Wasser (ca. 35 °C, sogenannte Babybadtemperatur) einrühren und auflösen, anschließend mit dem Mehl zu einem Teig kneten. Da das Mehl etwa eine Temperatur von 18–20 °C hat, landen wir so etwa bei unserer gewünschten Teigtemperatur von ca. 25–27 °C (siehe Schüttwasserberechnung, S. 44). Einen Weizenvorteig sollte man entgegen anderer Empfehlungen vollständig auskneten, um eine gute Verbindung von Mehlpartikeln und Wasser zu erzielen und auch im Vorteig bereits das Klebergerüst auszubilden.

Wie bei den Roggensauerteigen auch, werden Mehl und Wasser bei der Herstellung des Hauptteiges vom Rezept abgezogen. Bei den Rezepten haben wir das bereits getan. Wenn Sie selbst eine Brotsorte entwickeln wollen, müssen Sie das bedenken.

Den Teig mit einer Folie oder einem Leinentuch abdecken und bei Raumtemperatur (ideal sind ca. 24–26 °C) 1 bis max. 8 Stunden stehen lassen.

Der Teig »springt nun an«, d. h., die Hefetätigkeit führt zur Gärung, es entstehen Wasser, Alkohole und Kohlendioxid. Der Teig geht auf, sein Volumen nimmt sichtlich zu. Entscheidend ist bei den Weizenhefevorteigen immer das Zusammenspiel von Hefemenge, Temperatur und Reifezeit, als weiterer Faktor kommt dann noch die Teigausbeute hinzu. Sie ist aber weniger einflussreich. Je höher die Hefemenge und je höher die Teigtemperatur, desto schneller gärt der Teig.

Die Hefe arbeitet auch bei 18–22 °C Raumtemperatur noch ordentlich, es gilt bei niedrigeren Raumtemperaturen dann einfach die Reifezeit etwas zu verlängern. Bei Weizenvorteigen kann man durchaus etwas gelassener hinsichtlich der Einhaltung der Parameter bleiben und auch flexibler zu Werke gehen, als es bei den Roggensauerteigen der Fall ist. Wird an einem heißen Sommertag gebacken, sollte der Teig kühler geführt und/oder weniger Hefe genommen werden.

Die ideale Reifezeit beträgt mindestens 4 und maximal 8 Stunden, da nach ca. 8 Stunden ein deutlicher Anstieg des Säuregrades einsetzt.

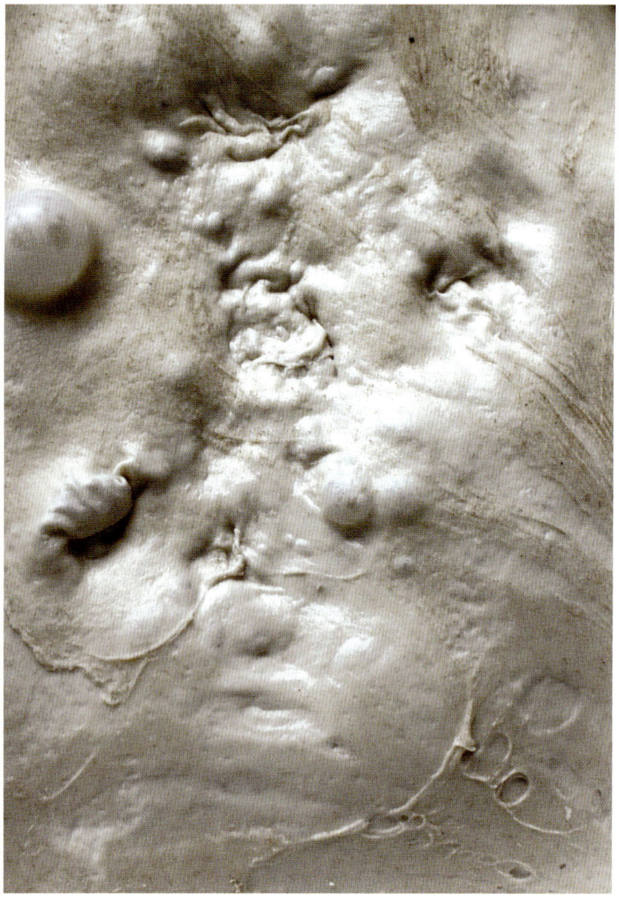

Fest geführter Weizenvorteig, angesetzt mit der Mehltype 1050 nach 4 Stunden Reifezeit bei 25 °C und anschließender Kühlung bei 5 °C über 24 Stunden.

EINTEILUNG DER WEIZENVORTEIGE

- *Kurz geführte Weizenvorteige:*
  etwa 1 bis 2 Stunden (Aufgabe: Quellung, schnellere Teigreife)
- *Mittel geführte Weizenvorteige:*
  etwa 2 bis 6 Stunden (Aufgabe: Quellung, Hefevermehrung, leichte Aromabildung)
- *Lang geführte Weizenvorteige:*
  etwa 8 bis 20 Stunden (Aufgabe: Quellung, Hefevermehrung, Säure- und Aromabildung)

Anschließend steht der Vorteig direkt für die Teigbereitung bereit, er kann aber auch über Nacht, mit einer Plastikfolie gut abgedeckt, in den Kühlschrank gestellt werden. Die Hefe stellt bei Temperaturen von ca. 5–8 °C ihre Tätigkeit fast ein, die Enzyme arbeiten allerdings verlangsamt weiter und produzieren Aromen, die Verquellung verbessert sich ebenfalls. Dieses Vorgehen der Kühlung ist bei Weizenhefevorteigen – anders als bei einem Roggensauerteig – durchaus zu empfehlen.

Den Vorteig sollte man dann etwa 4 Stunden vor dem Kneten des Hauptteigs wieder ins Warme holen.

Im Hochsommer bei 25–30 °C Außentemperatur geben wir den Vorteig direkt aus dem Kühlschrank in den Teig, um ihn gleichsam zur Kühlung zu nutzen. Weizenteige sollen nach dem Kneten eine Temperatur von etwa 25 °C haben.

Die Dosierung des Weizenhefevorteiges (also der Anteil, der zum Hauptteig gegeben wird) bietet ein recht breites Spektrum und kann zwischen 15 und 40 % bezogen auf die Gesamtmehlmenge des Rezeptes betragen: Bei Weizenbroten etwa 15–25 bis 30 %, bei Spezialbroten wie dem Baguette etwa 30–35 % – je nach gewünschter Porung, die mit höheren Vorteiganteilen etwas grober ausfallen kann. Wer Weizenbrötchen backen will, nimmt etwa 10 bis 15 % Vorteig.

WISSENSWERT

Weizenvorteige ...

- *machen Teige »wolliger«, verhindern feuchte Oberflächen und verbessern insgesamt die Eigenschaften für eine leichtere Aufarbeitung.*
- *verstärken die Bindigkeit/Elastizität der Brotkrume (gute Bestreichbarkeit).*
- *dienen zur besseren Verquellung, erzielen also eine längere Frischhaltung.*
- *leisten einen Beitrag zur Aromabildung, wenn sie länger als 5 Stunden geführt werden.*
- *lassen sich rationell auf Vorrat produzieren: nach 2 bis maximal 8 Stunden Reifezeit bei ca. 5–8 °C kühlen. Bis zu maximal drei Tagen lassen sich die Vorteige dann weiterhin einsetzen.*

Weich geführter Weizenhefevorteig (TA 200, 1 % Hefe, Teigtemperatur: 26 °C, Umgebungstemperatur 28 °C) nach nur 2 Stunden Reifezeit: Die Teigentwicklung und somit auch die Volumenzunahme ist abhängig von der Teigtemperatur, der Umgebungstemperatur und der eingesetzten Hefemenge. Deutlich sichtbar sind die gebildeten Gärblasen des reifen Vorteiges.

PRAXISTIPPS

- *Je mehr Hefe in den Vorteig gegeben wird, desto kühler und gegebenenfalls auch kürzer muss die Stehzeit eines Weizenhefevorteiges ausfallen.*
- *Je niedriger die Temperaturen des Reifeorts, desto wärmer stellen Sie den Teig an und erhöhen eventuell die Hefemenge. Zuerst immer die Temperatur regulieren.*
- *Bei Stehzeiten von 1–2 Stunden lassen sich kaum Fehler machen, die Vorteile der Hefeaktivierung und Verquellung werden erreicht.*

Der gleiche Vorteig 1,5 Stunden später: Auf Grund der rasanten Hefetätigkeit fällt der Vorteig nun in sich zusammen, ist aber weiterhin bedenkenlos einsetzbar.

DER WEIZENSAUERTEIG

Auch im Weizenbereich kommt der Sauerteig zum Einsatz, um seine Vorzüge in der Aroma-Produktion zu nutzen.

Die Milchsäurebakterien verstoffwechseln auch Weizen- oder Dinkelmehle. Deshalb können wir einen Weizensauerteig mit dem Anstellgut unseres Roggensauerteigs oder mit einer gekauften Roggen-Starterkultur ansetzen. Für Handwerksbäcker gibt es zwar spezielle Sauerteigstarter für weizenbetonte Brotsorten, die mit den vorhandenen Milchsäurebakterien auf eine geringe Säure- und starke Aromabildung hin gezüchtet sind, aber das Anstellgut eines Roggensauers leistet absolut gute Dienste.

Alternativ lässt sich ein Weizensauer sehr gut mit frischer Backhefe ansetzen, die kostengünstiger ist als eine Starterkultur. Im Gegensatz zum Roggensauer eignet sich der Weizensauer weniger gut für eine fortlaufende Führung – die Säuremenge steigt zu sehr an –, weshalb wir stets den Neuansatz empfehlen. Mit Hefe ist das kein Problem. Mit der Brief- oder Löffelwaage werden einige in der Küche nicht arbeiten wollen, die Hefe für einen Vorteig, die Starterkultur für den Weizen- oder Roggensauer und das Salz für den Hauptteig muss man aber wirklich genau dosieren. Wir haben die Angaben in den Rezepten deshalb auch nicht gerundet, denn es kommt zunächst auf das Bewusstsein für die Genauigkeit an.

Für den Weizensauer nehmen wir eine höhere Mehltype, um mehr Nährstoffe zu bieten. Der entscheidende

Quell- und Kochstück: Besonders bei Mehrkornbroten bringt die Kombination von der beiden Quellstufen beste Ergebnisse.

Brühstück aus geflocktem Einkorn

übergossen. Die Temperatur des Wassers spielt keine große Rolle, wärmer als 25 °C sollte es aber nicht sein, um unerwünschte Gärungen zu vermeiden. Bei der Wasserdosierung muss man bei eigenen Rezeptentwicklungen etwas Erfahrung hinsichtlich der eingesetzten Getreidearten sammeln, denn Haferflocken nehmen z. B. mehr Wasser auf als Roggenschrot. Die Dosierung darf aber ruhig großzügig ausfallen, überschüssiges Wasser wird nach der Quellzeit abgeschüttet. In unseren Rezepten ist die Wassermenge für die eingesetzten Quell-, Brüh- und Kochstücke stets angegeben.

Quellstücke sollten mindestens 5 Stunden stehen. Besser ist es aber, man setzt sie am Abend vor dem Backtag an, denn die verlängerte Zeit sichert eine optimale Quellung. Um dabei Fremdgärungen zu vermeiden, kann man die Salzmenge, die im Rezept für den Brotteig angeben ist, bereits dem Quellstück beimischen. Das ist ein beliebtes Verfahren bei Bäckern, doch darf man das bei der Zubereitung des Hauptteiges nicht vergessen!

DAS BRÜHSTÜCK

Es unterscheidet sich vom Quellstück dadurch, dass statt kaltem Wasser heißes Wasser von ca. 50–60 °C zum Einsatz kommt: Das Getreidemahlerzeugnis wird überbrüht. Deshalb ist es ratsam, eine Schüssel aus Edelstahl zu verwenden. Durch den thermischen Einfluss erhöht sich die Wasseraufnahme, weshalb das Verhältnis Mehl zu Wasser beim Brühstück etwa 1:1,5 beträgt. Auch beim Brühstück ist die Quellung nach etwa 5 Stunden abgeschlossen, aber es muss ausreichend abkühlen, bevor es in den Hauptteig gelangt.

DAS KOCHSTÜCK

Zum Brotbacken braucht man ab und zu auch einen Kochtopf samt Herdplatte, um Getreidekörner, Schrote oder sogar Mehle zu kochen bevor sie mit weiteren Getreidemahlerzeugnissen zum Brotteig geknetet werden.

Warum kochen? Unter der Einwirkung hoher Temperaturen von ca. 98 °C wird das Korn komplett aufgeschlossen und die Stärke verkleistert, wobei die höchste Wassermenge aufgenommen wird.

Bis zum Doppelten seines eigenen Gewichts und mehr kann ein Getreidemahlerzeugnis an Wasser durch das Kochen aufnehmen. Dazu muss es etwa 5 Minuten kochen. Das Kochstück ist in dieser Hinsicht dem Quell- und Brühstück überlegen und sorgt für eine vollständige Quellung.

Keine Sorge: Die wertvollen Inhaltsstoffe überstehen das Kochen genauso wie den Backprozess, bei dem im Kern des Brotes ebenfalls 95–98 °C erreicht werden. Die Vitamine sind hitzeresistent, den Mineral- und Ballaststoffen macht die Hitze ohnehin nichts aus. Wie beim Brühstück gilt auch hier, dass es ausreichend auskühlen muss, bevor es in den Hauptteig kommt.

FEINE UNTERSCHIEDE

Die Quellstufen unterscheiden sich aber nicht nur hinsichtlich ihrer Wasseraufnahmefähigkeit (je mehr Wasser verquellen kann, desto länger bleibt das Brot frisch und saftig), sondern auch hinsichtlich der möglichen Zugabemenge (Dosierung) zum Hauptteig: Da beim Kochstück die Stärke bereits (vor)verkleistert, kann nur eine geringere Menge als etwa beim Quellstück zugegeben werden (siehe Tabelle). Hinsichtlich der Frischhaltung holt das Quellstück aber wieder auf. Zudem wirken sich die Quellstufen auf die Beschaffenheit (Textur) der Brotkrume und den Geschmack aus: Gekochte Haferflocken begünstigen eine sehr weiche und softe Krume, während bei einem Quellstück deutlich mehr »Biss« der Haferflocken in der Krume erhalten bleibt. Hier gilt es hinsichtlich der Brotsorte und ihres gewünschten Charakters abzuwägen. Auch auf den Brotgeschmack wirken sich die Quellstufen unterschiedlich aus: Quellstücke unterstreichen bei Roggenschrot einen kräftigen Brotgeschmack, Brüh- und Kochstücke wirken sich eher mild aromatisch aus.

DAS MEHL-KOCHSTÜCK

Neben den drei klassischen Quellstufen wird heute gelegentlich auch das Kochen von Mehl als eine Art der Vorstufen praktiziert – sowohl im Bäckerhandwerk als auch bei Hobbybäckern –, um auch bei feiner vermahlenen Mehlen mehr Wasser stabil mit den Mehlbestandteilen verbinden zu können. Beim Kochen werden die Stärkekörnchen aufgeschlossen und können mehr Wasser einlagern. Etwa 20–30% der Gesamtmehlmenge können über dieses Mehlkochstück in den Hauptteig gebracht werden, ohne dass die Ausbildung der Krumenstruktur während der Verkleisterung beim Backprozess zu sehr beeinträchtigt wird. Bei allen Kochstücken muss man diese Vorverkleisterung berücksichtigen, um eine stabile Brotscheibe zu bekommen.

Alternativ können Getreidesorten mit hohem Eiweißanteil wie z. B. Emmer, Einkorn oder Kamut vor der Teigbereitung auch als Mehl-Quellstück angesetzt werden.

QUELLEN VON SAATEN, KERNEN UND CO

Auch Leinsamen, Kürbiskerne oder Nüsse sollten nicht in den Teig gegeben werden, ohne zuvor ein kaltes Wasserbad zu genießen. Die Wasseraufnahmefähigkeit dieser Zutaten fällt sehr unterschiedlich aus: Während Leinsamen in sehr kurzer Zeit etwa die gleiche Menge Wasser seines Eigengewichts aufnehmen kann, brauchen Kürbiskerne deutlich länger und nehmen auch nur etwa ein Drittel bis die Hälfte ihres Eigengewichts auf. Nüsse oder Sonnenblumenkerne nehmen nur wenig Wasser auf, man erzielt aber dennoch ein besseres Ergebnis, wenn diese vor der Knetung des Hauptteiges mindestens 3 Stunden quellen.

PRAXISTIPPS

- *Quellansätze dienen – Nomen est omen – der besseren Verquellung von Getreidemahlerzeugnissen mit Wasser, nicht der Bildung von Aromavorstufen durch eine gezielt gesteuerte Fermentation.*
- *Bei der Verwendung von Schrot und vollem Korn sind Quell-, Brüh- oder Kochstücke unverzichtbare Bestandteile der Rezeptur. Je länger sie stehen, desto sicherer ist eine bestmögliche Quellung eingetreten.*
- *Alle Quellstufen sollten Sie deshalb am besten über Nacht führen, dann ist in jedem Fall die Verquellung abgeschlossen und bei Brüh- und Kochstücken auch die Temperatur abgesunken.*
- *Lange Knetzeiten (30 bis 40 Minuten) und lange Teigruhezeiten (45 bis 60 Minuten) fördern bei groben Schroten bindige Teige, die auch zu einer gleichmäßigen Lockerung der Krume führen*

TEMPERATUR, STEHZEIT, VERHÄLTNIS MEHL ZU WASSER: EMPFOHLENE DOSIERUNG ZUM HAUPTTEIG

Quellstück:	*etwa 20–25 °C*	*15–20 St.*	*1:0,5–1*	*30–60 %*
Brühstück:	*55–60 °C*	*5–10 St.*	*1:ca. 1,5*	*30–45 %*
Kochstück:	*ca. 98 °C*	*5–10 St.*	*1:ca. 2*	*ca. 30 %*

Brüh- und Kochstück durch längere Stehzeiten ausreichend abkühlen.

Kräftig kneten – Ausdauer gefragt

Bei Brotteigen kommen grundsätzlich alle Zutaten zusammen in den Knetkessel.

An den Konturen dieses Weizenbetonten Teiges (70 % Weizenmehl der Type 550, 15 % Roggenmehl, Type 1150 und 15 % Dinkelmehl Type 630) lässt sich schön erkennen, dass er bereits sehr gut ausgeknetet ist.

Beim Kneten eines Brotteiges wird die entscheidende Basis für das Volumen und die letztendliche Form des Brotes gelegt – nicht (nur) beim Formen der Brote! Und: Beim Kneten gemachte Fehler können nicht rückgängig gemacht werden oder durch irgendwelche Maßnahmen beim Aufarbeiten der Brote ausgeglichen werden. Experten bezeichnen das Kneten deshalb als die Schlüsseltechnologie beim Brotbacken. Grund genug, sich dem Thema zu widmen und zu zeigen, wie es mit einer Küchenmaschine, einem Kneter oder auch von Hand funktioniert.

VORBEREITUNG DER ZUTATEN

Alle Zutaten (Mehl, Hefe, Salz und auch die vorbereiteten Vor- und Sauerteige sowie eventuelle Kochstücke) sollen vor der Teigbereitung Raumtemperatur haben (ca. 20 °C). Wird Butter im Rezept verwendet, ist das besonders wichtig, weil sie sich sonst während der Knetzeit nicht gleichmäßig im Teig verteilen kann. Falls eine der Vorstufen im Kühlschrank übernachtet hat, muss sie rechtzeitig (4-5 Stunden) vor der Teigbereitung bei Raumtemperatur langsam erwärmen. Nur an sehr heißen Sommertagen gilt diese Regel für

Quellstufen und Weizenhefevorteige nicht, dann können diese gleich in den Teig und so zur Kühlung genutzt werden.

Über die Einstellung der Wassertemperatur wird die gewünschte Teigtemperatur reguliert. Dabei ist zu beachten, dass sich der Teig während des Knetens erwärmt. Diese Erwärmung fällt je nach Knetmaschine, Größe des Teiges und seiner Festigkeit recht unterschiedlich aus: Je intensiver die Maschine kneten kann, desto wärmer wird der Teig. Je fester der Teig ist, desto schneller und desto stärker erwärmt er sich. Zur groben Orientierung darf gelten: Weizenteige erwärmen sich um etwa 5 °C während der Knetzeit, Roggenteige um 2 °C. Da Küchengeräte (mit Rührwerkzeugen), Mixer und kleine Knetmaschinen sich aber in ihrer Arbeitsweise deutlich unterscheiden, kann man dazu keine genauen Angaben machen. Wer sehr korrekt arbeiten will, sollte die Teigerwärmung bei seiner Maschine konkret ermitteln.

Die Berechnung der Temperatur für das Schüttwasser haben wir schon erläutert. Wer bereits über Erfahrung verfügt und ein gutes Händchen hat, wird auf die Berechnung verzichten und trifft dennoch recht genau die gewünschte Teigtemperatur.

DIE RICHTIGE TEIGTEMPERATUR

Es kommt nicht auf ein Grad Celsius an, aber die Teigtemperatur gilt es möglichst genau einzuhalten. Auch sie entscheidet maßgeblich über das Gelingen unseres Brotes. Ab einer Abweichung von mehr als ca. 3 °C müssen wir mit Fehlern rechnen. Die wichtigste Stellschraube zur Temperierung des Brotteiges ist das Wasser (-> Schüttwasser).

- *Ist der Teig zu kalt (unter 22 °C), dann kommt die Hefe nicht in Schwung (es entsteht wenig Lockerungsgas (CO_2), auch die Quellung des Eiweißes im Mehl läuft langsamer ab.*
- *Ist der Teig zu warm, dann explodiert die Hefe, die gesamte Teigentwicklung über die weiteren Arbeitsschritte läuft zu schnell ab und wir dürfen den richtigen Zeitpunkt nicht verpassen, das Brot in den Ofen zu schieben. Wird es zu »voll« (= das Teigstück gewinnt extrem an Volumen), dann sind Fehler bei der Krume und Form die Folge. Im schlimmsten Fall fällt das Brot im Ofen zusammen.*
- *Weizenteige sollten zwischen 24 bis 26 °C warm sein.*
- *Roggenteige sollten zwischen 26 und 28 °C warm sein.*
- *Zu kühle Teigtemperaturen führen zu feuchten, klebrigen Teigen und in der Folge zu Broten mit kompakten Krumen bei gleichzeitig möglicher Hohlraumbildung. Das Brotaroma fällt fade aus, da sich die Teige nicht optimal entwickeln.*
- *Zu warme Teigtemperaturen führen zu trockenen, »kurzen« Teigen und in der Folge zu Broten mit starker Bräunung, fester Krume bei unregelmäßiger Porung.*

DAS ALL-IN-VERFAHREN

Jetzt geht's los: Grundsätzlich werden Brotteige ohne besondere geschmacksgebende Zutaten (wie Tomaten, Rosinen, Bärlauch etc.), im sogenannten All in-Verfahren hergestellt. Das heißt, alle Zutaten kommen sofort zu Beginn zusammen in die Knetschüssel. Dennoch ist es sinnvoll, eine bestimmte Reihenfolge zu beachten und die Zutaten methodisch etwas vorzubereiten, damit während des Knetens möglichst schnell eine gleichmäßige Verteilung erreicht wird.

Zuerst kommen alle Vorstufen wie Vor- und Sauerteige oder Quell- und Kochstücke in die Knetmaschine, dann das restliche im Rezept vorgesehene Mehl. Es folgen Wasser und Hefe. Wichtig: Vom im Rezept angegebenen Wasser werden etwa 20 % zurückbehalten, um nach und nach zugegeben zu werden. Es empfiehlt sich, die Hefe entweder fein zwischen den Fingern zu zerbröseln (Trockenhefe über das Mehl streuen) oder im Wasser aufzulösen (mit einem Schneebesen verteilen). Auch das Salz wird dann gleichmäßig verteilt, also großflächig über alle Zutaten gestreut.

ERSTE PHASE: DIE QUELLKNETUNG

Dann schalten wir die Küchen- oder Knetmaschine in langsamer Stufe an und geben nach 3–4 Minuten Mischphase weiteres Wasser hinzu. Einen kleinen Rest (ca. 5–10 %) behalten wir noch zurück. Dieser langsame Beginn des Knetvorgangs ist wichtig, denn bei einem Start mit zu hoher Umdrehungsgeschwindigkeit des Knetwerkzeugs würde das Mehl im hohen Bogen aus der Maschine stauben. Der Schnellstart schadet auch der Teigentwicklung. Die braucht zu

Der Reihe nach: Zuerst kommen Quellstufen sowie Vor- und Sauerteige in den Knetbottich, gefolgt vom Mehl, dann die restlichen Zutaten

Beginn Zeit, damit sich Mehl und Wasser verbinden können – auch backtechnologisch wichtige Zutaten wie Salz und Hefe brauchen Zeit, bis sie sich gleichmäßig im Teig verteilen.

Nach etwa 4–5 Minuten wird der Teig mit einem Teigspachtel (weich, aus Plastik) vom Kesselrand und zur Mitte hin »beigekratzt«, damit dem Knetwerkzeug wieder alle Zutaten zugeführt werden. Jetzt kann sehr gut noch Wasser nachgeschüttet werden, um die Teigfestigkeit zu korrigieren, die nach weiteren 2–3 Minuten dann noch einmal per Fingerdruck kontrolliert wird. Dazu wird die Maschine immer abgeschaltet. Kann der Teig noch »einen Schluck« vertragen, geben wir das restliche Wasser – oder auch etwas mehr als im Rezept angegeben – zum Teig. Es ist sehr viel schwieriger, in einen zu weich geratenen Teig erneut Mehl einzuarbeiten, als Wasser nachzuschütten. Wird Mehl zu spät nachgenommen, muss die angestrebte Knetzeit meist überschritten werden, um es homogen unterzuarbeiten, der Teig kann überknetet werden und erwärmt sich stärker.

Das sind die allgemeinen und praktischen Regeln für den Start aller Brotteige. Entscheidend für das weitere Kneten wird nun die Unterscheidung zwischen roggen- und weizenbetonten Brotteigen. Nach der Quellknetung (ca. 6–10 Minuten je nach Teigart) bei niedriger Laufgeschwindigkeit des Knetwerkzeuges erfolgt bei weizenbetonten Teigen im Schnellgang die sogenannte Intensivknetung, die noch einmal etwa 6–8 Minuten beträgt. Bei roggenbetonten Teigen wird der Knetprozess im Langsamgang eines Kneters bis zum Ende fortgeführt.

PRAXISTIPPS

- *Die Hefe im temperierten Wasser auflösen und gemeinsam mit dem Wasser zum Teig geben.*
- *Einen Teil des Wassers zunächst im Messbecher zurückbehalten und nach und nach zum Teig geben, um die Festigkeit zu bestimmen.*
- *Mehl sollte nach 4–5 Minuten der Knetzeit nicht mehr nachgenommen werden, es verbindet sich nur sehr langsam mit dem bereits entstandenen Teig.*
- *Besondere Zutaten wie Nüsse, Rosinen, Früchte oder Gemüse immer erst gegen Ende des Knetens zugeben, und kurz unterlaufen lassen, bis sie sich gleichmäßig verteilt haben.*

Grundsätzlich werden roggenbetonte Teige anders geknetet als weizenbetonte Teige. Ein roggenbetonter Teig liegt vor, wenn mehr als 50 % der gesamten Getreidemahlerzeugnisse im Rezept Roggenmehl sind, bis hin zum reinen Roggenteig mit 100 % Roggenmehl. Ein Beispiel: Das Heidebrot auf Seite 143 hat im Rezept 60 % Roggenmehl und 40 % Weizenmehl. Es handelt sich deshalb um ein 60:40er Roggenmischbrot, ist also roggenbetont.

Für weizenbetonte Brote gilt die Regel entsprechend: Sobald der Weizenanteil deutlich überwiegt, kann sich ein Klebergerüst ausbilden, weshalb ein 60:40er Weizenmischbot anders geknetet werden muss als ein 60:40er Roggenmischbrot. Auch wenn eines der beiden Brotgetreide – Weizen oder Roggen – nur knapp mit 60 % Anteil dominiert, bestimmt es maßgeblich die Vorgänge im Teig, die während des Knetens ablaufen.

Deshalb unterscheiden wir die Erläuterung über den Knetprozess nach diesen beiden Getreidearten. Alle anderen Getreidearten nehmen keinen nennenswerten Einfluss auf die Teigbildung, da ihre Eiweiße sich nicht zur Kleberbildung eignen und/oder ihre Stärke beim Backen keine stabile Brotkrume bilden kann.

KNETEN VON WEIZEN- UND WEIZEN-MISCHBROTTEIGEN

Im Unterschied zum Roggen verfügt der Weizen über die Möglichkeit, durch den Eintrag von mechanischer und oxydativer Energie mit den wasserunlöslichen Proteinen (Gliadin und Glutenin) ein sogenanntes Klebergerüst auszubilden. Dadurch entstehen elastische, gut dehnbare Teigeigenschaften, während Roggen- und auch Roggenmischbrotteige nur plastische Teigeigenschaften aufweisen. Bis heute ist dieses Phänomen der Kleberbildung nicht abschließend erforscht. Für ein gutes Backverhalten sollte das Kleberprotein etwa zu zwei Teilen aus Gliadin (klebrig, viskos) und einem Teil Glutenin (nicht klebrig und fest) bestehen. Zu viel Gliadin führt zu nachlassenden Teigen und flachen Gebäckformen; zu viel Glutenin ergibt »störrische« Teige, die sich schlecht formen lassen und zu kleinem Gebäckvolumen führen.

Die beiden Proteine haben die Eigenschaft, beim Kneten mit Schleimstoffen zu quellen und sich zusammenzuschließen. Durch das Kneten entstehen Stränge, die die Stärkekörner zusammenhalten. Das Knetoptimum ist erreicht, wenn möglichst viele feste (stabile) Berührungspunkte der Kleberteilchen geknüpft wurden. Dann ist ein stabiles Klebergerüst entstanden. Dadurch wird das Gashaltevermögen eines Weizenteiges verbessert: Die Gärgase bleiben zur Lockerung des Brotes in der Teigstruktur stabil eingelagert.

Um das zu erreichen, müssen weizenbetonte Teige nach der Misch- und Quellphase im Langsamgang eines Kneters anschließend sehr intensiv im Schnellgang geknetet werden. Mehl und Wasser verbinden sich in der ersten Phase des Knetens, die deshalb auch Quellknetung genannt wird. Sie darf nicht zu kurz ausfallen, weil sich hier schon entscheidet, wie gut das Mehl Wasser aufnehmen kann und feste Verbindungen entstehen. Etwa nach der Hälfte der gesamten Knetzeit gilt es dann, einen Gang höher zu schalten, wenn das die eingesetzte Maschine auf Grund ihrer technischen Ausstattung erlaubt.

Besondere Zutaten wie Nüsse, Rosinen, Früchte oder Gemüse werden immer erst gegen Ende des Knetens zugeben, wenn der Teig fast fertig ist. Man lässt sie nur unterlaufen, bis sie sich binnen 6-10 Minuten zügig und gleichmäßig im Teig verteilt haben.

PRAXISTIPPS

- *Weizenbetonte Teige benötigen über das Vermischen und Verrühren der Zutaten hinaus eine intensive Schnellknetung, damit sich das Klebergerüst optimal entwickeln kann.*
- *Durch das Klebergerüst wird das Gashaltevermögen eines Weizenteiges verbessert: Die Gärgase bleiben zur Lockerung des Brotes in der Teigstruktur stabil eingelagert.*
- *Weizenteige sind elastisch und gut dehnbar.*
- *Knetzeit für Weizen- und Weizenmischbrote: 6–10 Minuten langsam und 6–10 Minuten schnell.*
- *Die korrekte Berechnung für die Temperatur des Schüttwassers wurde bereits erläutert. Zu beachten ist dabei die Teigerwärmung während des Knetens.*

KNETEN VON ROGGEN- UND ROGGEN-MISCHBROTTEIGEN

Da das Roggeneiweiß nicht dazu in der Lage ist, ein tragfähiges Klebergerüst auszubilden, spielt der Eintrag von mechanischer Energie während des Knetens bei einem Roggenbrotteig kaum eine Rolle. Es setzt keine Selbststrukturierung des Roggeneiweißes ein, wie es bei Weizeneiweiß (Kleber) der Fall ist, obwohl fast eine ähnliche Menge an Protein vorliegt und sogar eine chemische Ähnlichkeit besteht. Roggen enthält deutlich mehr Schleimstoffe (Pentosane) als Weizen, möglicherweise kann Roggen deshalb »nur« plastische Teigeigenschaften ausbilden. Außerdem ist der Anteil an wasserlöslichen Eiweißen im Roggen höher.

In Roggenteigen bilden sich keine getrennten Phasen aus Klebergerüst, Stärke und Wasserphase. Ein reines Mischen führt zu einer hohen Viskosität

Ein sehr weicher Roggenteig (Kosakenbrot) nach ausreichend langem Knetprozess in einer Knetmaschine: Deutlich zu erkennen sind die plastischen Eigenschaften des Teiges durch die sich abzeichnenden Konturen der Knetspirale.

(Zähflüssigkeit) und homogenen Verteilung der Mehlinhaltsstoffe. Die Pentosane können das 8- bis 10-Fache ihres Eigengewichts an Wasser aufnehmen, weshalb Roggenteige deutlich mehr Wasser aufnehmen können als Weizenteige. Dafür brauchen sie aber ausreichend Zeit, weshalb der Knetprozess und die Teigruhe entsprechend lang ausfallen müssen.

Bei Roggenmahlerzeugnissen erfolgt die Teigentwicklung primär durch das Mischen sowie die Enzym- und Hefetätigkeit bei recht hohen Temperaturen von etwa 27–28 °C im Teig. Hinzu kommt der Eintrag von Sauerstoff. Das alles braucht Zeit, und auch darin liegt ein Grund, warum die Teige möglichst lange geknetet werden sollen.

PRAXISTIPPS

- *Roggenbetonte Teige müssen lange vermischt und geknetet werden, damit sich Wasser und Mehl gut verbinden.*
- *Roggenteige sind von plastischer Konsistenz (ähnlich wie Knetmasse für Kinder).*
- *Knetzeit für Roggen- und Roggenmischbrotteige: ca. 20 Minuten im Langsamgang*
- *Roggenschrotteige benötigen eine Knetzeit von etwa 30–35 Minuten.*

Angaben zur Länge der Knetzeit sind immer abhängig von ...

1. *der Mehlqualität. Je kleberstärker das Weizenmehl, desto länger und intensiver das Kneten*
2. *der Teigausbeute. Faustregel: Je weicher, desto länger*
3. *der Teigmenge im Verhältnis zur Kesselgröße. Je kleiner der Teig im Verhältnis zum maximalen Kesselfassungsvermögen, desto länger gilt es zu kneten*
3. *den weiteren Zutaten. Je höher der Fettanteil, desto länger mischen und intensiv kneten*

KNETEN VON HAND

Zu Beginn steht wie im Bottich des Kneters das Vermischen der Zutaten an: Dazu häufen wir das Mehl auf dem Tisch auf und bilden in der Mitte eine Mulde. Auf den Rand (Kranz aus Mehl) werden in kleinen Häufchen Salz und gegebenenfalls weitere Zutaten platziert (ohne Vor-oder Sauerteig). In die Mulde bröckeln wir die Hefe und geben etwa ein Drittel des Wassers hinzu. Dann vermengen wir zunächst die Hefe im Wasser und nehmen nach und nach etwas Mehl hinzu – wird es klumpig, schütten wir Wasser nach. Nun werden weiteres Wasser und Mehl durch Vermengen schnell miteinander verbunden. Einen kleinen Rest der Schüttflüssigkeit gilt es auf jeden Fall zurückbehalten. Wenn die erste zusammenhängende »Masse« entsteht, wird mit den Fingern beider Hände durch den Teig gegriffen, so als wollte man eine Faust bilden. Erst jetzt nehmen wir den Vor- oder Sauerteig hinzu. Den Vorgang mehrmals über ca. 6 Minuten wiederholen. Dieses erste »Anteigen« kann auch in einer Schüssel erfolgen. Wenn Sie das Gefühl haben, ihr Teig verträgt auch den letzten Schluck Wasser, dann geben Sie ihn jetzt hinzu. Das braucht Erfahrung, aber nur so können wir verhindern, dass wir Mehl nachnehmen müssen, was es besonders bei Weizenteigen zu vermeiden gilt.

ROGGENTEIGE: GEDULD GEFRAGT

Um das Mehl bestmöglich mit dem Wasser zu verbinden, drücken und quetschen Sie den entstehenden Teig mit dem Handballen über die Tischplatte. Mit dem Teigspachtel lässt sich der Teig immer wieder gut zusammenholen.

Jetzt heißt es, Geduld zu haben und Gespür für den Teig zu beweisen, denn zu Beginn entsteht leicht der Eindruck, dass Wasser fehlt. Bei Roggenteigen lässt sich Wasser leicht nachnehmen, was bei Weizenteigen weniger gut funktioniert. Mehl sollte in beiden Fällen nicht nachgenommen werden! Es dauert sehr lange, bis es sich mit dem bereits gebildeten Teig homogen vermischt. Der Teig muss dazu gequält werden und erwärmt sich stärker.

Kneten von Hand: Zuerst penibel vorbereiten, dann vorsichtig vermischen, anschließend kräftig vermengen und ordentlich strecken und kneten. Der Teig löst sich zunehmend besser vom Tisch und erweist sich als weniger »klebrig«.

WEICHE TEIGE – LÄNGER KNETEN

Die Teige für die Rezepte in diesem Buch sind alle eher weich als fest geführt, haben also eine hohe Teigausbeute. Der Grund dafür ist ganz einfach: Eine höhere Wassermenge kann einen Beitrag zu saftigeren Krumen und zur Verlängerung der Frischhaltung leisten. Voraussetzung ist, dass das Wasser während des Knetens genug Zeit bekommt, sich mit den Mehlbestandteilen (Stärke und Eiweiße) zu verbinden. Weiche Weizenteige (Baguette oder Bürli, TA 185-190) müssen grundsätzlich länger geknetet werden als feste Teige, denn sie leisten dem Knetwerkzeug weniger Widerstand, das Klebergerüst bildet sich langsamer aus.

Auch die anschließende Teigruhe leistet zur Verquellung einen Beitrag. Wurde zu kurz geknetet, steifen Teige dann deutlich nach. Bei den weichen Teigführungen geht es also um eine gezielte Qualitätsverbesserung.

Als Anfänger spürt man allerdings schnell, dass weiche Teige schwieriger zu formen sind als feste Teige – das ist aber eine Frage der Übung, und zu Beginn kann man die Teigausbeute um 2-5 Prozentpunkte beim Wasser senken.

PRAXISTIPPS

- *Weiche Teige länger als feste Teige kneten; sie erwärmen sich dennoch nicht so stark wie feste Teige (geringerer Knetwiderstand = geringere Erwärmung).*
- *Höhere Mehltypen erfordern etwas höhere Teigausbeuten und eine längere Mischphase beim Kneten, um die Quellung sicherzustellen.*
- *Eine späte Salzzugabe kann bei sehr weichen Weizenteigen (z. B. Baguette, Bürli oder Ciabatta) die Entwicklung des Klebergerüstes und seine Verquellung begünstigen. Zur besseren Auflösung wird es gleichmäßig über den gesamten Teig verstreut.*
- *Auch eine späte Zugabe von Butter/Fett (etwa zur Hälfte der Knetzeit) fördert die Teigentwicklung zu Beginn und wirkt sich positiv auf das Gashaltevermögen aus.*

WANN IST EIN TEIG FERTIG GEKNETET?

Die hier im Buch angegebenen Knetzeiten werden dem einen oder anderen sehr lang erscheinen, doch die Angaben haben einen guten Grund: Der Kardinalfehler besteht im zu kurzen, nicht im zu langen Kneten.

Beim Kneten lautet die Grundregel: Immer länger kneten, als man denkt. Ganz gleich ob von Hand oder mit einer Küchenmaschine oder in einer kleinen Knetmaschine. Selbst im Profibereich schlummert hier ein großes Fehlerpotenzial. Trotz bester Knettechnik wird gelegentlich auch hier zu kurz geknetet, da die Empfehlungen nicht den neuen Mehlqualitäten angepasst sind. Freilich kann man Teige auch zu lange und zu intensiv kneten, doch das ist seltener der Fall.

Roggenbetonte Teige sind fertig, wenn sie eine sehr homogene, bindige »Masse« ergeben. Stippen oder gar Mehlklümpchen dürfen sich an keiner Stelle finden. Der Teig sollte viskos und wenig klebrig wirken und eine nur leicht feuchte Oberfläche aufweisen. Geduld zahlt sich bei der Brotherstellung in jeder Phase aus – auch beim Kneten. Wenn Sie meinen, dass ein homogener, viskoser Teig erreicht ist, kneten Sie mindestens noch 5 Minuten weiter, also bei den meisten Maschinentypen insgesamt etwa 16-20 Minuten. Dadurch stabilisiert sich die Wasserbindung, es ist weniger freies Wasser im Teig vorhanden, das während des Backprozesses entweicht.

Bei weizenbetonten Teigen sollte noch etwas länger gemischt und, wenn es der Maschinentyp erlaubt, unbedingt auch intensiv geknetet werden. Gut ausgeknetete Weizenteige weisen eine trockene Oberfläche und eine wollige Konsistenz auf. Die Teige sind elastisch und lassen sich gut dehnen.

Ein erfahrener Bäcker erkennt die Teigentwicklung an den vielen Signalen des Teiges, die über Sinne wahrnehmbar sind, und verlässt sich nicht nur auf die abgelaufene Uhr am Kneter!

- **Tastsinn:** Die Oberfläche wird glatter, verliert ihre Klebrigkeit und wird trocken.
- **Hören:** Der Teig macht »glucksende« Töne, das Ein- und Ausschlagen der Luft wird hörbar.
- **Sehen:** Der Teig wickelt sich am Leitstab hoch bzw. wickelt sich um die Spirale, und an der Oberfläche bilden sich die »Wellen« der Knetwerkzeuge ab. Der Teig löst sich sauber von der Kesselwand.

Um zu beurteilen, ob ein Weizenteig ausreichend lang und intensiv geknetet wurde, gibt es noch eine sehr gute Methode: Sie nehmen ca. 100 Gramm Teig ab und ziehen dieses Teigstück aus der Mitte heraus mit den Fingern vorsichtig Stück für Stück immer dünner auseinander, sodass es nicht zerreißt. Wenn Sie es hauchdünn auseinanderziehen können, sodass wie bei einem Lampenschirm das Licht durchscheinen kann, dann ist das Knetoptimum erreicht.

Ein untrügliches Indiz für einen sehr guten Knetprozess bei Weizenteigen: Der Teig wickelt sich am Knetwerkzeug in den Bewegungen der Spirale auf: Auf Foto 2 sind die Kleberstränge weit ausgebildet, sodass der Teig eine stabile Struktur erhalten hat.

KNETEN VON DINKELTEIGEN

Bei der Verarbeitung von Dinkel werden oft Fehler gemacht: Das fängt mit fehlenden Sauerteigen und/oder Quellstufen an und setzt sich mit einem zu kurzem Knetprozess fort: Weil Dinkel extrem zum Trockenbacken neigt, muss die Quellknetung im Langsamgang sehr lang ausfallen. Dinkel ähnelt hinsichtlich der Teigentwicklung dem Weizen, da sich ein Klebergerüst ausbildet, was bei Dinkel aber recht lange dauert. Der Kardinalfehler besteht darin, dass Dinkelteige viel zu kurz gemischt (Quellung) und zu kurz geknetet werden. Der weiche Dinkelteig soll kurz nach dem Kneten Blasen werfen - das ist kein Indiz für eine Fermentation, sondern für den reichhaltig eingeschlagenen Sauerstoff.

PRAXISTIPP

Dinkelteige mindestens 10 Minuten mischen und 12 Minuten intensiv kneten.

Auch bei Dinkelteigen lässt sich das Klebergerüst aufziehen, um festzustellen, ob das Knetoptimum erreicht und ein gutes Gashaltevermögen gewährleistet ist.

Die Kleberprobe: Durch das Auseinanderziehen eines kleinen Teigstückes lässt sich bei Weizenteigen gut beurteilen, ob der Teig sein Knetoptimum erreicht hat.

Das Abdecken mit einem Leinentuch beugt der Verhautung der Teigoberfläche vor. Alternativ können Geschirrtücher oder Plastikfolien zum Einsatz kommen.

Weiche Weizenteige reifen am besten in einer Schüssel, die groß genug gewählt sein muss, um Platz für die Volumenzunahme des Teiges zu bieten: Bis zum Dreifachen reicht der Anstieg bei langen Teigruhen. An den Teigkonturen lässt sich erkennen, dass wir auch diesen Teig während der Teigruhe übereinandergeschlagen haben.

Teige müssen ruhen und reifen: die Teigruhe

Bevor es weitergeht, muss der Teig nun erst einmal für eine ganze Weile unter einer Folie oder einem Tuch ruhen. Das kann in einer Schüssel oder direkt auf der Tischplatte geschehen. Beide werden dazu ein wenig mit Mehl bestreut, damit der Teig nicht festkleben kann.

Zum Abdecken leistet ein Leinentuch gute Dienste; auch ein sauberes Geschirrtuch reicht aus. Sehr effektiv schützt eine Plastikfolie vor dem unerwünschten Austrocknen und Verhauten des Teiges, allerdings neigt sie zum Ankleben. Wer Plastikmüll vermeiden will, setzt eine stabile Plastikfolie ein, die man mehrfach verwenden kann. Eventuell anhaftende Teigreste lassen sich mit dem Metallspachtel von einer solchen Folie leicht entfernen; nach dem Trocknen lassen sich noch verbliebene Reste mit einer Bürste abfegen.

Bei sehr weichen Teigen wird statt Mehl Wasser oder auch Öl als Trennmittel eingesetzt. Wird mit Öl gearbeitet, empfiehlt es sich, die Teigruhe in einer Schüssel vorzunehmen, die mit dem Öl ausgepinselt wird. Die Schüssel sollte gut das Doppelte bis Dreifache der Teigmenge fassen können, denn während langer Teigruhen nimmt das Volumen des Teiges durch die Hefetätigkeit (= Bildung von CO_2) deutlich zu.

Die Teigruhezeit fällt je nach Brotsorte recht unterschiedlich lang aus, und wie bei jedem Arbeitsschritt der Brotherstellung gilt auch bei der Teigruhe als grundsätzliche Faustregel: Je länger, desto besser, denn gut Ding braucht Weile! Genau wie beim Knetprozess erfolgt die Unterscheidung durch die beiden Brotgetreidesorten Roggen und Weizen.

WAS PASSIERT IM TEIG? ENTSPANNUNG UND TEIGREIFE

Der Begriff Teigruhe hat sich bei Bäckern eingebürgert, trifft aber den Sinn und Zweck dieses Arbeitsschritts nicht ganz, denn von »Ruhe« kann eigentlich keine Rede sein. Das Leben im Teig geht weiter: Während dieser Ruhezeit bekommt die Hefe Gelegenheit, weiterzuarbeiten und Kohlendioxid zu produzieren: Der Teig dehnt sich aus, sein Volumen nimmt deutlich zu. Das gilt für Roggen- und Weizenteige gleichermaßen, doch die Prozesse unterscheiden sich in den beiden Teigarten recht deutlich.

Auf Grund ihrer höheren Teigtemperatur von 26–28 °C reifen Roggen- und Roggenmischteige schnell, da die Hefe und die Enzyme sehr gute Lebensbedingungen vorfinden. Während der Teigruhe binden die Pentosane weiter freies Wasser (»Nachquellen«), denn selbst die langen Knetzeiten bei Roggen- und Roggenmischbroten reichen nicht aus, um den Pentosanen genug Zeit zu geben, das Wasser aufzunehmen. Wenn also an der Teigruhe gespart wird, wird während des Backprozesses mehr ungebundenes Wasser entweichen. Ein höherer Backverlust und eine verringerte Frischhaltung des Brotes sind die Folge.

TEIGRUHE BEI ROGGEN- UND ROGGENMISCHBROTEN: 15 BIS 25 MINUTEN

Bei Roggenschrotbrote: 40–60 Minuten

Faustregel für die Teigruhe: Je länger, desto besser, auch wenn dadurch die Formung der Brote etwas schwieriger wird, weil die Gärgase den Teig weicher und »plustriger« machen. Sie werden durch den Druck während des Rundwirkens wieder ausgestoßen.

Bei Weizenteigen heißt Teigruhe zunächst, dass die strapazierten Kleberstränge Zeit zur Entspannung bekommen. Die während des Knetens gedehnten Kleberstränge nehmen wieder eine kleinere Oberfläche an und verteilen sich weitmaschiger. Es entstehen größere Teilchen. Das ist für die folgende Aufarbeitung eine wichtige Voraussetzung, um die Teige in Form bringen zu können, ohne dass sie sich wegen ihrer strapazierten Elastizität sofort wieder zusammenziehen (das sogenannte »Schnurren« der Teige).

PRAXISTIPP

Um das Brotbacken clever zu organisieren und die Arbeitsabläufe mit anderen Hausarbeiten zu koordinieren, empfiehlt sich ein gründliches Studium des Rezepts mit den angegebenen Zeiten für Teigruhe, Stückgare und Backprozess. Diese Zeiten können für andere Tätigkeiten sinnvoll genutzt werden.

BROTBACKEN BEI JEDEM WETTER

Ja, Sie haben richtig gelesen: Brotbacken hat eine ganze Menge mit dem Wetter zu tun, jedenfalls in der handwerklichen Bäckerei und in der heimischen Küche. Es fängt bereits bei der Führung der Vor- und Sauerteige an: Im Sommer bietet die Küche mit hohen Temperaturen von 22–26 °C bereits an vielen Tagen gute Bedingungen für die Fermentation.

Auch beim Kneten spielt die Raumtemperatur für die anschließende Teigruhe und Aufarbeitung eine Rolle: Die Teigtemperatur muss niedriger ausfallen, wenn in einer Dachgeschosswohnung 30 °C herrschen. Die Teigruhe muss bei sehr hohen Temperaturen eventuell kürzer ausfallen. Zur Regulierung der Prozesse kann auch die Hefemenge reduziert werden, damit der Teig langsamer aufgeht, wenn es warm ist.

In den Rezepten finden Sie stets die erforderlichen Idealtemperaturen für die Aufarbeitung der Brote und auch für die Schritte der Teigführung, die auf eine Raumtemperatur von ca. 20 bis 24° C abgestimmt sind. Anders lassen sich Rezepte nicht standardisieren, aber bei einer kalten Küche und bei besonderen Wetterlagen muss man die Teigführung samt Aufarbeitung auf die Bedingungen abstimmen.

Selbst beim Einstellen des Ofens spielt das Wetter eine Rolle: An einem schwül-warmen Sommertag mit extrem hoher Luftfeuchtigkeit empfiehlt es sich besonders bei Weizenbroten (z. B. Baguette), die Umluft für die letzten 5 Minuten des Backens noch einmal zuzuschalten, um die Kruste in trockener Backatmosphäre zu stabilisieren.

Teigruhe direkt im Knetkessel: Wenn es die Teigmenge zulässt, kann die Teigruhe auch bei stattlicher Volumenzunahme im Knetbottich erfolgen.

So kommen Brote in Form

Während es bei der Sauerteigzubereitung um anwendbares Wissen, beim Kneten um Ausdauer und bei der Teigruhe um Geduld ging, geht es jetzt in erster Linie um handwerkliches Geschick. Um die Brote in die gewünschte Form zu bringen, sind zwei Grundtechniken unerlässlich: Das Rund- und das Langwirken. Wir benötigen diese Techniken der Aufarbeitung auch dann, wenn das Brot im Kasten (eckige Backform) gebacken wird. Im Kasten erhält es zwar automatisch die gewünschte Form, doch wie es im Inneren des Brotes aussieht, das bestimmen wir jetzt durch unserer Hände Arbeit: Die Struktur der Krume wird durch das Formen der Brotteiglinge maßgeblich beeinflusst.

Beim klassischen Aufarbeiten wird das Teigstück zunächst rund- und dann nach einer Entspannungszeit (3–5 Minuten) langgeformt. Der entscheidende Vorteil der Handarbeit besteht darin, dass man die Wirkintensität den Teigeigenschaften (Elastizität, Dehnbarkeit und Festigkeit) wohldosiert anpassen kann. Maschinen sind bis heute nicht dazu in der Lage, die meisterliche Arbeitsweise der menschlichen Hand zu kopieren. Das ist ein »handfester« Vorteil der Handwerks- und Hobbybäcker gegenüber der industriellen Produktion!

Das Rundwirken der Teigstücke verleiht den Brotteiglingen eine höhere Stabilität, um ihre gewünschte Form bis zur Verkleisterung der Stärke während des Backens bewahren zu können.

Das Formen der Brote wird beim ersten Mal etwas holprig vonstatten gehen, aber wenn alle vorangegangenen Arbeitsschritte korrekt ausgeführt wurden – besonders das Kneten –, dann kann nicht viel schiefgehen. Kleinere Fehler verzeiht das Brot, sie wirken sich nur optisch aus, Geschmack und Aroma bleiben bei diesem Arbeitsschritt fast unbeeinflusst.

Während des Rund- und Langwirkens üben die Hände Druck auf den Brotteigling aus, wodurch die in den Teigporen (Membranen) eingeschlossenen Gärgase z.T. ausgedrückt und in sich neu bildenden, kleineren Poren wieder neu eingeschlossen werden. Die Poren springen zusammen und bilden ein engeres Netz. Die Anzahl der Poren steigt dabei an, ihre Größe nimmt ab. Diese kleineren Poren erweisen sich als stabiler und verleihen dem Brotteigling einen besseren »Stand«, wie Bäcker sagen. Den braucht er, weil er vor dem Einschieben in dem Ofen noch einmal gären muss, wobei sich die Poren dann wieder ausweiten (vergrößern) und das Volumen des Brotes zunimmt. Über die Intensität des Wirkens werden die Struktur des Teiges und damit auch das Aussehen des Porenbildes bestimmt. Auch mit wenig Druck wird der Teig neu organisiert, bekommt durch die systematische, sich wiederholende Bewegung eine stabilere Struktur.

- Üben wir großen Druck beim Formen der Brote aus, verdichten sich die Poren (»Löcher«) des Teiges: Die Brotscheibe zeigt eine feinere, dichtere Porung auf. (Beispiel: Toastbrot)

- Üben wir weniger Druck aus, bleiben die Poren im Teig weitgehend erhalten und es entstehen während der Stückgare und während des Backprozesses größere, unterschiedlich große Poren mit unregelmäßiger Verteilung im Brot. (Beispiel: Baguette oder Ciabatta).

Und wie immer ist es beim Brotbacken die Unterscheidung von Weizen- und Roggenteigen, die auch beim Formen (»Aufarbeiten«) der Brotstücke zu beachten ist. Die Technik des Rund- und Langwirkens wird auf die beiden Teigarten und den gewünschten Brotcharakter abgestimmt.

Doch der Reihe nach: Zuerst muss der Teig abgewogen und in einzelne Stücke portioniert werden.

TEIGSTÜCKE PORTIONIEREN

Unser Teig liegt zum Teilen (Portionieren der Teigstücke) auf dem Tisch bereit. Zum Abtrennen einzelner Stücke dient ein Spachtel aus Metall oder Kunststoff. Letzterer sollte aber auch recht stabil sein und sich nicht leicht verbiegen lassen. Statt einer gerundeten Arbeitskante (für das Auskratzen von Schüsseln geeignet) muss er eine gerade Abschlusskante haben; ein breiterer Griff erleichtert das Abstechen, weil er besser in der Hand liegt. Sicher lässt sich der Teig auch mit einem großen Messer portionieren, aber hier ist spezielles Werkzeug von Vorteil. Eine Waage mit großer Auflagefläche dient zur Gewichtsermittlung.

Werden Teige mit der Hand portioniert, erfolgt das sehr schonend, weil genau nur die Teigmenge durch einen senkrechten Stich durch den Teig abgetrennt wird, die verwogen wird.

Wir haben bei unseren Rezepten ausgehend vom gesamten Gewicht des Brotteiges das Stückgewicht der einzelnen Brote so angepasst, dass kein Teigrest bleibt. Und da wir es mit einem natürlichen Werkstoff zu tun haben, sind Schwankungen von 50 bis 100 Gramm beim Gesamtgewicht des Teiges ohnehin eher die Regel als die Ausnahme.

Zu beachten ist allerdings, dass die gewählten Teiggewichte in etwa zu den vorhandenen Backformen oder Gärkörbchen passen.

DER »BACKVERLUST«

Will man ein genaues Brotgewicht erzielen, dann ist beim Portionieren und Abwiegen der Teigstücke zu bedenken, dass ein Teil des Wassers während des Backprozesses verdunstet. Bäcker nennen dies den Backverlust, der unvermeidlich eintritt. Wird ein genaues Brotgewicht angestrebt, dann muss der Teigling also entsprechend mehr wiegen. Das dazu erforderliche Teiggewicht bezeichnet man als »Teigeinwaage«.

Ein 750-Gramm-Roggenbrot, im Kasten gebacken, muss mit einem Teiggewicht von ca. 820–850 Gramm abgewogen werden, da rund 80 ml Wasser verdunsten. Der Backverlust beträgt also ca. 10 Prozent. Freigeschobene Brote verlieren mehr Wasser als im Kasten gebackene Brote. Das liegt daran, dass über eine größere Oberfläche nach allen Seiten hin mehr Wasser entweichen kann. Bei einem freigeschobenen

Ein Teigspachtel aus Metall leistet gute Dienste, um Teigstücke nach der Teigruhe abzutrennen und nach Gewicht zu portionieren.

Wenn zu viel Teig genommen wurde /abgestochen wurde, zupft man ihn mit den Händen ab, um mit dem Spachtel die Waage nicht zu strapazieren.

Roggenmischbrot muss der Teigling deshalb etwa 1250 Gramm wiegen, um mit Sicherheit ein 1000 Gramm schweres Brot zu erhalten.

Der Backverlust hängt auch von der Größe des Brotes, der Teigfestigkeit, der Teigführung und der Lockerung ab: Ein Baguette mit geringem Gewicht und großen Poren verliert schneller und mehr Feuchtigkeit als beispielsweise ein feinporiges, großes Weizenvollkornbrot.

Weizenbrote verlieren generell etwas mehr Wasser als Roggenbrote. Für ein freigeschobenes Weizenbrot, das nach dem Backen noch 500 Gramm wiegen soll, muss die Teigeinwaage etwa 650 Gramm betragen, denn der Backverlust fällt mit rund 22 Prozent sehr hoch aus. Ein Roggenbrot der gleichen Gewichtsklasse hingegen verliert nur rund 16–18 Prozent. Während die Industrie sehr genau rechnet, kalkulieren Handwerksbäcker lieber ein paar Gramm mehr ein, um auf der sicheren Seite zu sein.

RUND- UND LANGWIRKEN

Nach dem Abwiegen wird es spannend: Um dem Brot die gewünschte Form zu verleihen, müssen wir es zuerst rund-, dann langwirken. Das ist besonders bei frei geschobenen Broten wichtig, denn Ihnen verleihen wir mit diesen beiden Arbeitsschritten den »Stand« für die anschließende Stückgare und den abschließenden Backprozess.

Das Rund- und Langwirken kann nicht auf Anhieb perfekt gelingen. Übung ist gefragt, und besonders beim Rundwirken ist es so ähnlich wie beim Radfahren: Ist der Knoten erst einmal geplatzt, weiß man nicht mehr, was daran so schwierig sein soll – und man verlernt es nie wieder. Es macht einfach nur noch Spaß. Wenn Sie es können, bekommen Sie Lust auf »mehr« und würden statt 2 lieber 10 Brote rundwirken!

Wir wollen versuchen, den Prozess so gut wie möglich zu beschreiben und mit Bildern zu illustrieren, um die Grundtechnik zu veranschaulichen.

Weil es zu Beginn erst einmal ein Ausprobieren sein wird, geben wir mit dem einhändigen Rundwirken und einer sogenannten Falttechnik auch ein paar »Stützräder« an die Hand. Mit diesen beiden Techniken kann man sehr gut beginnen, um Gefühl für den jeweiligen Teig zu entwickeln.

Das Rundwirken dauert bei geübten Bäckern nur 10 bis 15 Sekunden. Hat man einmal den Bogen raus, macht es großen Spaß.

WISSENSWERT

Weizenbetonte Brote lassen sich für Anfänger womöglich etwas leichter in Form bringen, weil der Teig weniger an Tisch und Händen klebt. Andererseits zeigen sich bei Weizenbroten nach dem Backen mögliche Fehler deutlicher als bei roggenbetonten Broten. Zwischen Rund- und Langwirken sollte bei weizenbetonten Broten eine Entspannungszeit von 5–10 Minuten liegen, damit sich die Kleberstränge leichter in eine neue Form bringen lassen.

Roggenbetonte Brote weisen eine eher plastische Konsistenz auf, wobei die Oberfläche feuchter bleibt als bei Weizenteigen. Sie kleben daher viel stärker an den Händen und am Tisch, also gilt es, etwas mehr Streumehl als Trennmittel einzusetzen und mit weniger Druck zu arbeiten. Dennoch gilt auch im Roggenbereich: So wenig Streumehl wie möglich einsetzen, um einen sauberen Verschluss und eine glatte Teigoberfläche zu erzielen. Wird eine bemehlte Oberfläche des Brotes gewünscht, erfolgt das Rollen in Mehl, nachdem der Verschluss ausgebildet wurde. Soll die Kruste hingegen »wild« aufreißen, dann ist das Einarbeiten von Streumehl erlaubt, ja sogar förderlich. Sehr weiche Roggenteige (ab TA 180) erfordern zudem viel Gefühl, um sie mit wenig Druck in Form zu bringen. Ab einer TA von 185 empfiehlt sich generell – trotz Formens – das Backen im Kasten, damit die Brote nicht breit laufen.

Eine Entspannungszeit zwischen Rund- und Langwirken ist im Roggenbereich nicht unbedingt erforderlich, da sich kein Klebergerüst ausbildet.

DAS RUNDWIRKEN

Zu Beginn wird ein sauberer Küchentisch oder die Anrichte (aus Holz, Kunststoff oder Edelstahl) dünn mit Mehl bestreut (»eingestaubt«). Am besten eignen sich Holzflächen, z. B. Buchenplatten. Edelstahl ist zwar hinsichtlich der Hygiene im Vorteil, gibt aber mit seiner glatten Oberfläche wenig Halt für das Teigstück.

Das Aufarbeiten von Roggenbroten benötigt etwas mehr Streumehl, als es bei Weizenbroten mit trockenerer Oberfläche der Fall ist. Den Teigling selbst sollten sie aber nicht bemehlen. Lediglich bei Roggenteigen dürfen Sie als Anfänger hauchdünn etwas Mehl drüberstreuen, damit er nicht gleich an den Händen klebt. Es gilt aber zu verhindern, dass Mehl in den Teig eingearbeitet wird. Alternativ kann man die Hände mit etwas Mehl einreiben.

Dann geht's los: Die Hände liegen auf den beiden Teigstücken und vollziehen beim Rundwirken eine »rhythmisch kreisende Bewegung (»wellenförmig« in sich), bei der die Handballen Falten des Teigstückes übereinanderlappen und das Teigstück gleichzeitig um die eigene Achse drehen (rechte Hand im Uhrzeigersinn, linke Hand gegen den Uhrzeigersinn). Der Teig wird über den Handballen währenddessen immer wieder mit wohldosiertem Druck zusammengedrückt. Dabei entstehen einzelne sich überlappende Teigfalten, die zu einem Ganzen werden. Weder die Hände noch das Teigstück bewegen sich dabei von der Stelle. In Zeitlupe könnte man erkennen, dass der Teig im ersten Schritt mit dem Handballen vom Körper weggedrückt wird und dann mit den Fingern wieder zum Überlappen zum Körper hingezogen wird. Der Handballen führt beinahe gleichzeitig schon wieder die treibende und parallel zusammenballende Bewegung aus.

DER VERSCHLUSS

Beim Rundwirken entstehen eine sehr glatte, leicht gespannte Teighaut und ein sogenannter »Verschluss« oder »Schluss«. Er bildet sich an den Handballen. Ein wenig vergleichbar ist das Ergebnis mit einem Luftballon, der eine glatte, gespannte Haut aufweist und den man nach dem Aufblasen zusammenknoten muss: An dieser Stelle behält der Teig eine unregelmäßige Struktur, die Linien der sich zusammenschließenden Teigfalten bleiben sichtbar.

Mit dem Verschluss nach oben werden die Teigstücke nun auf den leicht bemehlten Tisch gelegt und mit einer Folie oder einem Tuch abgedeckt. Weizenteige sollten vor dem anschließenden Langwirken 5–10 Minuten ruhen, dann lassen sie sich besser weiterformen, da sich der Kleber entspannt und leichter neu organisieren lässt.

Besonders im Süden Deutschlands werden viele Brotsorten als Rundlaib gebacken, d. h. die Formung ist nach dem Rundwirken abgeschlossen und sie werden mit dem Schluss nach unten oder oben – je nach gewünschter Brotoberfläche – in Gärkörben abgelegt.

EINHÄNDIG RUNDWIRKEN

Fortgeschrittene Hobbybäcker machen sicher mit beiden Händen zwei Teigstücke gleichzeitig rund, wobei besonders bei Weizenteigen die Teigstücke eng aneinander geführt werden, sodass sie sich an der Innenseite gegenseitig stützen. Wenn Ihnen das als Rechtshänder mit der linken Hand anfangs nicht so recht gelingen will, dann nehmen sie nur die rechte Hand. Die Linke kann dem Teigstück seitlich etwas Halt geben (führen), wirkt jedoch nicht »richtig« mit.

DIE FALTTECHNIK

Als Anfänger kann man sich dem Rundwirken auch mit einer Falttechnik nähern, indem man das Teigstück durch mehrfaches Falten und Übereinanderlappen in eine runde Form bringt. Der Vorgang geht wesentlich langsamer, lässt sich also leichter kontrollieren. Zunächst wird das Teigstück etwas flachgedrückt und dann das obere Ende zum unteren geführt und unter Zug angedrückt. Mit den Fingern oder mit der Handfläche wird der Teig übereinandergezogen. Dieser Vorgang wird mehrfach wiederholt, wobei das Teigstück auch gedreht werden kann. Je nachdem, wie breit der »Fladen« ist, kann man den Teig dabei auch von allen Seiten nach innen zusammenfalten und andrücken. Dabei zieht die Handfläche den Teig mit Spannung unter Zug über den »unten liegenden« Teig.

Auch bei der Falttechnik kann man durch das Übereinanderziehen und Andrücken des überlappenden Teiges etwas Spannung in den Teig bringen, damit er einen stabileren Stand erhält.

Durch das mehrfache Übereinanderfalten und Andrücken der Teigenden (Teigaußenseiten) unter Zugspannung lässt sich das Rundwirken recht gut »nachahmen«.

Langwirken eines Weizenbrotes

Es gibt eine Reihe von Möglichkeiten, durch Falten, Übereinanderziehen und Zusammendrücken des Teiges eine weitgehend runde Form zu erzielen. Hier können Sie durchaus auch experimentieren und eigene Strategien entwickeln. Behalten Sie aber den Ehrgeiz, das klassische Rundwirken über den Handballen schnell zu erlernen: Es ist die beste Methode, um ein Brot in Form zu bringen. Probieren Sie es mehrfach aus. Zum Üben empfiehlt es sich, einen Übungsteig ohne Hefe und Sauerteig anzusetzen: einen sogenannten »toten Teig«, weil in ihm keine Gärung und Fermentation stattfindet.

DAS LANGWIRKEN

Das Langwirken fällt den meisten etwas leichter, da es deutlich langsamer abläuft. Dazu wird der rundgewirkte Ballen mit dem Schluss nach oben zunächst etwas flach gedrückt, wobei ihm gleichzeitig schon eine etwas längliche Form verliehen wird. Von innen nach außen wird das Teigstück nun mit den Fingern noch etwas nach außen gedrückt und evtl. etwas lang gezogen. Nun überlappt (rollt) man mit drehenden Bewegungen den Teig (vom oberen Ende = vom Körper abgewandt) unter Spannung über die beiden Daumen mit den Händen übereinander (eigentlich ineinander). Dabei sollte der Teig immer etwas unter Zug stehen, um das Teigstück stramm oder auch weniger stramm aufzurollen. Zum Abschluss wird die abschließende »Teignaht« (der Verschluss) an der vorderen Längskante mit dem Handballen (oder den Fingern) verschlossen (angedrückt) und das Brot über den Verschluss langgerollt. Dabei kann man es je nach gewünschter Form zu den Enden hin noch etwas verjüngen. Mit etwas Übung reicht ein einziger Vorgang aus. Wenn die Form noch nicht perfekt gelungen ist, kann man das Langwirken wiederholen. Der nun bereits längliche Brotteigling wird noch einmal etwas flachgedrückt und wieder über die Daumen »inbzw. übereinander gerollt«.

Auch beim Langwirken sind verschieden Techniken möglich: Das Teigstück lässt sich auch von der vorderen, also der körperzugewandten Seite aufrollen, wobei dann die Daumen hinter das Teigstück fassen und die anderen Finger das Einrollen nach innen fortbewegen

Das Brot »auf Gare«

Bevor der geformte Brotlaib in den Ofen geschoben werden kann, braucht er wieder Zeit, damit Hefe und Milchsäurebakterien ihre Arbeit tun können: Die nun stattfindende Gare nennt man Stückgare, weil der Brotteigling bereits zu einem Stück geformt wurde. Weil es der letzte Arbeitsgang vor dem Backen ist, spricht man auch von »Endgare«. Dabei bilden sich durch den fortschreitenden Stoffwechsel abermals Aromavorläufer, die durch den Backprozess zum Brotaroma vollendet werden. Die Bildung von Malzzucker und Glucose verbessert die Bräunung der Brote. Vor allem aber: Das Brot gewinnt durch die gebildeten Gärgase (CO_2) erneut an Volumen und somit die gewünschte Teigstruktur (Porenbildung), damit das fertige Brote eine gut gelockerte Krume bekommt. Dabei verliert der Brotteigling aber auch wieder an Stabilität.

WISSENSWERT

- *Während der Stückgare laufen die Stoffwechseltätigkeiten im Teigling rasant schnell ab, wenn hohe Temperaturen gewährleistet werden können. Fällt die Stückgare dann zu lang aus, führt der Abbau von Stärke und Proteinen zu einem geringeren Gashaltevermögen des Teiges und somit zu Brotfehlern (z. B. flache Form).*

- *Die Bestimmung der optimalen Gare erfordert Erfahrungswissen. Die Bewertung der sichtbaren Volumenzunahme und ein Drucktest mit zwei Fingern (oder mit dem Daumen) auf den Teigling geben Aufschluss über den Gärzustand: Gibt er viel Widerstand und wölbt sich rasch wieder aus, ist die Reife noch zu kurz.*

Gutes Klima gefragt: Für die Stückgare brauchen die Teigstücke Halt und optimale Gärbedingungen.

Die Stückgare findet bei eckigen Broten direkt in der Backform statt. Ein Umsetzen ist nicht mehr erforderlich. Das Einschneiden erfolgt erst zum Ende der Stückgare direkt vor dem Einschieben in den Backofen

Damit er seine Form bewahren kann, wird der Teigling während der Stückgare seitlich gestützt. Dazu kommen Gärkörbchen aus Peddigrohr oder Kunststoff zum Einsatz, wenn die Brote frei in den Ofen geschoben werden sollen. Die Gärkörbe und auch das Leinentuch müssen ausreichend mit Mehl (Kartoffelstärke, das Mehl aus den Zutaten des Brotes oder auch Schrot) eingestreut werden, damit die Brotteiglinge während der Gare nicht ankleben. Das ist sehr wichtig, weil ein reifes Brot durch die gebildeten Gärgase sehr sensibel auf Druck oder Zugkräfte reagiert: Wenn es an einer größeren Fläche im Gärkörbchen anhaftet, ist es nicht mehr zu retten: Der Teigling fällt unter den Zugkräften in sich zusammen. Dann lässt sich nur noch ein »rustikales Fladenbrot« backen.

Direkt in den Kastenformen aus Blauglanz-Stahl oder Edelstahl gären Brote, die eine eckige Form bekommen sollen und auch in diesen Formen gebacken werden.

DER VERSCHLUSS

Wichtig ist, dass die Brote nach dem Aufarbeiten mit der Unterseite (dem sogenannten Verschluss) nach oben in die Gärkörbchen oder auf das Leinentuch gelegt werden, weil wir das Teigstück vor dem Schieben aus dem Gärkörbchen stürzen müssen, sodass die spätere Brotoberfläche oben erscheint. Auch wenn die Brote auf direkt auf dem Küchentisch oder in Leinentüchern reifen, muss der Verschluss nach oben weisen. Beim Backen in der Kastenform ist das Drehen natürlich nicht nötig.

PRAXISTIPPS

- *Gärkörbe und Leinentücher vor der Ablage des Brotteiglings kräftig und gleichmäßig mit Mehl einstauben. Haftet ein reifer Teigling am Gärkörbchen, lässt er sich ohne Schaden nicht mehr lösen.*

- *Backformen entweder mit einer Sprühpistole einfetten oder mit einem in Öl getränkten Pinsel ausstreichen, damit sie sich nach dem Backen gut lösen lassen.*

- *Regelmäßige Pflege von Gärkörbchen und Leinentüchern: Nach jedem Backen von Mehl- und Teigresten befreien: Gärkörbchen mit der Kante über Kopf auf dem Tisch ausschlagen und mit dem Mehlbesen ausfegen, Leinentücher im Freien ausschlagen und gut lüften lasen. Fremdgärungen, Schimmel & Co. gilt es in der Küche unbedingt zu vermeiden.*

ARBEITEN MIT LEINENTÜCHERN

Eine Besonderheit bei den frei geschobenen Broten betrifft das »Einziehen« in Leinentücher, was in Handwerksbäckereien eine recht verbreitete Methode ist, da sich so große Stückzahlen schnell auf Gare stellen lassen.

Diese Technik empfiehlt sich bei einer Reihe von freigeschobenen Sorten wie dem Baguette, Stangenbroten oder länglichen Roggenmischbroten auch in der heimischen Küche.

Geeignet sind dazu stabile Leinentücher von ca. 1,50–2 m Länge und ca. 50 cm Breite. Alternativ können auch Baumwollhand- oder Geschirrtücher zum Einsatz kommen, aber das ist nicht wirklich empfehlenswert. Hier gilt es entweder in gutes Leinentuch zu investieren (Fachhandel) oder aber statt dieser Technik die Brote in Gärkörben abzulegen.

Das Tuch wird am besten auf ein größeres Brett (ca. 50 cm) oder direkt auf die Küchenanrichte ausgelegt, sodass an jeder Seite etwa 50 cm des Leinentuchs in der Länge des Brettes überstehen. (Ein Brett hat den Vorteil, dass es sich transportieren lässt, also für die Gare ein wärmerer Platz gewählt werden kann. Passt es in den Ofen, kann die Stückgare sogar im Ofen stattfinden.) Anschließend das Tuch kräftig (dick) mit Mehl bestreuen/bestauben. Dann setzt man das erste Brot rechts auf das Tuch und greift mit beiden Händen die Tuchkanten zur linken Seite des Brotes in etwa 30 cm Entfernung, um es hoch an die Seite des Brotes zu ziehen, sodass das Tuch etwas über die Oberfläche des Brotes ragt. Jetzt setzt man das zweite Brot mit etwas Abstand (1–2 cm) an das erste Brot und zieht wieder das Tuch – wie beschrieben – an die Seite dieses Brotes. Werden mehrere Brote eingezogen, wiederholt sich das Prozedere. Abschließend wird das Tuch von den beiden Seiten stramm über die eingezogenen Brotlaibe geschlagen, sodass es auch den äußeren Broten Halt gibt. Ist der nicht gewährleistet, kann man auch eine Backform oder ähnliches zur Stabilisierung anstellen.

Eine alternative Möglichkeit: Das erste Brot wird aufgesetzt, das zweite in einem Abstand von ca. 30–40 cm (je nach Brotgröße) wird links davon aufgesetzt, und dann zieht man den zweiten Laib mit dem Tuch an das erste Brot heran, sodass das Leinentuch die beiden Brote komplett trennt und etwa 1cm zwischen den Broten Platz bleibt. Linkshänder beginnen entsprechend links.

Die Brote können nun in den Leinentüchern reifen und bei der Volumenzunahme auch seitlich etwas zulegen, werden aber von ihrem Nachbarn in Form gehalten. Sie können nicht breit laufen und dehnen sich nach der Anfangsphase nur nach oben aus – eine schöne Brotform entsteht.

TIPP FÜR ANFÄNGER

Brote gelingen im Kasten (Backform) gebacken sehr viel einfacher, weil sie nicht »breit laufen« können. Bei einigen Rezepten können Sie also auch entgegen der vorgeschlagenen Formung und Stückgare das Brot im Kasten backen. Allerdings wird der Charakter eines Brotes maßgeblich durch die Form und die Art des Backens bestimmt. Ein Baguette gibt's nun mal nicht aus dem Kasten!

TEMPERATUR UND ZEIT FÜR DIE GARE

Um ideale Gärbedingungen zu erzielen, bieten Bäcker dem Brotteigling nicht nur hohe Temperaturen, sondern können in einem speziellen Gärraum auch die Luftfeuchtigkeit regulieren. Durch die Dosierung von Wasserdampf wird ein feucht-warmes Klima erreicht, ideal für die wärmeliebende Hefe. Die hohe Luftfeuchtigkeit verhindert zudem ein Austrocknen und zu starkes Verhauten der Brotteiglinge während der Reifezeit. Eine elastische Teighaut fördert die weitere Volumenzunahme durch den Ofentrieb während der ersten Backphase. Auf eine höhere Luftfeuchte lässt sich aber durchaus verzichten. Es reicht, wenn der Brotteigling in der Küche gut abgedeckt (Tuch oder Folie) auf Gare steht.

Wir hatten den Ofen schon bei der Führung eines Sauerteiges zur Gär- und Fermentationskammer umfunktioniert, und das Verfahren kann man für die Stückgare ebenfalls sehr gut anwenden: Wenn die Küche zu kalt ist (unter 22–24 °C), empfiehlt es sich, den Ofen auf etwa 30–35 °C vorzuheizen und die Teiglinge für die Gare in den Ofen zu stellen. Wer es perfekt machen will, gießt noch 50 ml kochendes Wasser auf ein unten liegendes Backblech, um die Luftfeuchtigkeit zu erhöhen. Da der Backofen über eine gute Isolierung verfügt, sinkt die Temperatur während der Gare (30–60 Minuten, je nach Brotsorte) nicht unter 25 °C.

IDEALBEDINGUNGEN FÜR DIE STÜCKGARE

- Bei Roggen- und Roggenmischbroten sollte die die Temperatur bei 30–35 °C, maximal 38 °C liegen, die Luftfeuchte bei 70–85 %).

- Die übliche Gärzeit beträgt bei Roggen- und Roggenmischbroten etwa 40 bis 60 Minuten.

- Weizen- und Weizenmischbrote sollen etwas kühler und weniger feucht gären: bei etwa 26–30 °C (mit 65–75 % Luftfeuchte).

- Klassische Weizen- und Weizenmischbrote stehen tendenziell etwas kürzer auf Gare: ca: 35–50 Minuten. Die relative Luftfeuchtigkeit fällt entsprechend der niedrigen Temperatur etwas höher aus: 70–85 % fördern bei Weizen-Kastenbroten und Stuten die Stückgare.

- Bei Baguette und mediterranen, weizenbetonten Brotspezialitäten sollte die Stückgare generell bei Raumtemperatur (22–26 °C) stattfinden und entsprechend länger ausfallen. Dadurch entwickeln sie ihren typischen Charakter (grobe Porung) und der Ausbund bildet sich kräftig aus. Bei hoher Luftfeuchtigkeit in einem Gärraum kann er verkleben.

- Bei Küchentemperaturen von 20–25 °C vollzieht sich die Stückgare langsamer, wird also um etwa 10–20 Minuten verlängert.

- Unterhalb von 20 °C sollte die Stückgare nicht stattfinden; dann sollten Sie den vorgeheizten Backofen benutzen.

- Wird der Backofen als Gärkammer umfunktioniert, muss man die Gare rechtzeitig kontrollieren, denn bei Temperaturen um 35 °C laufen die Prozesse rasant schnell ab: Übergare Brotteiglinge ergeben flache Brote und evtl. Fehler in der Brotkrume.

Unsere Angaben in den Rezepten beziehen sich auch für die Stückgare auf ideale Temperaturen. Wenn Sie diese nicht erreichen können, ist das kein Beinbruch: Verlängern Sie entsprechend die Garzeit. Die Hefemenge im Rezept zu erhöhen, ist eine weitere Möglichkeit, bleibt aber zweite Wahl.
Es gibt verschiedene Tricks und Möglichkeiten, um möglichst gute Bedingungen zu erzielen: Das Brot kann z. B. oben auf einem hohen Küchenschrank gären (warme Luft steigt nach oben = ca. +2 °C). In Räumen mit Fußbodenheizung kann aber auch der direkte Bodenkontakt für mehr Wärme sorgen! Auch das Isolieren der Seiten mit Styropor bringt ein wenig Wärme in den Teig.

»Sich in Geduld zu üben, funktioniert am besten, wenn man eine Menge anderes zu tun hat – am besten Kochen oder Wäsche aufhängen, während der Teige ruhen und gären kann.«

Es braucht Erfahrung, um den richtigen Zeitpunkt der optimalen Gare zu bestimmen. Natürlich kann man sich an den angegebenen Zeiten in den Rezepten orientieren, aber je nach Teigführung und Bedingungen treten deutliche Schwankungen auf. Man kann sich also nicht auf einen gestellten Wecker verlassen, sondern muss die Gare überprüfen: Ein gutes Indiz für die Reife ist die Zunahme des Volumens, die man am Rand des Gärkörbchens oder der Backform ablesen kann. Auch ein Tasten mit den Fingern gibt Aufschluss über den Reifegrad: Fühlt sich der Teig noch fest an und wölbt sich nach einem sanften Eindrücken mit den Fingern schnell wieder aus, dann muss er noch weiter auf Gare stehen. Bleibt die Wölbung unverändert, dann ist das Brot »voll«, wie die Bäcker sagen, und muss zügig in den Ofen geschoben werden. Die Brotteiglinge verfügen über eine gewisse Toleranz, wie lange sie auf Gare stehen können, aber da die Hefe bei hohen Temperaturen Vollgas gibt, ist wirklich Eile geboten: Die Brote müssen in den Ofen. Wenn sie überreif sind (= zu volle Gare) stellt man am besten den Ofen 20 °C höher, damit die Hefetätigkeit schneller unterbunden wird. Der richtige Moment bleibt Erfahrungswissen – in jeder Backstube.

Ab in den Ofen – der Backprozess

Jetzt wird's noch einmal spannend: Alle bisherigen Arbeitsschritte und Anstrengungen werden während des Backens vollendet. Im wahrsten Sinne des Wortes, denn 80 Prozent der Aromastoffe eines Brotes entstehen erst im Backofen! Die Ausbildung der Kruste erzeugt eine Vielzahl von Röstaromen, die im Einklang mit den Aromen der Brotkrume im Inneren das Gesamtaroma eines Brotes ausmachen.

Bevor die Brote in den Ofen eingeschossen (eingeschoben) werden können, müssen sie auf diesen faszinierenden Verwandlungsprozess vorbereitet werden.

VOR DEM EINSCHIEBEN

Hat ein Brotteigling die gewünschte Gare erreicht, wird seine Oberfläche vor dem Einschieben in den Ofen entsprechend dem gewünschten Brotcharakter behandelt: Brote, die eine glatte und glänzende Kruste bekommen sollen, werden zuerst mit dem Mehlbesen abgefegt, gestippt und dann mit Wasser abgestrichen. Dazu müssen die Brotteiglinge über Kopf behutsam aus den Gärkörbchen gedreht werden, entweder direkt auf das mit Backpapier (oder noch besser: mit Dauerbackfolie) ausgelegte Backblech oder auf den Handschießer. Jetzt liegt die Brotoberfläche oben (der Verschluss unten) und kann bearbeitet werden.

Das Abstreichen mit Wasser geschieht mit einer weichen Brotbürste (auch »Schwiddel« genannt), einem Pinsel oder durch das Besprühen mit einem Wasserzerstäuber, wie man ihn auch zum Bestäuben der

Zimmerpflanzen nutzt. Durch das Befeuchten wird die Oberfläche elastischer, was gleich mehrere Prozesse begünstigt:

- Entfernen von Mehlresten; dadurch entsteht nach dem Backen eine glatte, glänzende Oberfläche
- Verbesserung des Brotvolumens, da die Teighaut länger dehnbar bleibt und das Brot im Ofen schön aufgehen kann.
- Intensivere Bräunung (durch die bessere Lösung von Zuckerstoffen)
- Feinsplittrige, bisweilen »gefensterte« Kruste
- Verhindern von ungewünschten Krustenrissen

Das sogenannte »Stippen« kann mit einem spitzen (vorne spitz zulaufenden) Messer, einer Schere oder mit einer speziellen Stippwalze geschehen, mit der man in einem Zug über das Brot rollt, sodass in exakt regelmäßigen Abständen kleine Löcher in der Teighaut entstehen. Ca. 0,5–1 cm tief sollen diese Löcher schon sein, etwas Druck ist also erforderlich. Die Löcher ermöglichen ein »kontrolliertes« Entweichen der Gärgase und des Wasserdampfes, die zu Beginn des Backprozesses entstehen.

Wird eine rustikale oder/und bemehlte Oberfläche gewünscht, lässt man diesen Arbeitsschritt aus. Die Teighaut reißt dann durch den Ofentrieb an ihren schwächsten Stellen – also vornehmlich am Verschluss – unregelmäßig auf, was diesen Brotsorten ihren jeweils eigenen Charme verleiht: Keins sieht aus wie das andere – ein jedes ist ein kleines Unikat. Bestes Beispiel sind die Holzofenbrote auf Seite 110.

ATTRAKTIVES AUSSEHEN

Um das Aussehen von Broten zu bestimmen, ihnen ein »Gesicht« zu geben, werden sie über das Stippen hinaus mit einem Messer eingeschnitten: Die entstehenden Konturen (Vertiefungen) auf der Brotoberfläche bezeichnet man als Ausbund. Dazu ist unbedingt ein sehr scharfes Messer mit Wellenschliff erforderlich, damit die Teighaut mit einer schnellen, etwas ruckartigen Bewegung ca. 1 bis 2 cm tief eingeschnitten werden kann. Zieht man eine stumpfe Klinge zu langsam durch das Teigstück, droht sich der Teig zu ballen und/oder am Messer zu verkleben. Schlimmstenfalls kann ein hochreifes Brot stark in sich zusammenfallen. Bei süßen Stuten mit Zucker- und Fettanteil empfiehlt sich

Mit der Stippwalze lassen sich auf einem Streich ausreichend viele »Löcher« in die Teighaut einstoßen, damit die Gärgase kontrolliert entweichen können.

Senkrechte Messerführung beim klassischen Längsschnitt durch die Oberfläche des Brotlaibs

Fand die Stückgare direkt auf einem mit Backpapier ausgelegten Blech statt, kann das Brot ohne Umsetzen mit einem Ruck direkt in den Ofen geschossen werden.

das Einschneiden mit einer Schere, die man geöffnet ca. 2 cm tief in den Teig einsticht und dann schließt. Die unterschiedlichen Schnitttechniken dienen wie das Stippen auch dem Entweichen der Gärgase (CO_2).

Brote können mehrfach quer oder einmal längs geschnitten werden. Besonders beim Längsschnitt sollte der Schnitt nicht bis an das Ende des Brotes reichen, sondern 2–3 cm zuvor enden, damit das Brot seine Form bewahren kann und nicht an den Enden aufreißt. Besondere Muster an der Oberfläche erzielt man durch Schnitte über Kreuz, rautenförmige Schnitte oder feine Gitterstrukturen.

Durch die Tiefe des Schnitts lässt sich die Ausprägung des Ausbundes bestimmen. Je tiefer ich schneide, desto markanter und breiter wird die Auswölbung beim fertigen Brot. Ein gutes Beispiel ist das Heidebrot auf Seite 143, wo der Längsschnitt durch das Teigstück beim fertigen Brot ¾ der Oberfläche umfasst. Um beim Heidebrot den Kontrast zwischen bemehlter, sprich weißer Oberfläche an den Seiten und der Kastanienbraunen Farbe des Ausbundes noch zu verstärken, wird der Einschnitt vor dem Einschießen noch mit einem genässten Pinsel abgestrichen. Durch den Ausbund wird auch der Krustenanteil des Brotes bestimmt: Über die Tiefe und Breite der Schnitte sowie über deren Anzahl lässt sich der Krustenanteil erhöhen. Wer die Röstaromen der Kruste beim Brotgenuss besonders liebt, kann so Einfluss auf das Brotaroma nehmen.

Soll ein Brot eine feine Maserung bekommen oder wird es mit dem Verschluss nach oben gebacken wie z. B. das schwäbische Bauernbrot aus dem Holzofen, dann bleiben die genannten Arbeitsschritte und das Einschneiden aus.

VOLLDAMPF VORAUS!

Bei den meisten Brotsorten brauchen wir für ein gutes Backergebnis zu Beginn des Backprozesses Wasserdampf im Backraum. Bäcker nennen den Wasserdampf auch Schwaden. Der Wasserdampf hält die Teighaut länger elastisch und begünstigt die Wärmeübertragung auf den Brotteigling durch Kondensationswärme. Da die meisten Haushaltsöfen keine Dampffunktion besitzen, müssen wir improvisieren: Bevor wir den Ofen aufheizen, setzen wir auf den Ofenboden ein Backblech mit Rand. Dieses Blech heizt sich also mit auf, bis die Zieltemperatur erreicht ist. Hat der Ofen die Zieltemperatur erreicht, schieben wir zuerst die Brote mit einem zweiten Backblech auf die mittlere Schiene des vorgeheizten Ofens und gießen dann heißes Wasser (ca. 50–70 ml) auf das untere, aufgeheizte Backblech. Das funktioniert am einfachsten und sichersten mit einer kleinen Gießkanne. Rund 3–6 Minuten dauert es, bis diese Menge verdunstet ist. Das ist ein idealer Zeitraum, denn während des weiteren Backprozesses soll bei vielen Brotsorten eine eher trockene, ruhende Backatmosphäre herrschen.

Bei Roggen- und Roggenmischbroten empfiehlt es sich daher, die Ofenklappe nach 5–7 Minuten zu öffnen, um restlichen Wasserdampf entweichen zu lassen. Bei weizenbetonten Broten ist das i.d.R. nicht erforderlich, da sie in etwas feuchterer Backatmosphäre backen können. Je nachdem, welche Krustenbeschaffenheit gewünscht wird, sollte aber auch bei ihnen ab der Hälfte bzw. im letzten Drittel der Backzeit eine trockene Backatmosphäre vorherrschen, damit sich – z. B. bei Baguette oder einem rustikalen Landweißbrot – eine rösche, zartsplittrige Kruste ausbilden kann.

Wir haben verschiedene Verfahren zur Dampfgabe ausgetestet, sind aber immer wieder zum heißen Backblech zurückgekehrt. Die große Oberfläche bietet die besten Voraussetzungen für die Dampferzeugung. Je heißer das aufgegossene Wasser ist, desto besser.

Sollten Sie über einen Haushaltsofen mit einer automatischen Wasserdampfgabe verfügen, dann beachten Sie die Anweisungen der Bedienungsanleitung und probieren Sie aus, wie viel Schwaden ihrem Brot guttut.

ZÜGIG EINSCHIEBEN

Das Einschieben sollte schnell vor sich gehen. Die Ofenklappe darf also nur so kurz wie möglich offen stehen, damit nicht zu viel Hitze verloren geht. Backformen lassen sich in kleinere Öfen per Hand schnell auf ein Backblech stellen, können aber auch mit dem Blech eingeschoben werden. Das hat allerdings den Nachteil, dass dann zunächst auch das Blech aufgeheizt werden muss, bevor das Brot überhaupt von unten Hitze bekommt.

»Vorheizen« heißt das Zauberwort – ohne geht gar nichts. Diesen Hinweis haben Sie vielleicht schon

Backformen lassen sich in kleine Öfen auch leicht von Hand einstellen.

Ein kleiner Handschießer erleichtert das Beschicken.

einmal auf der Verpackung einer tiefgefrorenen Pizza gelesen und dann womöglich missachtet, weil es ja schnell gehen sollte. Bei der Pizza funktioniert das – beim selbst gebackenen Brot ist das der Worst Case! Ihr Brot verzeiht Ihnen diese Qual nicht, die Anfangstemperatur muss stimmen.

DIE RICHTIGE BACKATMOSPHÄRE

Von Vorteil sind leistungsstarke Haushaltsbacköfen, bei denen die Temperaturskala bis 270 oder sogar 300 °C reicht, da roggenbetonte Brote bei hohen Anfangstemperaturen besser gelingen. Weizenbrote stellen den Ofen vor weniger große Herausforderungen: Hier reicht eine Anfangstemperatur von etwa 220–250 °C aus, die auch preiswertere Modelle auf jeden Fall erreichen.

Ein Haushaltsofen verfügt in der Regel auch über ein breites Spektrum an möglichen Einstellungen: Ober- und Unterhitze lassen sich meist wahlweise getrennt voneinander oder beide gleichzeitig einschalten. Für das Brotbacken ist die Unterhitze unerlässlich, da wir mit ihr für den Ofentrieb sorgen. Ein Backprogramm nur mit Umluft eignet sich nicht gut zum Brotbacken, nur in Kombination mit Ober- und Unterhitze lässt sich diese Funktion für Brote nutzen.

Was bedeuten die verschiedenen Einstellungen für das Brotbacken?

Zunächst gilt es zwischen einer bewegten und einer ruhenden Backatmosphäre zu unterscheiden, dann kommt die Kondensationswärme noch dazu.

- Bewegte Backatmosphäre: Bei der Umluft handelt es sich um per Lüfterrad bewegte heiße Luft, die recht schnell im Backraum »zirkuliert«. Sie bringt rasch Hitze auf und in das Teigstück, hat aber einen Nachteil: Sie trocknet das Brot aus, weil ähnlich wie beim Wäschetrocknen ein heißer, trockener Sommerwind rasch die Feuchtigkeit verdunsten lässt. Das wiederum wirkt sich nachteilig auf die Saftigkeit der Brotkrume und die Frischhaltung des Brotes aus, weil es in bewegter Backatmosphäre mehr Feuchtigkeit abgibt.

- Ruhende Backatmosphäre: In ruhender Backatmosphäre erfolgt die Wärmeübertragung primär durch Strahlungswärme: Die Heizschlangen eines Haushaltsofens (Ober- und Unterhitze) strahlen Hitze ab, die auf die Oberfläche des Brotteiglings »trifft« und nach und nach von außen nach innen eindringt. Je grobporiger (lockerer) die Teigstruktur, desto schneller wird der Kern des Brotes erreicht. Beim Baguette also schneller als bei Toastbroten, bei weizenbetonten Broten generell schneller als bei roggenbetonten Broten mit kompakterer Krume.

Ober- und Unterhitze sollten wir also auf jeden Fall gleichzeitig zuschalten, um ein möglichst hohes Maß an Strahlungswärme zu erzielen. Die Kombination aus

Rasanter Ofentrieb: Die ersten 5 Minuten des Backprozesses bestimmen die Krumen- und Volumenausbildung, die letzten 5 Minuten bestimmen das Aroma. Wer zu früh auszieht, mindert die Brotqualität durch eine zu geringe Krustenstärke.

beiden Arten der Wärmeübertragung – heiße Umluft und Strahlungshitze – kann zu Beginn des Backprozesses ratsam sein, um eine rasche Wärmeübertragung zu garantieren. Profibäcker schalten die Umluft auch gegen Ende der Backzeit gern ein, um z. B. bei Baguette und Weizenbroten eine stabilere Rösche zu erzielen. Diese Maßnahme ist allerdings auch bei Profiöfen von der Art und Bauweise des Ofens abhängig: Nicht jedes Modell ermöglicht diese Maßnahme.

- Kondensationswärme: Zu Beginn des Backprozesses schlägt sich der heiße Wasserdampf auf der kalten Oberfläche des Brotteiglings nieder. Dadurch wird die Teighaut mit Feuchtigkeit versorgt und bleibt elastisch: Sie kann sich gut ausdehnen, das Brot gewinnt an Volumen. Die Kondensationswärme beschleunigt den Hitzetransport in das Innere des Brotlaibes. Die Wärmeübertragung durch Kondensation erfolgt sehr schnell, da eine hohe Temperaturdifferenz der Teiglingsoberfläche mit etwa 25–30 °C und dem etwa 100 °C heißen Wasserdampf besteht. Das Brot erhält im Ofen schnell eine stabile Form.

BACKEN IM STEINBACKOFEN

Auch beim Backen im Steinbackofen (Elektro-Steinbackofen oder Holzbackofen) wird Kondensationswärme genutzt, obwohl gar kein Wasserdampf gegeben wird: Der Effekt tritt zeitlich verzögert und über einen längeren Zeitraum ein: Die Schamottesteine sind auf Grund ihrer porösen Struktur dazu in der Lage, einen Teil der Eigenfeuchte des Brotteiglings aufzunehmen und während des weiteren Backprozesses wieder abzugeben. Ganz automatisch stellt sich hier in der ersten Hälfte ein feuchtes Backklima ein, in der zweiten Hälfte ein trockenes – genau so, wie es beim Brotbacken sein soll.

In Steinbacköfen herrscht eine ruhende Backatmosphäre, und die Wärmeübertragung erfolgt durch die aufgeheizten Steine sanft und dennoch sehr effektiv. Sie verfügen über eine deutlich höhere Wärmespeicherkapazität als Haushaltsöfen und sind deshalb in der Lage, eine vierte und sehr wertvolle Hitzequelle beim Brotbacken zu nutzen: die Kontaktwärme.

Sie kann nur genutzt werden, wenn das Brot direkt auf der Steinplatte aufliegt. Das Blech eines Haushaltsofens kann da nicht mithalten, da es viel weniger Hitze speichern kann. Durch den direkten Kontakt wird die Hitze des Steins sehr effektiv von unten an den Brotlaib abgegeben, wodurch sich rasch ein stabiler Boden bildet (keine Hohlraumbildung) und der Ofentrieb kräftiger ausfällt: Das Brot erzielt eine sehr schöne Lockerung und die Volumenzunahme fällt höher aus.

Auch die Kruste bildet sich sehr gut aus (Stärke von 4 mm), die Krume trocknet weniger aus, als es in einem Haushaltofen mit zugeschalteter Umluft der Fall ist. Brote mit dickerer Kruste zeichnet generell eine längere Frischhaltung aus, weil die Kruste wie eine schützende Hülle wirkt.

Wir haben die Rezepte dieses Buches in unterschiedlichen Öfen gebacken: im herkömmlichen Haushaltsbackofen, im Steinbackofen und im Holzbackofen. Die Unterschiede fallen deutlich aus, und wer regelmäßig Brot backen will, der wird sicherlich mit einem Steinbackofen liebäugeln, um beste Backergebnisse erzielen zu können.

Beim ersten Backen sammeln Sie Erfahrungswerte über das Backverhalten Ihres Ofens, die Sie sich gut merken sollten. Am besten kurz ins Rezept notieren oder auf einem Zettel in dieses Buch einlegen.

Bei Beginn der Backzeithat sich durch die Verkleisterung der Stärke eine etwa 1 cm starke »Krumen-Schicht« gebildet. Nach etwa 12 Minuten Backzeit hat das Brot bereits einen stabilen Stand, nur der Kern ist noch teigig. Nach rund 20 Minuten Backzeit ist die Verkleisterung fast vollständig abgeschlossen.

ZUSCHAUEN

Wenn Sie Ihre Brote geschoben haben, gönnen Sie sich das Vergnügen, durch die Scheibe zu schauen, um die faszinierende Entwicklung zu beobachten. Und es lohnt ein Blick hinter die Kulissen, was denn da passiert, denn unsere Teigentwicklung tritt jetzt in die entscheidende und äußerst turbulente Phase ein. Das ist so wie beim Finish eines Radrennens über 170 Kilometer, wo am Ende im Sprint der Antritt bei den letzten Metern entscheidet.

PRAXISTIPPS

- *Brote backen am besten in ruhender Backatmosphäre bei gleichzeitig eingeschalteter Ober- und Unterhitze. Zu Beginn und am Ende der Backzeit kann es ratsam sein, zusätzlich die Umluft zuzuschalten, was viele Haushaltsbacköfen erlauben. Zu Beginn beschleunigt die Umluft die Wärmeübertragung und verteilt den Wasserdampf; am Ende des Backprozesses stabilisiert sie die Kruste, macht sie schön knackig – besonders an schwül-warmen Sommertagen eine wichtige Maßnahme, um die Kruste möglichst lange kross zu halten.*
- *Lernen Sie Ihren Ofen kennen: Bei den wenigsten Haushaltsöfen stimmt die angegeben Temperatur der Anzeige mit der tatsächlichen Temperatur im Backraum genau überein. Abweichungen Schwankungen bis zu 10 °C sind selbst bei »Profi-Öfen« nicht selten. Ein Thermometer im Ofen sorgt für Klarheit.*
- *Wenn das Brot von oben zu schnell bräunt, schalten Sie die Oberhitze aus und decken das Brot mit einem Backpapier ab.*

WAS GEHT AB? – DER OFENTRIEB

Kurz nach dem Einschießen in den Ofen explodiert die Hefetätigkeit, weil sie mit den rasch steigenden Temperaturen zur Höchstform aufläuft: In kürzester Zeit produziert sie extrem viel Lockerungsgas (CO_2), das Volumen des Brotes nimmt sichtlich zu. Durch die hohe Anfangshitze von 260–290 °C bei Roggen- und Roggenmischbroten setzt ein rasanter Ofentrieb ein, der Wasserdampf unterstützt die Wärmeübertragung. Die Temperatur an der Teiglingsoberfläche steigt rasch auf bis zu etwa 80 °C an, sodass sich hier in kürzester Zeit (2–3 Minuten) durch die Gerinnung des Eiweißes und die Verkleisterung der Stärke eine elastische, fast

DIE REZEPTE

WISSENSWERTES ZUM UMGANG MIT BROTREZEPTEN

Alle in diesem Buch vorgestellten Rezepte sind in der Praxis erprobt, und je genauer die angegebenen Werte eingehalten werden, desto höher ist die Wahrscheinlichkeit, dass ein gutes Brot gelingt. Nun werden Sie sicher nicht bei allen Angaben diese Idealwerte erreichen. Das ist aber kein Beinbruch, im Praxisteil finden Sie in jedem Kapitel Tipps, welche Maßnahmen Sie ergreifen können, um trotzdem ein gutes Brot zu backen. Ein Beispiel: Ist die Küche zu kalt für die Stückgare, lassen Sie die Brote im Ofen garen, der dazu auf ca. 30 °C vorgeheizt wird. Wenn Ihr Ofen sich nicht so genau einstellen lässt, stellen Sie den Brotteigling auf einen hohen Schrank, wo es 1–2 °C wärmer ist als auf der Anrichte. Vor dem ersten Backen sollten Sie unbedingt den Praxisteil lesen und sich dann mit dem Aufbau eines Brotrezeptes vertraut machen.

1. Zuerst das gesamte Rezept lesen: Es ist beim Brotbacken unabdingbar, erst einmal das gesamte Rezept zu lesen, bevor der Startschuss fällt. Die Rezepte sind logisch aufgebaut und enthalten alle wichtigen Informationen.

2. Rechtzeitig starten: In der linken Spalte finden Sie die erforderlichen Vorbereitungen, die Sie am Tag vor dem Backen oder einige Stunden zuvor erledigen müssen. Z. B., wenn Sie einen Sauerteig führen oder ein Quellstück ansetzen. Anhand der angegebenen Reifezeiten lässt sich erkennen, wann man starten muss.

3. Zutaten temperieren: Alle Zutaten sollten vor der Teigbereitung etwa 20 °C aufweisen, weshalb evtl. im Kühlschrank gelagerte Zutaten (z. B. Butter, aber auch Vorteige oder Quellstücke) rechtzeitig bei Raumtemperatur langsam aufwärmen sollen. Auch das Mehl sollte etwa 20 °C warm sein.

4. Geordnete Zutaten: In der rechten Spalte steht zu Beginn immer oben rechts das Rezept mit den erforderlichen Zutatenliste für die Teigbereitung. Dabei gibt Ihnen die Reihenfolge der Zutaten auch gleich eine Arbeitsanweisung, um im Knetgerät optimal zu starten. Alle Vorstufen wie Vor- und Sauerteige erscheinen hier nun als Zutat des Brotteiges, des sogenannten Hauptteigs. Wir haben die Zugabe zum Hauptteig mit einer kleinen Nummer kenntlich gemacht. Salz und Hefe sollten möglichst aufs Gramm genau dosiert werden.

5. Standard: 1000 Gramm Mehl/Getreidemahlerzeugnisse = 100 %: Bei jedem Rezept in diesem Buch beträgt die Gesamtmenge an eingesetzten Getreidemahlerzeugnissen immer 1000 Gramm. Alle weiteren Zutaten wie Salz oder Hefe sind in ihrer Menge auf diese Bezugsgröße abgestimmt. Da wir uns mit den 1000 Gramm im 10er-System befinden, lassen sich die Rezepte sehr leicht umrechnen, wenn mehr oder weniger Brot gebacken werden soll.

6. Experimentierfreude: Wenn Sie selbst Rezepte entwickeln wollen, empfehlen wir dieses Vorgehen ebenfalls, da so eine gute Grundlage für die Berechnung der weiteren Zutaten gegeben ist (vereinfachte Prozentrechnung).

7. Rezepte richtig verstehen: Dabei gilt es zu beachten, dass z. B. Schrote über ein Kochstück in den Hauptteig gelangen und bereits die erforderliche Wassermenge mitbringen. Wie viel Wasser das Rezept insgesamt enthält, lässt sich also durch die Addition der einzelnen Positionen ermitteln. Dadurch erhalten Sie dann auch die Teigausbeute des Rezeptes.

8. Idealwerte: Bei allen Angaben für die entscheidenden Parameter der Teigführung (Teigtemperatur, Knet-, Gär- und Reifezeiten, etc.) geben wir optimale Werte an, die Sie anstreben sollten. Bei geringen Abweichungen entstehen keine Brotfehler (Toleranzbereich). Bei den angegebenen Knetzeiten gilt es, die Länge dem eingesetzten Gerät anzupassen, aber generell eher länger kneten, als man als Anfänger für nötig hält!

9. Anleitungen zu Kneten, Teigruhe, Formen und Stückgare: Die angegebenen Werte (Zeiten und Temperatur) sind aufeinander abgestimmt: Wurde die Teigtemperatur deutlich überschritten, dann verkürzen Sie die Teigruhe und stellen den Teig kühl. Reagieren Sie mit Ihrem Wissen aus dem Praxisteil immer auf die konkrete Situation.

10. Backzeiten kontrollieren und anpassen: Bei der Angabe der Backzeiten müssen Sie Ihren Ofen kennenlernen, um ihn evtl. 10 °C höher oder tiefer einzustellen. Wir haben sowohl in Stein- und Holzbacköfen als auch in verschiedenen Haushaltsöfen gebacken. Die Ofentypen unterscheiden sich im Backverhalten deutlich.

WEISSBROT

FÜR 3 BROTE
JE ETWA 570 G TEIGGEWICHT
VORBEREITUNG: WEIZENHEFEVORTEIG HERSTELLEN

Weizenhefevorteig herstellen ❶

200 g Weizenmehl, Type 550
ca. 160 ml Wasser
1 g Frischhefe
ca. 361 g Weizenhefevorteig

Soll-Temperatur des Weizenhefevorteigs: ca. 24 °C
Reifezeit: 1 - max. 5 Stunden bei 20-25 °C
Nach der Reifezeit steht der Vorteig zur Herstellung des Hauptteigs bereit oder kann bis zu 3 Tage im Kühlschrank (bei 5 °C) aufbewahrt werden.

Zutaten der Teigbereitung

361 g Weizenhefevorteig ❶
800 g Weizenmehl, Type 550
20 g Salz
20 g Frischhefe
20 g Sonnenblumenöl
10 g Zucker
10 g Malzextrakt
ca. 490 ml Wasser
ca. 1730 g Brotteig

Kneten

Alle Zutaten in der angegebenen Reihenfolge in den Kneter geben und zunächst 6 Minuten langsam, dann 10 Minuten intensiv und schnell kneten. Bei einfachen Rühr- und Knetmaschinen (Eingang-Maschinen): ca. 17 Minuten.
Soll-Temperatur des Teigs: 24-25 °C

Teigruhe, Formen und Gare

Den Teig unter einer Folie oder einem sauberen Tuch 30-35 Minuten in der Küche ruhen lassen. Anschließend in 3 gleich große Stücke portionieren und rundwirken. 5 Minuten entspannen lassen, dann langwirken. Die Brotlaibe in bemehlte Gärkörbe, mit dem Verschluss nach oben ablegen und für 40-50 Minuten auf Gare stellen.
Temperatur für die Gare: 25-30 °C

Backen

Die Brote aus den Gärkörben auf einen leicht bemehlten Backschieber stürzen. Mit Hilfe einer Sprühpistole benetzen oder mit dem Pinsel abstreichen. Mit einem scharfen Wellenschliffmesser das Brot schräg einschneiden und danach in den heißen Ofen schießen.

Im Häussler Holzbackofen:
Bei 280 °C einschießen
Backzeit 30-35 Minuten

Im Häussler Elektro-Steinbackofen:
Bei Oberhitze 280 °C / Unterhitze 190 °C einschießen
Bei ausgeschaltenem Ofen 30-35 Minuten backen

Im herkömmlichen Haushaltsbackofen:
Bei 240 °C einschießen
Nach 5 Minuten auf 200 °C zurückschalten
Backzeit weitere 25-30 Minuten

Nach dem Backen Brote sofort mit Wasser abstreichen. So erhält die Kruste einen schönen Glanz.

TOASTBROT

FÜR 4 BROTE
JE ETWA 450 G TEIGGEWICHT
VORBEREITUNG: WEIZENHEFEVORTEIG HERSTELLEN

Weizenhefevorteig ❶

200 g Weizenmehl, Type 550
ca. 140 ml Wasser
ca. 2 g Frischhefe
ca. 342 g Weizenhefevorteig

Soll-Temperatur des Weizenhefevorteigs: ca. 24 °C
Reifezeit: 1 – max. 5 Stunden bei 20–25 °C
Nach der Reifezeit steht der Vorteig zur Herstellung des Hauptteigs bereit oder kann bis zu 3 Tage im Kühlschrank (bei 5 °C) aufbewahrt werden.

Zutaten der Teigbereitung

342 g Weizenhefevorteig ❶
800 g Weizenmehl, Type 550
100 g Butter
20 g Zucker
20 g Backmalz
20 g Salz
50 g Frischhefe
ca. 440 ml Wasser
ca. 1790 g Brotteig

Kneten

Alle Zutaten in der angegebenen Reihenfolge in den Kneter geben und zunächst 6 Minuten langsam, dann 8 Minuten intensiv und schnell kneten. Bei einfachen Rühr- und Knetmaschinen (Eingang-Maschinen): 16 Minuten.
Soll-Temperatur des Teigs: 25–26 °C

Teigruhe, Formen und Gare

Den Teig unter einer Folie oder einem sauberen Tuch 20–25 Minuten in der Küche ruhen lassen. Anschließend in 4 gleich große Stücke portionieren, erst kräftig rund-, dann sofort langwirken und direkt in gefetteten Toastbrotformen ablegen. Den Teig kräftig in die Form hineindrücken. Für 40–45 Minuten auf Gare stellen.
Temperatur für die Gare: 25–30°C

Backen

Die Deckel der Toastbrotformen schließen und verriegeln. Danach die Formen in den heißen Ofen schießen.

Im Häussler Holzbackofen:
Bei 270 °C einschießen
Backzeit 40–50 Minuten

Im Häussler Elektro-Steinbackofen:
Bei Oberhitze 270 °C / Unterhitze 180 °C einschießen
Bei ausgeschaltenem Ofen 40–50 Minuten backen

Im herkömmlichen Haushaltsbackofen:
Bei 230°C einschießen
Nach 5 Minuten auf 200 °C zurückschalten
Backzeit weitere 35–45 Minuten

SCHWÄBISCHES MILCHBROT

FÜR 4 BROTE
JE ETWA 440 G TEIGGEWICHT
VORBEREITUNG: WEIZENHEFEVORTEIG HERSTELLEN

Weizenhefevorteig ❶

200 g Weizenmehl, Type 550
160 ml Milch
1 g Frischhefe

361 g Weizenhefevorteig

Soll-Temperatur des Weizenhefevorteigs: ca. 24 °C
Reifezeit: 1 – max. 5 Stunden bei 20–25 °C
Nach der Reifezeit steht der Vorteig zur Herstellung des Hauptteigs bereit oder kann bis zu 3 Tage im Kühlschrank (bei 5 °C) aufbewahrt werden.

Zutaten für die Teigbereitung

800 g Weizenmehl
361 g Weizenhefevorteig ❶
80 g Butter
30 g Backmalz
20 g Salz
20 g Frischhefe
ca. 450 g Milch

ca. 1760 g Brotteig

Alle Zutaten in der angegebenen Reihenfolge in den Kneter geben und zunächst 6 Minuten langsam, dann 9 Minuten schnell kneten. Bei einfachen Rühr- und Knetmaschinen (Eingang-Maschinen): ca. 17 Minuten.
Soll-Temperatur des Teigs: ca. 25 °C

Teigruhe, Formen und Gare

Den Teig unter einer Folie oder einem sauberen Tuch 30-40 Minuten in der Küche ruhen lassen, dabei den Teig nach 15 Minuten zusammenschlagen. Nach der Ruhezeit in 4 gleich große Stücke portionieren, diese leicht rundwirken und etwas vorlängen. 15 Minuten abgedeckt ruhen lassen. Danach in gefetteten oder mit Backpapier ausgelegten Kastenformen ablegen und etwas andrücken. 40–45 Minuten auf Gare stellen. Die Milchkapseln nach 35 Minuten mit Wasser bestreichen, längs tief einschneiden (ca. 2 cm) und in den Ofen schieben.
Temperatur für die Gare: 25–30 °C

Backen

Im Häussler Holzbackofen:
Bei 260 °C einschießen
Backzeit 30 Minuten

Im Häussler Elektro-Steinbackofen:
Bei Oberhitze 260 °C/Unterhitze 180 °C einschießen
Bei ausgeschaltenem Ofen 30 Minuten backen

Im herkömmlichen Haushaltsbackofen:
Bei 200 °C einschießen
Nach 5 Minuten auf 190 °C zurückschalten
Backzeit weitere 25 Minuten

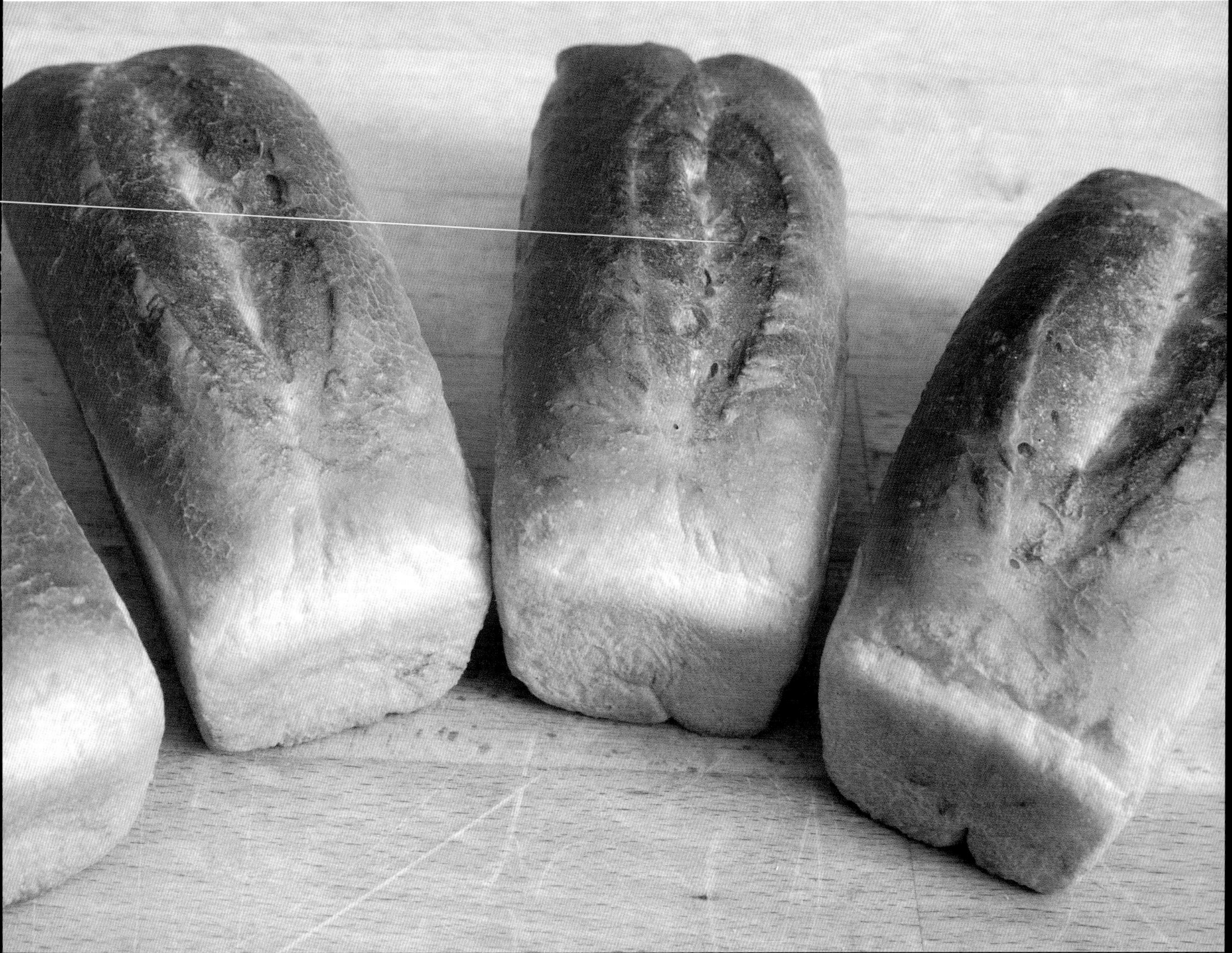

HAFERTOASTBROT

FÜR 4 BROTE
JE ETWA 480 G TEIGGEWICHT
VORBEREITUNG: WEIZENHEFEVORTEIG UND KOCHSTÜCK HERSTELLEN

Weizenhefevorteig ❶

300 g Weizenmehl, Type 550
ca. 240 ml Wasser
ca. 2 g Frischhefe
ca. 542 g Weizenhefevorteig

Soll-Temperatur des Weizenhefevorteigs: ca. 24 °C
Reifezeit: 1 – max. 5 Stunden bei 20–25 °C
Nach der Reifezeit steht der Vorteig zur Herstellung des Hauptteigs bereit oder kann bis zu 3 Tage im Kühlschrank (bei 5 °C) aufbewahrt werden.

Kochstück ❷

250 g Haferflocken
ca. 400 ml Wasser
20 g Salz
670 g Kochstück

Stehzeit: mindestens 5 Stunden
Am besten am Vortag zubereiten, damit es bis zur Teigbereitung quellen und auskühlen kann.

Zutaten der Teigbereitung

542 g Weizenhefevorteig ❶
670 g Kochstück ❷
450 g Weizenmehl, Type 550
50 g Butter
30 ml Sonnenblumenöl
20 g Honig
50 g Frischhefe
ca. 110 ml Wasser
ca. 1920 g Brotteig

Kneten

Alle Zutaten in der angegebenen Reihenfolge in den Kneter geben und zunächst 6 Minuten langsam, dann 8 Minuten intensiv und schnell kneten.Bei einfachen Rühr- und Knetmaschinen (Eingang-Maschinen): 16 Minuten.
Soll-Temperatur des Teigs: 25–26 °C

Teigruhe, Formen und Gare

Den Teig unter einer Folie oder einem sauberen Tuch 20–25 Minuten in der Küche ruhen lassen. Anschließend in 4 gleich große Stücke portionieren, erst rund-, dann sofort langwirken und direkt in gefetteten Toastbrotformen ablegen. Den Teig kräftig in die Form hineindrücken. Für 40–45 Minuten auf Gare stellen.
Temperatur für die Gare: 25–30°C

Backen

Die Deckel der Toastbrotformen schließen und verriegeln. Danach die Formen in den heißen Ofen schießen.

Im Häussler Holzbackofen:
Bei 270 °C einschießen
Backzeit 40–50 Minuten

Im Häussler Elektro-Steinbackofen:
Bei Oberhitze 270 °C / Unterhitze 180 °C einschießen
Bei ausgeschaltenem Ofen 40–50 Minuten backen

Im herkömmlichen Haushaltsbackofen:
Bei 230 °C einschießen
Nach 5 Minuten auf 200 °C zurückschalten
Backzeit weitere 35–45 Minuten

LANDWEISSBROT

FÜR 2 BROTE
JE ETWA 930 G TEIGGEWICHT
VORBEREITUNG: WEIZENHEFEVORTEIG UND KOCHSTÜCK HERSTELLEN

Weizenhefevorteig ❶

210 g Weizenmehl, Type 550
ca. 170 ml Wasser
ca. 1 g Frischhefe
ca. 381 g Weizenhefevorteig

Soll-Temperatur des Weizenhefevorteigs: ca. 24 °C
Reifezeit: 1 - max. 5 Stunden bei 20–25 °C Nach der Reifezeit steht der Vorteig zur Herstellung des Hauptteigs bereit oder kann bis zu 3 Tage im Kühlschrank (bei 5 °C) aufbewahrt werden.

Kochstück ❷

100 g Hartweizengrieß
ca. 300 ml Wasser
400 g Kochstück

Stehzeit: mindestens 5 Stunden
Am besten am Vortag zubereiten, damit es bis zur Teigbereitung quellen und auskühlen kann.

Zutaten der Teigbereitung

381 g Weizenhefevorteig ❶
400 g Kochstück ❷
490 g Weizenmehl, Type 550
200 g Weizenmehl, Type 1050
20 g Salz
10 g Frischhefe
ca. 360 ml Wasser
ca. 1860 g Brotteig

Kneten

Alle Zutaten in der angegebenen Reihenfolge in den Kneter geben und zunächst 6 Minuten langsam, dann 8 Minuten intensiv und schnell kneten. Bei einfachen Rühr- und Knetmaschinen (Eingang-Maschinen): 16 Minuten.
Soll-Temperatur des Teigs: 24–25 °C

Teigruhe, Formen und Gare

Den Teig unter einer Folie oder einem sauberen Tuch 3 Stunden in der Küche ruhen lassen. Anschließend in 2 gleich große Stücke portionieren und rundwirken, mit dem Verschluss nach unten in bemehlten Gärkörben ablegen und für 80–90 Minuten auf Gare stellen.
Temperatur für die Gare: 25–30 °C

Backen

Die Brote aus den Gärkorben auf einen leicht bemehlten Backschieber stürzen und in den heißen Ofen schießen.

Im Häussler Holzbackofen:
Bei 290 °C einschießen
Backzeit 45 Minuten

Im Häussler Elektro-Steinbackofen:
Bei Oberhitze 290 °C / Unterhitze 200 °C einschießen
Bei ausgeschaltenem Ofen 45 Minuten backen

Im herkömmlichen Haushaltsbackofen:
Bei 260 °C einschießen
Nach 5 Minuten auf 210 °C zurückschalten
Backzeit weitere 40 Minuten

BAUERNBROT RUSTIKAL

FÜR 3 BROTE
JE ETWA 560 G TEIGGEWICHT
VORBEREITUNG: ROGGENSAUERTEIG UND WEIZENHEFEVORTEIG HERSTELLEN

Roggensauerteig (Einstufige Führung) ❶

200 g Roggenmehl, Type 997
20 g Starterkultur/Anstellgut
bzw. Sauerteig-Starterkultur nach Angaben des Herstellers
ca. 200 ml Wasser

ca. 420 g Roggensauerteig
oder die entsprechende Menge Fertigsauerteig, nach Angaben des Herstellers

Soll-Temperatur des Sauerteigs: 24–27 °C
15–22 Stunden reifen lassen

Weizenhefevorteig ❷

150 g Weizenmehl, Type 1050
150 ml Wasser
1 g Frischhefe

301 g Weizenhefevorteig

Soll-Temperatur des Weizenhefevorteigs: ca. 24 °C
Reifezeit: 1 – max. 5 Stunden bei 20–25 °C
Nach der Reifezeit steht der Vorteig zur Herstellung des Hauptteigs bereit oder kann bis zu 3 Tage im Kühlschrank (bei 5 °C) aufbewahrt werden.

Zutaten der Teigbereitung

420 g Roggensauerteig ❶
301 g Weizenhefevorteig ❷
500 g Weizenmehl, Type 550
150 g Weizenmehl, Type 1050
18 g Salz
15 g Frischhefe
ca. 300 ml Wasser

ca. 1700 g Brotteig

Kneten

Alle Zutaten in der angegebenen Reihenfolge in den Kneter geben und zunächst 6 Minuten langsam, dann 8 Minuten intensiv und schnell kneten.
Bei einfachen Rühr- und Knetmaschinen (Eingang-Maschinen): 16 Minuten.
Soll-Temperatur des Teigs: 25–26 °C

Teigruhe, Formen und Gare

Den Teig unter einer Folie oder einem sauberen Tuch ca. 30 Minuten in der Küche ruhen lassen. Anschließend in 3 gleich große Stücke portionieren und rundwirken. Die Brotlaibe in bemehlten Gärkörben, mit dem Verschluss nach oben ablegen und für 60 Minuten auf Gare stellen.
Temperatur für die Gare: 25–30 °C

Backen

Die Brote aus den Gärkorben auf einen leicht bemehlten Backschieber stürzen. Mit einem Messer ca. 1 cm tief über kreuz einschneiden und in den heißen Ofen schießen.

Im Häussler Holzbackofen:
Bei 280 °C einschießen
Backzeit 40-50 Minuten

Im Häussler Elektro-Steinbackofen:
Bei Oberhitze 280 °C / Unterhitze 190 °C einschießen
Bei ausgeschaltenem Ofen 40-50 Minuten backen

Im herkömmlichen Haushaltsbackofen:
Bei 255 °C einschießen
Nach 5 Minuten auf 210 °C zurückschalten
Backzeit weitere 35–45 Minuten

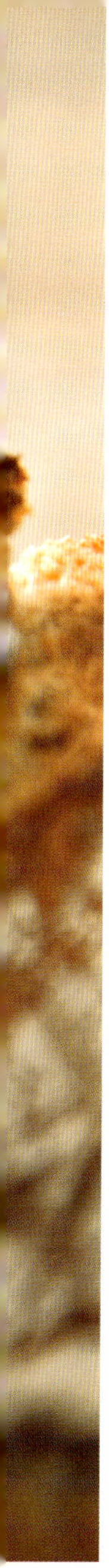

LANDBROT RUSTIKAL

FÜR 2 BROTE
JE ETWA 910 G TEIGGEWICHT
VORBEREITUNG: ROGGENSAUERTEIG UND WEIZENHEFEVORTEIG HERSTELLEN

Roggensauerteig (Einstufige Führung) ❶

200 g Roggenmehl, Type 1370
20 g Starterkultur/Anstellgut
bzw. Sauerteig-Starterkultur nach Angaben des Herstellers
ca. 200 ml Wasser

ca. 440 g Roggensauerteig
oder die entsprechende Menge Fertigsauerteig, nach Angaben des Herstellers

Soll-Temperatur des Sauerteigs: 24–27 °C
15–22 Stunden reifen lassen

Weizenhefevorteig ❷

240 g Weizenmehl, Type 1050 oder 550
ca. 190 ml Wasser
1 g Frischhefe

431 g Weizenhefevorteig

Soll-Temperatur des Weizenhefevorteigs: ca. 24 °C
Reifezeit: 1 – max. 5 Stunden bei 20–25 °C Nach der Reifezeit steht der Vorteig zur Herstellung des Hauptteigs bereit oder kann bis zu
3 Tage im Kühlschrank (bei 5 °C) aufbewahrt werden.

Zutaten der Teigbereitung

440 g Roggensauerteig ❶
431 g Weizenhefevorteig ❷
560 g Weizenmehl, Type 1050 oder 550
20 g Salz
10 g Frischhefe
ca. 350 ml Wasser

ca. 1820 g Brotteig

Kneten

Alle Zutaten in der angegebenen Reihenfolge in den Kneter geben und zunächst 6 Minuten langsam, dann 6 Minuten intensiv und schnell kneten. Bei einfachen Rühr- und Knetmaschinen (Eingang-Maschinen): 15 Minuten.
Soll-Temperatur des Teigs: 24 °C

Teigruhe, Formen und Gare

Den Teig unter einer Folie oder einem sauberen Tuch ca. 3 Stunden in der Küche ruhen lassen. Während der Teigruhe 1–2-mal zusammenschlagen. Anschließend in 2 gleich große Stücke portionieren, leicht rundwirken und nur vorsichtig langwirken. Die Brotlaibe in bemehlten Gärkörben mit dem Verschluss nach oben ablegen und für 20 Minuten auf Gare stellen.
Temperatur für die Gare: 25–30 °C

Backen

Die Brote aus den Gärkorben auf einen leicht bemehlten Backschieber stürzen. Mit einem Messer an einer Seite tief einschneiden und in den heißen Ofen schießen.

Im Häussler Holzbackofen:
Bei 290 °C einschießen
Backzeit 55–60 Minuten

Im Häussler Elektro-Steinbackofen:
Bei Oberhitze 290 °C / Unterhitze 200 °C einschießen
Bei ausgeschaltenem Ofen 55–60 Minuten backen

Im herkömmlichen Haushaltsbackofen:
Bei 260 °C einschießen
Nach 5 Minuten auf 210 °C zurückschalten
Backzeit weitere 50–55 Minuten

GENETZTES SCHWÄBISCHES BAUERNBROT

FÜR 3 BROTE
JE ETWA 630 G TEIGGEWICHT
VORBEREITUNG: KARTOFFELN KOCHEN UND AUSKÜHLEN LASSEN

Zutaten für die Teigbereitung

700 g Weizenmehl, Type 1050
150 g Weizenmehl, Type 550
150 g Roggenmehl
25 g Frischhefe
20 g Salz
100 g gekochte Kartoffeln, ausgekühlt
15 g Honig
2 g Pfeffer
3 g Brotgewürz
ca. 750 ml Wasser

ca. 1910 g Brotteig

Kneten

Alle Zutaten in der angegebenen Reihenfolge in den Kneter geben, ca. 100 ml Wasser zurückbehalten. Zunächst 7 Minuten langsam, dann 6 Minuten intensiv und schnell kneten. Das restliche Wasser während des Knetens nach und nach zugeben.
Bei einfachen Rühr- und Knetmaschinen (Eingang-Maschinen): 15 Minuten.
Soll-Temperatur des Teigs: 24–25 °C

Teigruhe, Formen, Gare und Backen

Den Teig unter einer Folie oder einem sauberen Tuch 2 Stunden in der Küche ruhen lassen. Anschließend den Teig mit nassen Händen ausbrechen, in der Hand zu runden Laiben formen und in eine genässte Einnetzschüssel geben. Auf die Oberfläche etwas Kleie streuen und das Brot mit der Einnetzschüssel direkt in den Ofen umstürzen.

Backen

Im Häussler Holzbackofen:
Bei 280 °C einschießen
Backzeit 50–55 Minuten

Im Häussler Elektro-Steinbackofen:
Bei Oberhitze 280 °C / Unterhitze 190 °C einschießen
Bei ausgeschaltenem Ofen 50-55 Minuten backen

Im herkömmlichen Haushaltsbackofen:
Bei 260 °C einschießen
Nach 15 Minuten auf 190 °C zurückschalten
Backzeit weitere 35–40 Minuten

REINES ROGGENBROT
OHNE HEFE

FÜR 3 BROTE
JE ETWA 650 G TEIGGEWICHT
VORBEREITUNG: ROGGENSAUERTEIG HERSTELLEN

Roggensauerteig (Einstufige Führung) ❶
435 g Roggenmehl, Type 1150
45 g Starterkultur/Anstellgut
bzw. Sauerteig-Starterkultur nach Angaben des Herstellers
ca. 350 ml Wasser

ca. 830 g Roggensauerteig
oder die entsprechende Menge Fertigsauerteig, nach Angaben des Herstellers

Soll-Temperatur des Sauerteigs: 24–27 °C
15–22 Stunden reifen lassen

Zutaten der Teigbereitung
830 g Roggensauerteig ❶
570 g Roggenmehl, Type 1150
20 g Salz
ca. 510 ml Wasser

ca. 1930 g Brotteig

Kneten
Alle Zutaten in der angegebenen Reihenfolge in den Kneter geben und 15–20 Minuten langsam kneten.
Soll-Temperatur des Teigs: 26–27 °C

Teigruhe, Formen und Gare
Den Teig unter einer Folie oder einem sauberen Tuch ca. 40 Minuten in der Küche ruhen lassen. Anschließend in 3 gleich große Stücke portionieren, rundwirken und vorsichtig langwirken. Die Brotlaibe in bemehlten Gärkörben mit dem Verschluss nach oben ablegen und für 40–45 Minuten auf Gare stellen.
Temperatur für die Gare: 25–30 °C

Backen
Die Brote aus den Gärkörben auf einen leicht bemehlten Backschieber stürzen. Mit einem Messer ca. 1 cm tief einschneiden und in den heißen Ofen schieben.

Im Häussler Holzbackofen:
Bei 290 °C einschießen
Backzeit 50 Minuten

Im Häussler Elektro-Steinbackofen:
Bei Oberhitze 290 °C / Unterhitze 190 °C einschießen
Bei ausgeschaltenem Ofen 50 Minuten backen

Im herkömmlichen Haushaltsbackofen:
Bei 260 °C einschießen
Nach 5 Minuten auf 210 °C zurückschalten
Backzeit weitere 45 Minuten

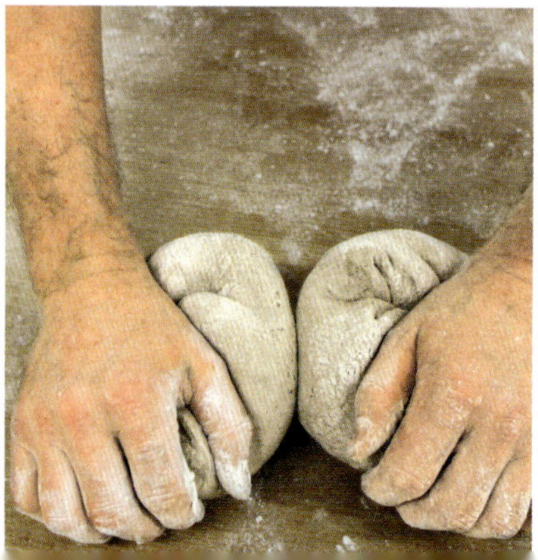

KOSAKENBROT

FÜR 3 BROTE
JE ETWA 620 G TEIGGEWICHT
VORBEREITUNG: ROGGENSAUERTEIG HERSTELLEN

Roggensauerteig (Einstufige Führung) ❶
360 g Roggenmehl, Type 1150
ca. 35 g Starterkultur/Anstellgut
bzw. Sauerteig-Starterkultur nach Angaben des Herstellers
ca. 300 ml Wasser

695 g Roggensauerteig
oder entsprechende Menge Fertigsauerteig, siehe Angaben des Herstellers

Soll-Temperatur des Roggensauerteigs: 24–27 °C
15–22 Stunden reifen lassen

Zutaten der Teigbereitung
695 g Roggensauerteig ❶
540 g Roggenmehl, Type 1150
100 g Weizenmehl, Type 550
20 g Salz
15 g Frischhefe
ca. 500 ml Wasser

ca. 1870 g Brotteig

Kneten

Alle Zutaten in der angegebenen Reihenfolge in den Kneter geben und etwa 20 Minuten langsam kneten.
Soll-Temperatur des Teigs: 26–27 °C

Teigruhe, Formen und Gare

Den Teig unter einer Folie oder einem sauberen Tuch 30–35 Minuten in der Küche ruhen lassen. Anschließend in 3 gleich große Stücke portionieren, rundwirken und in Roggenmehl etwas langrollen. Die Teigstücke jeweils mit dem Verschluss nach unten in einer gefetteten Kastenform ablegen und für ca. 40 Minuten auf Gare stellen.
Temperatur für die Gare: 25–30 °C

Backen

Im Häussler Holzbackofen:
Bei 280 °C einschießen
Backzeit 60-70 Minuten

Im Häussler Elektro-Steinbackofen:
Bei Oberhitze 280 °C/Unterhitze 190 °C einschießen
Bei ausgeschaltenem Ofen 60-70 Minuten backen

Im herkömmlichen Haushaltsbackofen:
Bei 270 °C einschießen
Nach 5 Minuten auf 210 °C zurückschalten
Backzeit weitere 55–60 Minuten

ROGGENRAUTE

FÜR 3 BROTE
JE ETWA 620 G TEIGGEWICHT
VORBEREITUNG: ROGGENSAUERTEIG HERSTELLEN

Roggensauerteig (Einstufige Führung) ❶

335 g Roggenmehl, Type 1150
35 g Starterkultur/Anstellgut
bzw. Sauerteig-Starterkultur nach Angaben des Herstellers
ca. 270 ml Wasser

640 g Roggensauerteig
oder entsprechende Menge Fertigsauerteig, siehe Angaben des Herstellers

Soll-Temperatur des Roggensauerteigs: 24–27 °C
15–22 Stunden reifen lassen

Zutaten der Teigbereitung

640 g Roggensauerteig ❶
490 g Roggenmehl, Type 1150
200 g Weizenmehl, Type 550
20 g Salz
10 g Frischhefe
ca. 520 ml Wasser

ca. 1880 g Brotteig

Kneten

Alle Zutaten in der angegebenen Reihenfolge in den Kneter geben und etwa 20 Minuten langsam kneten.
Soll-Temperatur des Teigs: 26–27 °C

Teigruhe, Formen und Gare

Den Teig unter einer Folie oder einem sauberen Tuch 30–35 Minuten in der Küche ruhen lassen. Anschließend in 3 gleich große Stücke portionieren und rundwirken. Die Brotlaibe in Gärkörben mit dem Teigschluss nach unten ablegen und für 40–45 Minuten auf Gare stellen.
Temperatur für die Gare: 25–30 °C

Backen

Die Brote von Hand vorsichtig aus den Gärkörben nehmen und mit dem Teigschluss nach unten auf einen leicht bemehlten Backschieber setzen. Mit einem Messer rautenförmig einschneiden und in den heißen Ofen schießen.

Im Häussler Holzbackofen:
Bei 280 °C einschießen
Backzeit 45 Minuten

Im Häussler Elektro-Steinbackofen:
Bei Oberhitze 280 °C / Unterhitze 190 °C einschießen
Bei ausgeschaltenem Ofen 45 Minuten backen

Im herkömmlichen Haushaltsbackofen:
Bei 255 °C einschießen
Nach 5 Minuten auf 210 °C zurückschalten
Backzeit weitere 40 Minuten

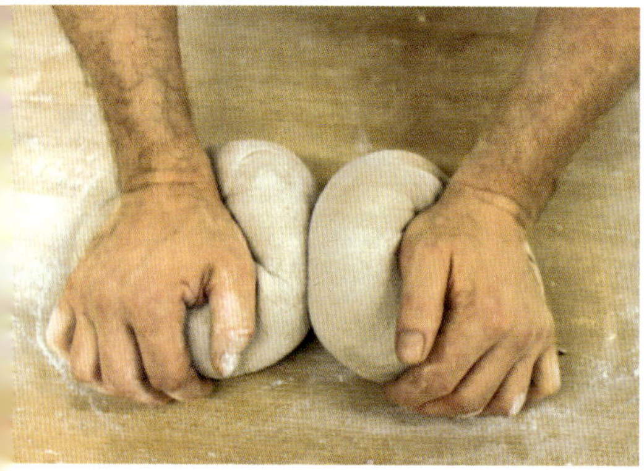

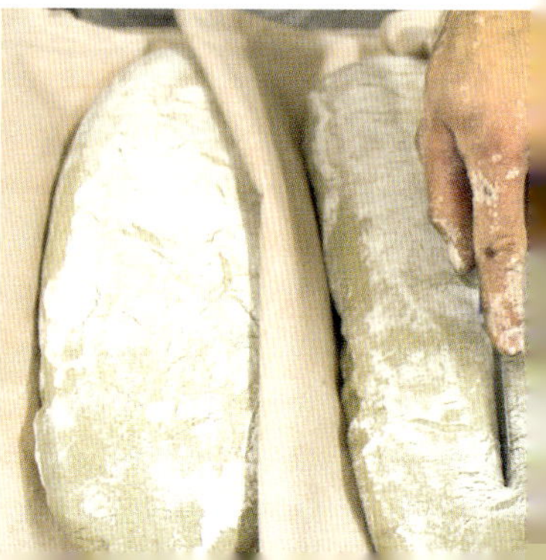

ROGGENMISCHBROT
NACH HEIDEART

FÜR 2 BROTE
JE ETWA 900 G TEIGGEWICHT
VORBEREITUNG: ROGGENSAUERTEIG HERSTELLEN

Roggensauerteig (Einstufige Führung) ❶
240 g Roggenmehl, Type 1150
24 g Starterkultur/Anstellgut
bzw. Sauerteig-Starterkultur nach Angaben des Herstellers
ca. 190 ml Wasser
454 g Roggensauerteig
oder die entsprechende Menge Fertigsauerteig, nach Angaben des Herstellers

Solltemperatur des Roggensauerteigs: 24–27 °C
15–22 Stunden reifen lassen

Zutaten für die Teigbereitung
454 g Roggensauerteig ❶
360 g Roggenmehl, Type 1150
400 g Weizenmehl, Type 550
20 g Salz
10 g Frischhefe
ca. 550 ml Wasser
ca. 1790 g Brotteig

Kneten
Alle Zutaten in der angegebenen Reihenfolge in den Kneter geben und 15–20 Minuten langsam kneten.
Soll-Temperatur des Teigs: 26–27 °C

Teigruhe, Formen und Gare
Den Teig unter einer Folie oder einem sauberen Tuch ca. 25 Minuten in der Küche ruhen lassen. Anschließend in 2 gleich große Stücke portionieren, erst rund-, dann langwirken. Die Brotlaibe mit dem Verschluss nach oben auf ein stark mit Roggenmehl eingestaubtes Brett setzen, nach 25 Minuten mit dem Verschluss nach unten auf ein bemehltes Leinentuch umsetzen. Dafür das Tuch mit Mehl bestreuen und den ersten Brotlaib rechts außen aufsetzen. Den zweiten Laib etwa 40 cm (je nach Brotgröße) links daneben setzen und diesen Laib mit dem Tuch an den ersten Laib heranziehen, sodass das Leinentuch die beiden Brote komplett trennt und etwa 1 cm zwischen den Broten Platz bleibt. Die Brote mit einem scharfen Messer längs etwa 2 cm tief einschneiden. Nochmals ca. 30 Minuten ruhen lassen.
Temperatur für die Gare: 25–30 °C

Backen
Die Brote der Länge nach oder quer einschneiden und vom Leinentuch auf einen leicht bemehlten Backschieber legen und in den heißen Ofen schießen.

Im Häussler Holzbackofen:
Bei 290 °C einschießen
Backzeit 50 Minuten

Im Häussler Elektro-Steinbackofen:
Bei Oberhitze 290 °C/Unterhitze 180 °C einschießen
Bei ausgeschaltenem Ofen 50 Minuten backen

Im herkömmlichen Haushaltsbackofen:
Bei 270 °C einschießen
Nach 5 Minuten auf 210 °C zurückschalten
Backzeit weitere 45 Minuten

BERLINER BROT

FÜR 3 BROTE
JE ETWA 600 G TEIGGEWICHT
VORBEREITUNG: ROGGENSAUERTEIG HERSTELLEN

Roggensauerteig (Einstufige Führung) ❶

280 g Roggenmehl, Type 1150
28 g Starterkultur/Anstellgut
bzw. Sauerteig-Starterkultur nach Angaben des Herstellers
ca. 280 ml Wasser

588 g Roggensauerteig
oder die entsprechende Menge Fertigsauerteig, nach Angaben des Herstellers

Solltemperatur des Roggensauerteigs: 24–27 °C
15–22 Stunden reifen lassen

Zutaten der Teigbereitung

588 g Roggensauerteig ❶
420 g Roggenmehl, Type 1150
300 g Weizenmehl, Type 550
20 g Salz
10 g Frischhefe
ca. 490 ml Wasser

ca. 1820 g Brotteig

Kneten

Alle Zutaten in der angegebenen Reihenfolge in den Kneter geben und 15–20 Minuten langsam kneten.
Soll-Temperatur des Teigs: 27 °C

Teigruhe, Formen und Gare

Den Teig unter einer Folie oder einem sauberen Tuch ca. 30 Minuten in der Küche ruhen lassen. Anschließend in 3 gleich große Stücke portionieren, erst rund-, dann langwirken. Auf die leicht bemehlte Arbeitsplatte legen und für etwa 30 Minuten auf Gare stellen.
Temperatur für die Gare: 25–30 °C

Backen

Brote auf einen leicht bemehlten Backschieber legen und in den heißen Ofen schießen.

Im Häussler Holzbackofen:
Bei 290 °C einschießen
Backzeit 45 Minuten

Im Häussler Elektro-Steinbackofen:
Bei Oberhitze 290 °C/Unterhitze 180 °C einschießen
Bei ausgeschaltenem Ofen 45 Minuten backen

Im herkömmlichen Haushaltsbackofen:
Bei 265 °C einschießen
Nach 5 Minuten auf 210 °C zurückschalten
Backzeit weitere 40 Minuten

MOLKEBROT

FÜR 3 BROTE
JE ETWA 590 G TEIGGEWICHT
VORBEREITUNG: WEIZENHEFEVORTEIG HERSTELLEN

Weizenhefevorteig ❶

100 g Weizenmehl, Type 550
ca. 80 ml Wasser
1 g Frischhefe

181 g Weizenhefevorteig

Soll-Temperatur des Weizenhefevorteigs: ca. 24 °C
Reifezeit: 1 - max. 5 Stunden bei 20–25 °C Nach der Reifezeit steht der Vorteig zur Herstellung des Hauptteigs bereit oder kann bis zu 3 Tage im Kühlschrank (bei 5 °C) aufbewahrt werden.

Zutaten der Teigbereitung

181 g Weizenhefevorteig ❶
600 g Roggenmehl, Type 1150
300 g Weizenmehl, Type 550
20 g Salz
30 g Frischhefe
ca. 650 ml Molke

ca. 1780 g Brotteig

Kneten

Alle Zutaten in der angegebenen Reihenfolge in den Kneter geben und etwa 16 Minuten langsam kneten.
Soll-Temperatur des Teigs: 26–27 °C

Teigruhe, Formen und Gare

Den Teig unter einer Folie oder einem sauberen Tuch ca. 30 Minuten in der Küche ruhen lassen. Anschließend in 3 gleich große Stücke portionieren und rundwirken. Leicht mit Kartoffelmehl abstäuben. Auf die leicht bemehlte Arbeitsplatte legen und für etwa 35 Minuten auf Gare stellen.
Temperatur für die Gare: 25–30 °C

Backen

Die Brote auf einen leicht bemehlten Backschieber legen, einmal längs oder mehrfach quer einschneiden und in den heißen Ofen schießen.

Im Häussler Holzbackofen:
Bei 280 °C einschießen
Backzeit 40 Minuten

Im Häussler Elektro-Steinbackofen:
Bei Oberhitze 280 °C / Unterhitze 190 °C einschießen
Bei ausgeschaltenem Ofen 40 Minuten backen

Im herkömmlichen Haushaltsbackofen:
Bei 245 °C einschießen
Nach 5 Minuten auf 200 °C zurückschalten
Backzeit weitere 35 Minuten

WEIZENVOLLKORN-MEHLBROT

FÜR 2 BROTE
JE ETWA 880 G TEIGGEWICHT
VORBEREITUNG: WEIZENHEFEVORTEIG UND WEIZENSAUERTEIG HERSTELLEN

Weizenhefevorteig ❶

200 g Weizenvollkornmehl
160 ml Wasser
1 g Frischhefe
361 g Weizenhefevorteig

Soll-Temperatur des Weizenhefevorteigs: ca. 24 °C
Reifezeit: 1 - max. 5 Stunden bei 20–25 °C
Nach der Reifezeit steht der Vorteig zur Herstellung des Hauptteigs bereit oder kann bis zu 3 Tage im Kühlschrank (bei 5 °C) aufbewahrt werden.

Weizensauerteig ❷

100 g Weizenvollkornmehl
80 ml Wasser
1 g Frischhefe
oder Sauerteig-Starterkultur nach Angaben des Herstellers
181 g Weizensauerteig

Soll-Temperatur des Weizensauerteigs: ca. 28 °C
Reifezeit: 10–16 Stunden bei 25–28 °C

Zutaten der Teigbereitung

361 g Weizenhefevorteig ❶
181 g Weizensauerteig ❷
700 g Weizenvollkornmehl
20 ml Rapsöl
20 g Salz
20 g Frischhefe
460 ml Wasser
ca. 1760 g Brotteig

Kneten

Alle Zutaten in der angegebenen Reihenfolge in den Kneter geben, 6 Minuten langsam, dann 8 Minuten schnell kneten. Bei einfachen Rühr- und Knetmaschinen: (Eingang-Maschinen): 16 Minuten.
Soll-Temperatur des Teigs: 25–26 °C

Teigruhe, Formen und Gare

Den Teig unter einer Folie oder einem sauberen Tuch 40–50 Minuten in der Küche ruhen lassen. Anschließend in 2 gleich große Stücke portionieren, rundwirken und in bemehlten Gärkörben, mit dem Verschluss nach oben, ablegen. Für 40–45 Minuten auf Gare stellen.
Temperatur für die Gare: 25–30 °C

Backen

Die Brote aus den Gärkörben auf einen leicht bemehlten Backschieber stürzen und in den heißen Ofen schießen.

Im Häussler Holzbackofen:
Bei 280 °C einschießen
Backzeit 45 Minuten

Im Häussler Elektro-Steinbackofen:
Bei Oberhitze 280 °C / Unterhitze 190 °C einschießen
Bei ausgeschaltenem Ofen 45 Minuten backen

Im herkömmlichen Haushaltsbackofen:
Bei 260 °C einschießen
Nach 5 Minuten auf 210 °C zurückschalten
Backzeit weitere 40 Minuten

ROGGENVOLLKORNSCHROTBROT
MIT WALNUSS UND CRANBERRY

FÜR 2 BROTE
JE ETWA 1250 G TEIGGEWICHT
VORBEREITUNG: ROGGENSAUERTEIG UND QUELLSTÜCK HERSTELLEN

Roggensauerteig (Einstufige Führung) ❶

200 g Roggenvollkornmehl
150 g Roggenkörner, frisch gequetscht
20 g Starterkultur/Anstellgut
bzw. Sauerteig-Starterkultur nach Angaben des Herstellers
ca. 400 ml Wasser

ca. 770 g Roggensauerteig
oder die entsprechende Menge Fertigsauerteig, nach Angaben des Herstellers

Soll-Temperatur des Sauerteigs: 24–27 °C
15–22 Stunden reifen lassen

Quellstück ❷

550 g Roggenkörner, frisch gequetscht
ca. 550 ml Wasser
22 g Salz

ca. 1122 g Quellstück

Stehzeit: mindestens 5 Stunden
Am besten am Vortag zubereiten, damit es bis zur Teigbereitung quellen kann.

Zutaten der Teigbereitung

770 g Roggensauerteig ❶
1122 g Quellstück ❷
100 g Weizenmehl, Type 550
20 g Frischhefe
250 g Walnüsse
250 g Cranberrys

ca. 2510 g Brotteig

Kneten

Sauerteig, Quellstück, Weizenmehl und Hefe in der angegebenen Reihenfolge in den Kneter geben, ca. 20 Minuten langsam kneten, dann Walnüsse und Cranberrys zugeben und nochmals ca. 10 Minuten langsam kneten.
Soll-Temperatur des Teigs: 27–29 °C

Teigruhe, Formen und Gare

Den Teig unter einer Folie oder einem sauberen Tuch 45–60 Minuten in der Küche ruhen lassen. Anschließend in 2 gleich große Stücke portionieren. Den Arbeitstisch gut mit Wasser benetzen, die Brote mit nassen Händen rundwirken, kurz langstoßen und in Roggenschrot oder Haferflocken wälzen. Mit dem Verschluss nach unten in gefetteten Kastenformen ablegen. Für 30–40 Minuten auf Gare stellen.
Temperatur für die Gare: 25–30 °C

Backen

Die Brote in den heißen Ofen schießen und mit einem Backblech (kein gelochtes) abdecken.

Im Häussler Holzbackofen:
Bei 260 °C einschießen
Backzeit 3–3,5 Stunden

Im Häussler Elektro-Steinbackofen:
Bei Oberhitze 260 °C / Unterhitze 170 °C einschießen
Bei ausgeschaltenem Ofen 3–3,5 Stunden

Im herkömmlichen Haushaltsbackofen:
Bei 250 °C einschießen
Nach 5 Minuten auf 180 °C zurückschalten
Backzeit Ofen 3–3,5 Stunden

DINKELVOLLKORNBROT

FÜR 2 BROTE
JE ETWA 1000 G TEIGGEWICHT
VORBEREITUNG: DINKELVOLLKORNSAUERTEIG UND KOCHSTÜCK HERSTELLEN

Dinkelvollkornsauerteig ❶
200 g Dinkelvollkornmehl
20 g Starterkultur/Anstellgut
bzw. Sauerteig-Starterkultur nach Angaben des Herstellers
ca. 180 ml Wasser

ca. 400 g Dinkelvollkornsauerteig
oder die entsprechende Menge Fertigsauerteig, nach Angaben des Herstellers

Soll-Temperatur des Sauerteigs: 24–27 °C
12–18 Stunden reifen lassen

Kochstück ❷
200 g Dinkelvollkornschrot
25 g Sonnenblumenkerne
25 g Leinsamen
ca. 370 ml Wasser
25 g Salz

645 g Kochstück

Stehzeit: mindestens 5 Stunden
Am besten am Vortag zubereiten, damit es bis zur Teigbereitung quellen und auskühlen kann.

Zutaten der Teigbereitung
400 g Dinkelvollkornsauerteig ❶
645 g Kochstück ❷
500 g Dinkelvollkornmehl
100 g Dinkelmehl
20 g Frischhefe
ca. 350 ml Wasser

ca. 2015 g Brotteig

Kneten
Alle Zutaten in der angegebenen Reihenfolge in den Kneter geben, 8 Minuten langsam mischen, dann 12 Minuten intensiv kneten. Bei einfachen Rühr- und Knetmaschinen (Eingang-Maschinen): 20 Minuten.
Soll-Temperatur des Teigs: 26 °C

Teigruhe, Formen und Gare
Den Teig unter einer Folie oder einem sauberen Tuch 30–40 Minuten in der Küche ruhen lassen. Den sehr weichen, fast fließenden Teig in 2 gleich große Stücke portionieren, auf einen intensiv genässten Tisch geben und mit feuchten Händen kurz rund formen. Anschließend in Dinkelflocken wälzen und mit dem Verschluss nach unten in gefetteten Kastenformen ablegen. Für etwa 35–40 Minuten auf Gare stellen, dabei nach etwa 20 Minuten einschneiden.
Temperatur für die Gare: 25–30 °C

Backen
Im Häussler Holzbackofen:
Bei 280 °C einschießen
Backzeit 60-70 Minuten

Im Häussler Elektro-Steinbackofen:
Bei Oberhitze 280 °C / Unterhitze 190 °C einschießen
Bei ausgeschaltenem Ofen 60-70 Minuten backen

Im herkömmlichen Haushaltsbackofen:
Bei 255 °C einschießen
Nach 5 Minuten auf 210 °C zurückschalten
Backzeit weitere 55-65 Minuten

DINKELFLOCKENBROT

FÜR 6 BROTE
JE ETWA 290 G TEIGGEWICHT
VORBEREITUNG: DINKELSAUERTEIG UND QUELLSTÜCK HERSTELLEN

Dinkelsauerteig ❶

200 g Dinkelmehl, Type 1050
ca. 20 g Starterkultur/Anstellgut
bzw. Sauerteig-Starterkultur nach Angaben des Herstellers
ca. 180 ml Wasser

ca. 400 g Dinkelsauerteig
oder die entsprechende Menge Fertigsauerteig, nach Angaben des Herstellers

Soll-Temperatur des Sauerteigs: 24–27 °C
12–18 Stunden reifen lassen

Quellstück ❷

200 g Dinkelflocken
200 ml Buttermilch

400 g Quellstück

Stehzeit: mindestens 5 Stunden
Am besten am Vortag zubereiten, damit es bis zur Teigbereitung quellen kann.

Zutaten für die Teigbereitung

300 g Dinkelmehl, Type 1050
300 g Dinkelmehl, Type 630
400 g Dinkelsauerteig ❶
400 g Quellstück ❷
20 g Salz
20 g Hefe
10 g Honig
1 Prise Brotgewürz
1 Prise Pfeffer
ca. 320 ml Buttermilch

ca. 1770 g Brotteig
ca. 100 g Dinkelflocken zum Bestreuen der Brotoberfläche

Kneten

Alle Zutaten in der angegebenen Reihenfolge in den Kneter geben und zunächst 6 Minuten langsam, dann 6 Minuten intensiv und schnell kneten. Bei einfachen Rühr- und Knetmaschinen (Eingang-Maschinen): 14 Minuten.
Soll-Temperatur des Teigs: 24 °C

Teigruhe, Formen und Gare

Den Teig unter einer Folie oder einem sauberen Tuch ca. 70 Minuten in der Küche ruhen lassen. Den Teig während der Teigruhe 1–2-mal zusammenschlagen. Anschließend in 6 gleich große Stücke portionieren, rundwirken und etwas langwirken. Die glatte Fläche mit Wasser abstreichen und in Dinkelflocken wälzen. Die Brote in Holzbackformen mit Papiereinlegern (ca. 18 x 12 cm) ablegen und weitere 30 Minuten gehen lassen.
Temperatur für die Gare: 25–30 °C

Backen

Die Brote mit einem Messer einschneiden und in den heißen Ofen schießen.

Im Häussler Holzbackofen:
Bei 280 °C einschießen
Backzeit 25 Minuten

Im Häussler Elektro-Steinbackofen:
Bei Oberhitze 280 °C / Unterhitze 190 °C einschießen
Bei ausgeschaltenem Ofen 25 Minuten backen

Im herkömmlichen Haushaltsbackofen:
Bei 250 °C einschießen
Nach 5 Minuten auf 190 °C zurückschalten
Backzeit weitere 20 Minuten

DINKELSAATENBROT

FÜR 2 BROTE
JE ETWA 950 G TEIGGEWICHT
VORBEREITUNG: DINKELSAUERTEIG UND QUELLSTÜCK HERSTELLEN

Dinkelsauerteig ❶

200 g Dinkelmehl, Type 1050
ca. 20 g Starterkultur/Anstellgut
bzw. Sauerteig-Starterkultur nach Angaben des Herstellers
ca. 180 ml Wasser

ca. 400 g Dinkelsauerteig
oder die entsprechende Menge Fertigsauerteig, nach Angaben des Herstellers

Soll-Temperatur des Sauerteigs: 24–27 °C
12–18 Stunden reifen lassen

Quellstück ❷

20 g Sonnenblumenkerne
20 g Leinsamen
20 g Sesam
20 g Haferflocken
ca. 120 ml Wasser

200 g Quellstück

Stehzeit: mindestens 5 Stunden
Am besten am Vortag zubereiten, damit es bis zur Teigbereitung quellen kann.

Zutaten für die Teigbereitung

600 g Dinkelmehl Type, 1050
200 g Dinkelmehl Type, 630
400 g Dinkelsauerteig ❶
200 g Quellstück ❷
20 g Salz
25 g Hefe
ca. 400 ml Wasser
15 g Honig

ca. 1900 g Brotteig

Kneten

Alle Zutaten in der angegebenen Reihenfolge in den Kneter geben und zunächst 6 Minuten langsam, dann 6 Minuten intensiv und schnell kneten.
Bei einfachen Rühr- und Knetmaschinen (Eingang-Maschinen): 14 Minuten.
Soll-Temperatur des Teigs: 24 °C

Teigruhe, Formen und Gare

Den Teig unter einer Folie oder einem sauberen Tuch ca. 1,5 Stunden in der Küche ruhen lassen. Den Teig während der Teigruhe 1-mal zusammenschlagen. Anschließend in 2 gleich große Stücke portionieren und rundwirken. Mit dem Verschluss nach oben in bemehlten Gärkörben ablegen und ca. 30 Minuten auf Gare stellen.
Temperatur für die Gare: 25–30 °C

Backen

Die Brote aus den Gärkörben auf einen leicht bemehlten Backschieber stürzen und in den heißen Ofen schießen.

Im Häussler Holzbackofen:
Bei 280 °C einschießen
Backzeit 55 Minuten

Im Häussler Elektro-Steinbackofen:
Bei Oberhitze 280 °C/Unterhitze 190 °C einschießen
Bei ausgeschaltenem Ofen 55 Minuten backen

Im herkömmlichen Haushaltsbackofen:
Bei 250 °C einschießen
Nach 5 Minuten auf 190 °C zurückschalten
Backzeit weitere 50 Minuten

DINKELBROT
MIT GEPOPPTEM AMARANT

FÜR 3 BROTE
JE ETWA 610 G TEIGGEWICHT
VORBEREITUNG: DINKELVOLLKORNSAUERTEIG UND QUELLSTÜCK HERSTELLEN

Dinkelvollkornsauerteig ❶

200 g Dinkelvollkornmehl
ca. 20 g Starterkultur/Anstellgut
bzw. Sauerteig-Starterkultur nach Angaben des Herstellers
ca. 180 ml Wasser
ca. 380 g Dinkelvollkornsauerteig
oder die entsprechende Menge Fertigsauerteig, nach Angaben des Herstellers

Soll-Temperatur des Sauerteigs: 24–27 °C
16–22 Stunden reifen lassen

Quellstück ❷

100 g Dinkel, gepoppt
100 g Amarant, gepoppt
ca. 200 ml Wasser
400 g Quellstück

Stehzeit: mindestens 5 Stunden
Am besten am Vortag zubereiten, damit es bis zur Teigbereitung quellen und kann.

Zutaten der Teigbereitung

380 g Dinkelvollkornsauerteig ❶
400 g Quellstück ❷
600 g Dinkelmehl, Type 630
20 g Salz
20 g Frischhefe
ca. 420 ml Wasser
ca. 1840 g Brotteig

Kneten

Alle Zutaten in der angegebenen Reihenfolge in den Kneter geben und 7 Minuten langsam, dann 8 Minuten schnell kneten. Bei einfachen Rühr- und Knetmaschinen (Eingang-Maschinen): 18 Minuten
Soll-Temperatur des Teigs: 26–27 °C

Teigruhe, Formen und Gare

Den Teig unter einer Folie oder einem sauberen Tuch 30–40 Minuten in der Küche ruhen lassen. Anschließend in 3 gleich große Stücke portionieren, rundwirken, kurz langstoßen, mit Wasser abstreichen und in einer Mischung aus Sesam und Kürbiskernen wälzen. Den ersten Brotlaibmit dem Verschluss nach oben rechts außen auf ein bemehltes Leinentuch aufsetzen. Die weiteren Laibe etwa 40 cm (je nach Brotgröße) links daneben setzen und jeweils mit dem Tuch an den ersten Laib heranziehen, sodass das Leinentuch die Brote komplett trennt und etwa 1 cm zwischen den Broten Platz bleibt. Nun für etwa 40 Minuten auf Gare stellen.
Temperatur für die Gare: 25–30 °C

Backen

Die Brote vom Leinentuch auf einen leicht bemehlten Backschieber legen und in den heißen Ofen schießen.

Im Häussler Holzbackofen:
Bei 280 °C einschießen
Backzeit 40–45 Minuten

Im Häussler Elektro-Steinbackofen:
Bei Oberhitze 280 °C / Unterhitze 190 °C einschießen
Bei ausgeschaltenem Ofen 40–45 Minuten backen

Im herkömmlichen Haushaltsbackofen:
Bei 240 °C einschießen
Nach 5 Minuten auf 200 °C zurückschalten
Backzeit weitere 35–40 Minuten

BIO-DINKELBROT
MIT GRÜNKERN

FÜR 3 BROTE
JE ETWA 680 G TEIGGEWICHT
VORBEREITUNG: KOCHSTÜCK HERSTELLEN

Kochstück ❶
600 ml Wasser
250 g Bio-Grünkern (ganze Körner)
850 g Kochstück

Das Wasser aufkochen, Grünkern zugeben und 25–30 Minuten köcheln lassen.
Stehzeit: mindestens 5 Stunden
Am besten am Vortag zubereiten, damit es bis zur Teigbereitung quellen und auskühlen kann.

Zutaten der Teigbereitung
850 g Kochstück ❶
250 g Bio-Dinkelvollkornmehl
500 g Bio-Dinkelmehl, Type 630
100 g Bio-Magerquark
25 g Salz
20 g Bio-Hefe
ca. 300 ml Wasser
ca. 2045 g Brotteig

Kneten
Alle Zutaten in der angegebenen Reihenfolge in den Kneter geben und 7 Minuten langsam, dann 10 Minuten schnell kneten. Bei einfachen Rühr- und Knetmaschinen: 20 Minuten.
Soll-Temperatur des Teigs: 24–26 °C

Teigruhe, Formen und Gare
Den Teig unter einer Folie oder einem sauberen Tuch ca. 30 Minuten in der Küche ruhen lassen. Anschließend in 3 gleich große Stücke portionieren, rund-, dann langwirken und mit dem Verschluss nach unten in gefetteten Kastenformen ablegen. 35–40 Minuten auf Gare stellen. Die Brote kurz vor dem Backen einschneiden.
Temperatur für die Gare: ca. 38 °C

Backen
Im Häussler Holzbackofen:
Bei 280 °C einschießen
Backzeit 45 Minuten

Im Häussler Elektro-Steinbackofen:
Bei Oberhitze 280 °C / Unterhitze 190 °C einschießen
Bei ausgeschaltenem Ofen 45 Minuten backen

Im herkömmlichen Haushaltsbackofen:
Bei 245 °C einschießen
Nach 5 Minuten auf 210 °C zurückschalten
Backzeit weitere 40 Minuten

URBROT
MIT EMMER- UND EINKORN

FÜR 3 DOPPEL-BROTE
JE ETWA 780 G TEIGGEWICHT
VORBEREITUNG: DINKELVOLLKORNSAUERTEIG UND QUELLSTÜCKE HERSTELLEN

Dinkelvollkornsauerteig ❶

200 g Dinkelvollkornmehl
ca. 20 g Starterkultur/Anstellgut
bzw. Sauerteig-Starterkultur nach Angaben des Herstellers
ca. 180 ml Wasser

ca. 400 g Dinkelsauerteig
oder die entsprechende Menge Fertigsauerteig, nach Angaben des Herstellers

Soll-Temperatur des Sauerteigs: 24–27 °C
12–18 Stunden reifen lassen

Quellstück I ❷

250 g Einkornvollkornmehl, fein gemahlen
250 g Emmervollkornmehl, fein gemahlen
ca. 400 ml Wasser

ca. 900 g Quellstück

Quellstück II ❸

300 g gemischte Saaten , je **60 g** Leinsamen, Sesam, Sonnenblumenkerne, Kürbiskerne und Haferflocken
ca. 230 ml Wasser

ca. 530 g Quellstück

Stehzeit der beiden Quellstücke: mindestens 5 Stunden
Am besten am Vortag zubereiten, damit sie bis zur Teigbereitung quellen können.

Zutaten für die Teigbereitung

400 g Dinkelvollkornsauerteig ❶
900 g Quellstück I ❷
530 g Quellstück II ❸
300 g Dinkelmehl, Type 1050
20 g Salz
20 g Hefe
ca. 180 ml Wasser

ca. 2350 g Brotteig
200 g Saatenmischung für die Brotoberfläche

Kneten

Alle Zutaten in der angegebenen Reihenfolge in den Kneter geben, 6 Minuten langsam mischen, dann 7 Minuten intensiv kneten. Bei einfachen Rühr- und Knetmaschinen (Eingang-Maschinen): 15 Minuten.
Soll-Temperatur des Teigs: 26 °C

Teigruhe, Formen und Gare

Den Teig unter einer Folie oder einem sauberen Tuch ca. 60 Minuten in der Küche ruhen lassen. Nach der Teigruhe den Teig in 6 gleich große Stücke (à ca. 390 g) teilen und rundwirken. Die Ballen in der Saatenmischung wälzen und jeweils 2 Ballen in eine gefettete Kastenform (Maße ca. 30 × 12 × 8 cm) legen. Die Teiglinge mit einem Teigabstecher ca. 2 cm tief einstechen und mit den Fingern die »Naht« etwas auseinanderziehen. Anschließend abgedeckt 30 Minuten auf Gare stellen.
Temperatur für die Gare: 25–30 °C

Backen

Im Häussler Holzbackofen:
Bei 280 °C einschießen
Backzeit 45–50 Minuten

Im Häussler Elektro-Steinbackofen:
Bei Oberhitze 280 °C/Unterhitze 190 °C einschießen
Bei ausgeschaltenem Ofen 45–50 Minuten backen

Im herkömmlichen Haushaltsbackofen:
Bei 255 °C einschießen
Nach 5 Minuten auf 190 °C zurückschalten
Backzeit 40-45 Minuten

VOLLKORNTOASTBROT

FÜR 4 BROTE
JE ETWA 450 G TEIGGEWICHT
VORBEREITUNG: WEIZENHEFEVORTEIG HERSTELLEN

Weizenhefevorteig ❶

200 g Weizenvollkornmehl
ca. 140 ml Wasser
1 g Frischhefe
341 g Weizenhefevorteig

Soll-Temperatur des Weizenhefevorteigs: ca. 24 °C
Reifezeit: 1 - max. 5 Stunden bei 20-25 °C
Nach der Reifezeit steht der Vorteig zur Herstellung des Hauptteigs bereit oder kann bis zu 3 Tage im Kühlschrank (bei 5 °C) aufbewahrt werden.

Zutaten der Teigbereitung

341 g Weizenhefevorteig ❶
800 g Weizenvollkornmehl
100 g Butter
20 g Zucker
20 g Salz
5 g Malz
45 g Frischhefe
ca. 490 ml Wasser
ca. 1820 g Brotteig

Kneten

Alle Zutaten in der angegebenen Reihenfolge in den Kneter geben und 6 Minuten langsam, dann 8 Minuten schnell kneten. Bei einfachen Rühr- und Knetmaschinen (Eingang-Maschinen): 16 Minuten
Soll-Temperatur des Teigs: 25-26 °C

Teigruhe, Formen und Gare

Den Teig unter einer Folie oder einem sauberen Tuch 20-30 Minuten in der Küche ruhen lassen. Anschließend in 3 gleich große Stücke portionieren, kräftig rundwirken, etwas ruhen lassen, dann kräftig langwirken und in gefettete Toastbrotformen ablegen. Den Teig kräftig in die Form hineindrücken. Für 40-50 Minuten auf Gare stellen.
Temperatur für die Gare: 25-30°C

Backen

Die Deckel der Toastbrotformen schließen und verriegeln. Danach die Formen in den heißen Ofen schießen.

Im Häussler Holzbackofen:
Bei 270 °C einschießen
Backzeit 40 Minuten

Im Häussler Elektro-Steinbackofen:
Bei Oberhitze 270 °C/Unterhitze 180 °C einschießen
Bei ausgeschaltenem Ofen 40 Minuten backen

Im herkömmlichen Haushaltsbackofen:
Bei 230 °C einschießen
Nach 5 Minuten auf 200 °C zurückschalten
Backzeit weitere 35 Minuten

HAFERQUARKBROT

FÜR 2 BROTE
JE ETWA 1030 G TEIGGEWICHT
VORBEREITUNG: WEIZENHEFEVORTEIG UND KOCHSTÜCK HERSTELLEN

Weizenhefevorteig ❶

280 g Weizenmehl, Type 1050
ca. 225 ml Wasser
1 g Frischhefe
506 g Weizenhefevorteig

Soll-Temperatur des Weizenhefevorteigs: ca. 24 °C
Reifezeit: 1 – max. 5 Stunden bei 20–25 °C
Nach der Reifezeit steht der Vorteig zur Herstellung des Hauptteigs bereit oder kann bis zu 3 Tage im Kühlschrank (bei 5 °C) aufbewahrt werden.

Kochstück ❷

300 g Hafer, frisch gequetscht
ca. 600 ml Wasser
22 g Salz
922 g Kochstück

Stehzeit: mindestens 5 Stunden
Am besten am Vortag zubereiten, damit es bis zur Teigbereitung quellen und auskühlen kann.

Zutaten der Teigbereitung

505 g Weizenhefevorteig ❶
922 g Kochstück ❷
420 g Weizenmehl, Type 1050
100 g Magerquark
50 g Sesam, geröstet
30 g Frischhefe
ca. 30 ml Wasser
ca. 2060 g Brotteig

Kneten

Alle Zutaten in der angegebenen Reihenfolge in den Kneter geben und 5 Minuten langsam, dann 6 Minuten schnell kneten. Bei einfachen Rühr- und Knetmaschinen (Eingang-Maschinen): 13 Minuten.
Soll-Temperatur des Teigs: 24–26 °C

Teigruhe, Formen und Gare

Den Teig unter einer Folie oder einem sauberen Tuch ca. 30 Minuten in der Küche ruhen lassen. Anschließend mit feuchten Händen 2 gleich große Stücke portionieren, in eine runde Form bringen, kurz langstoßen und in Haferflocken oder Sesam wälzen. Dann mit dem Verschluss nach unten in gefetteten Kastenformen ablegen. Für 45–50 Minuten auf Gare stellen, dabei nach etwa 30 Minuten einschneiden.
Temperatur für die Gare: 25–30 °C

Backen

Im Häussler Holzbackofen:
Bei 280 °C einschießen
Backzeit 55 Minuten

Im Häussler Elektro-Steinbackofen:
Bei Oberhitze 280 °C / Unterhitze 190 °C einschießen
Bei ausgeschaltenem Ofen 55 Minuten backen

Im herkömmlichen Haushaltsbackofen:
Bei 255 °C einschießen
Nach 5 Minuten auf 210 °C zurückschalten
Backzeit weitere 50 Minuten

SAUERLÄNDER DREIKORNBROT

FÜR 2 BROTE
JE ETWA 1000 G TEIGGEWICHT
VORBEREITUNG: ROGGENSAUERTEIG UND QUELLSTÜCK HERSTELLEN

Roggensauerteig (Einstufige Führung) ❶
150 g Roggenvollkornmehl
125 g Roggenmehl, Type 1150
15 g Starterkultur/Anstellgut
bzw. Sauerteig-Starterkultur nach Angaben des Herstellers
ca. 275 ml Wasser
ca. 565 g Roggensauerteig
oder die entsprechende Menge Fertigsauerteig, nach Angaben des Herstellers

Soll-Temperatur des Sauerteigs: 24–27 °C
15–22 Stunden reifen lassen

Quellstück ❷
350 g Roggenschrot, frisch gequetscht
50 g Hafer, frisch gequetscht
70 g Leinsamen
ca. 445 ml Wasser
20 g Salz
ca. 935 g Quellstück

Stehzeit: mindestens 5 Stunden
Am besten am Vortag zubereiten, damit es bis zur Teigbereitung quellen kann.

Zutaten der Teigbereitung
565 g Roggensauerteig ❶
935 g Quellstück ❷
125 g Roggenmehl, Type 1150
200 g Weizenmehl, Type 550
15 g Frischhefe
ca. 140 ml Wasser
ca. 1980 g Brotteig

Kneten
Alle Zutaten in der angegebenen Reihenfolge in den Kneter geben und 20 Minuten langsam, dann 5 Minuten schnell kneten. Bei einfachen Rühr- und Knetmaschinen (Eingang-Maschinen): 30 Minuten
Soll-Temperatur des Teigs: 26–27 °C

Teigruhe, Formen und Gare
Den Teig unter einer Folie oder einem sauberen Tuch 30–40 Minuten in der Küche ruhen lassen. Anschließend in 2 gleich große Stücke portionieren, rundwirken, kurz langstoßen und in Roggenflocken wälzen. Mit dem Verschluss nach unten in gefetteten Kastenformen ablegen und für 50–55 Minuten auf Gare stellen. Nach etwa 40 Minuten die Brote einschneiden.
Temperatur für die Gare: 25–30 °C

Backen
Im Häussler Holzbackofen:
Bei 280 °C einschießen
Backzeit 60–65 Minuten

Im Häussler Elektro-Steinbackofen:
Bei Oberhitze 280 °C / Unterhitze 190 °C einschießen
Bei ausgeschaltenem Ofen 60–65 Minuten backen

Im herkömmlichen Haushaltsbackofen:
Bei 265 °C einschießen
Nach 5 Minuten auf 210 °C zurückschalten
Backzeit weitere 55–60 Minuten

MEHRKORNBROT

FÜR 3 BROTE
JE ETWA 750 G TEIGGEWICHT
VORBEREITUNG: ROGGENSAUERTEIG, QUELLSTÜCK UND SAATENMISCHUNG HERSTELLEN

Roggensauerteig (Einstufige Führung) ❶

100 g Roggenmehl, Type 1150
100 ml Wasser
10 g Starterkultur/Anstellgut
bzw. Sauerteig-Starterkultur nach Angaben des Herstellers

ca. 210 g Sauerteig
oder die entsprechende Menge Fertigsauerteig, nach Angaben des Herstellers

Soll-Temperatur des Sauerteigs: 24–27 °C
15–22 Stunden reifen lassen

Quellstück ❷

50 g Roggenflocken
30 g Haferflocken
20 g Hirse
30 g Leinsamen
30 g Sesam
30 g Mohn
30 g Sonnenblumenkerne, geröstet
250 ml Wasser

470 g Quellstück

Stehzeit: mindestens 5 Stunden
Am besten am Vortag zubereiten, damit es bis zur Teigbereitung quellen kann.

Saatenmischung für die Brotkruste

200 g Sesam
200 g Hirse
100 g Mohn

500 g Saatenmischung

Zutaten der Teigbereitung

210 g Roggensauerteig ❶
470 g Quellstück ❷
500 g Weizenmehl, Type 550
250 g Dinkelvollkornmehl
100 g Roggenmehl, Type 1150
50 g Roggenschrot, Type 1800
100 g Magerquark
25 g Salz
30 g Frischhefe
20 g Honig
20 g Rübenkraut
ca. 470 ml Wasser

ca. 2245 g Brotteig

Kneten

Alle Zutaten in der angegebenen Reihenfolge in den Kneter geben und 8 Minuten langsam, dann 5-8 Minuten schnell kneten.Bei einfachen Rühr- und Knetmaschinen: ca. 18 Minuten.
Soll-Temperatur des Teigs: 25–26 °C

Teigruhe, Formen und Gare

Den Teig unter einer Folie oder einem sauberen Tuch ca. 35 Minuten in der Küche ruhen lassen. Anschließend in 3 gleich große Stücke portionieren, rundwirken, die Oberfläche nässen, in der Saatenmischung wälzen und für 40–45 Minuten auf einem bemehlten Brett mit dem Verschluss nach unten auf Gare stellen. Nach etwa 30 Minuten die Brote einschneiden.
Temperatur für die Gare: 25–30 °C

Backen

Die Brote auf einen leicht bemehlten Backschieber geben und in den heißen Ofen schieben.

Im Häussler Holzbackofen:
Bei 280 °C einschießen
Backzeit 40-45 Minuten

Im Häussler Elektro-Steinbackofen:
Bei Oberhitze 280 °C / Unterhitze 190 °C einschießen
Bei ausgeschaltenem Ofen 40-45 Minuten backen

Im herkömmlichen Haushaltsbackofen:
Bei 250 °C einschießen
Nach 5 Minuten auf 210 °C zurückschalten
Backzeit weitere 35-40 Minuten

BIO-KAROTTENBROT

FÜR 3 BROTE
JE ETWA 710 G TEIGGEWICHT
VORBEREITUNG: WEIZENSAUERTEIG HERSTELLEN UND KAROTTEN RASPELN/BETRÄUFELN

Weizensauerteig ❶

200 g Bio-Weizenvollkornmehl
ca. 160 ml Wasser
2 g Hefe
oder Sauerteig-Starterkultur nach Angaben des Herstellers

ca. 362 g Sauerteig
oder die entsprechende Menge Fertigsauerteig, nach Angaben des Herstellers

Soll-Temperatur des Sauerteigs: ca. 28 °C
Reifezeit: 10–16 Stunden bei 25–28 °C

Vorbereitung

400 g Bio-Karotten

Die Karotten grob raspeln und mit Bio-Zitronensaft beträufeln.

Zutaten der Teigbereitung

362 g Bio-Weizensauerteig ❶
750 g Bio-Weizenmehl, Type 1050
30 g Bio-Rapsöl
30 g Bio-Hefe
25 g Salz
2 g Bio-Pfeffer
ca. 490 ml Wasser
50 g Bio-Weizenmehl, Type 1050
400 g Bio-Karottenraspel

ca. 2140 g Brotteig

Kneten

Alle Zutaten, bis auf 50 g Bio-Weizenmehl und Karottenraspel, in der angegebenen Reihenfolge in den Kneter geben und 6 Minuten langsam, dann 7 Minuten schnell kneten. Mehl und Karottenraspel am Ende des Knetprozesses unterlaufen lassen und nochmals 3 Minuten schnell kneten. Bei einfachen Rühr- und Knetmaschinen (Eingang-Maschinen): 15 Minuten.
Soll-Temperatur des Teigs: 24–26 °C

Teigruhe, Formen und Gare

Den Teig unter einer Folie oder einem sauberen Tuch 20–30 Minuten in der Küche ruhen lassen. Anschließend in 3 gleich große Stücke portionieren. Die Teigstücke nur rundwirken, mit dem Verschluss nach oben in bemehlte Gärkörbchen ablegen und vor dem Schieben quer einschneiden. Oder die Brote rund- und langwirken und mit dem Messer über Kreuz einschneiden. Soll im Kasten gebacken werden, kann man das Brot auch mit einer Schere über Kreuz einschneiden. So lässt sich leicht Abwechslung bei Brotformen erzielen. Jede der Schnitttechniken findet nach ca. 40 Minuten Gare statt, nach weiteren 5 Minuten wird das Brot in den Ofen geschoben.
Temperatur für die Gare: 25–30 °C

Backen

Im Häussler Holzbackofen:
Bei 280 °C einschießen
Backzeit 40 Minuten

Im Häussler Elektro-Steinbackofen:
Bei Oberhitze 280 °C / Unterhitze 190 °C einschießen
Bei ausgeschaltenem Ofen 40 Minuten backen

Im herkömmlichen Haushaltsbackofen:
Bei 245 °C einschießen
Nach 5 Minuten auf 210 °C zurückschalten
Backzeit weitere 35 Minuten

KEIMLINGSBROT

FÜR 3 BROTE
JE ETWA 700 G TEIGGEWICHT
VORBEREITUNG: ROGGENSAUERTEIG HERSTELLEN

Roggensauerteig (Einstufige Führung) ❶
100 g Roggenmehl, Type 1150
100 ml Wasser
10 g Starterkultur/Anstellgut
bzw. Sauerteig-Starterkultur nach Angaben des Herstellers
ca. 210 g Sauerteig
oder die entsprechende Menge Fertigsauerteig, nach Angaben des Herstellers

Soll-Temperatur des Sauerteigs: 24–27 °C
15–22 Stunden reifen lassen

Zutaten der Teigbereitung
210 g Roggensauerteig ❶
200 g Roggenmehl, Type 1150
350 g Weizenmehl, Type 1700
350 g Weizenmehl, Type 1050
300 g Keimlinge
20 g Frischhefe
20 g Salz
ca. 650 ml Wasser
ca. 2100 g Brotteig

Kneten
Alle Zutaten in der angegebenen Reihenfolge in den Kneter geben und 6 Minuten langsam, dann 8 Minuten schnell kneten. Bei einfachen Rühr- und Knetmaschinen (Eingang-Maschinen): 16 Minuten.
Soll-Temperatur des Teigs: 24–26 °C

Teigruhe, Formen und Gare
Den Teig unter einer Folie oder einem sauberen Tuch ca. 30 Minuten in der Küche ruhen lassen. Anschließend in 3 gleich große Stücke portionieren, rund-, dann langwirken und nach einer kurzen Entspannungszeit die Brote auf die gewünschte Länge bringen. Die Laibe auf ein mit Kartoffelmehl bestäubtes Leinentuch setzen. Dafür den ersten Brotlaib mit dem Verschluss nach oben rechts außen aufsetzen. Die anderen Laibe etwa 40 cm (je nach Brotgröße) links daneben setzen und dies mit dem Tuch an den ersten Laib heranziehen, sodass das Leinentuch die Brote komplett trennt und etwa 1 cm zwischen den Broten Platz bleibt. Nun für etwa 35–40 Minuten auf Gare stellen. Die Brote kurz vor dem Backen mehrmals quer einschneiden.
Temperatur für die Gare: 25–30 °C

Backen
Die Brote vom Leinentuch auf einen leicht bemehlten Backschieber legen, mit einem Messer schräg einschneiden und in den heißen Ofen schießen.

Im Häussler Holzbackofen:
Bei 280 °C einschießen
Backzeit 45 Minuten

Im Häussler Elektro-Steinbackofen:
Bei Oberhitze 280 °C / Unterhitze 190 °C einschießen
Bei ausgeschaltenem Ofen 45 Minuten backen

Im herkömmlichen Haushaltsbackofen:
Bei 250 °C einschießen
Nach 5 Minuten auf 210 °C zurückschalten
Backzeit 40 Minuten

BÄRLAUCHBROT

FÜR 5 BROTE
JE ETWA 390 G TEIGGEWICHT
VORBEREITUNG: WEIZENSAUERTEIG HERSTELLEN

Weizensauerteig ❶

200 g Weizenmehl, Type 1050
ca. 160 ml Wasser
ca. 2 g Frischhefe
oder Sauerteig-Starterkultur nach Angaben des Herstellers

ca. 362 g Sauerteig
oder die entsprechende Menge Fertigsauerteig, nach Angaben des Herstellers

Soll-Temperatur des Weizensauerteigs: ca. 28 °C
Reifezeit: 10-16 Stunden bei 25-28 °C

Zutaten der Teigbereitung

362 g Weizensauerteig ❶
800 g Weizenmehl, Type 550
22 g Salz
20 g Frischhefe
20 g Rapsöl
10 g Zucker
ca. 490 ml Wasser
250 g frischer Bärlauch

ca. 1975 g Brotteig

Kneten

Alle Zutaten, bis auf den Bärlauch, in den Kneter geben und 6 Minuten langsam, dann 7 Minuten schnell kneten. Bei einfachen Rühr- und Knetmaschinen (Eingang-Maschinen): 16 Minuten. Den Bärlauch erst in den letzten 1-2 Minuten unterkneten, da der Teig sonst sehr grün wird.
Soll-Temperatur des Teigs: 25 °C

Teigruhe, Formen und Gare

Den Teig unter einer Folie oder einem sauberen Tuch 30-40 Minuten in der Küche ruhen lassen. Anschließend in 5 gleich große Stücke portionieren, rundwirken und direkt auf die gewünschte Länge bringen. Dafür das Tuch mit Mehl bestreuen und den ersten Brotlaib mit dem Verschluss nach oben rechts außen aufsetzen. Den zweiten Laib etwa 40 cm (je nach Brotgröße) links daneben setzen und diesen Laib mit dem Tuch an den ersten Laib heranziehen, sodass das Leinentuch die beiden Brote komplett trennt und etwa 1 cm zwischen den Broten Platz bleibt und für 40-50 Minuten auf Gare stellen. Die Brote kurz vor dem Backen über Kreuz einschneiden.
Temperatur für die Gare: 25-30 °C

Backen

Die Brote vom Leinentuch auf einen leicht bemehlten Backschieber legen und in den heißen Ofen schießen.

Im Häussler Holzbackofen:
Bei 280 °C einschießen
Backzeit 30-35 Minuten

Im Häussler Elektro-Steinbackofen:
Bei Oberhitze 280 °C / Unterhitze 190 °C einschießen
Bei ausgeschaltenem Ofen 30-35 Minuten backen

Im herkömmlichen Haushaltsbackofen:
Bei 240 °C einschießen
Nach 5 Minuten auf 200 °C zurückschalten
Backzeit weitere 25-30 Minuten

SPARGELBROT

FÜR 3 BROTE
JE ETWA 680 G TEIGGEWICHT
VORBEREITUNG: ROGGENSAUERTEIG UND WEIZENSAUERTEIG HERSTELLEN, SPARGEL SCHÄLEN/SCHNEIDEN

Roggensauerteig (Einstufige Führung) ❶

120 g Roggenmehl, Type 997
12 g Starterkultur/Anstellgut
bzw. Sauerteig-Starterkultur nach Angaben des Herstellers
ca. 110 ml Wasser

ca. 242 g Sauerteig
oder die entsprechende Menge Fertigsauerteig, nach Angaben des Herstellers

Soll-Temperatur des Sauerteigs: 24–27 °C
15–22 Stunden reifen lassen

Weizensauerteig ❷

140 g Weizenmehl, Type 550
ca. 100 ml Wasser
1 g Frischhefe (oder Sauerteig-Starterkultur nach Angaben des Herstellers)

241 g Weizensauerteig

Soll-Temperatur des Weizensauerteigs: ca. 28 °C
Reifezeit: 10–16 Stunden bei 25–28 °C
2–3 Stunden bei mindestens 24 °C (hohe Raumtemperatur) reifen lassen, dann bis zur Verarbeitung in den Kühlschrank stellen.

Vorbereitung

360 g Spargel schälen und in 1–2 cm lange Stücke schneiden

Zutaten der Teigbereitung

242 g Roggensauerteig ❶
241 g Weizensauerteig ❷
560 g Weizenmehl, Type 550
180 g Roggenmehl, Type 997
300 g Spargelstücke
22 g Salz
20 g Frischhefe
ca. 495 ml Wasser

ca. 2060 g Brotteig

Kneten

Alle Zutaten in der angegebenen Reihenfolge in den Kneter geben und 8 Minuten langsam, dann 5-8 Minuten schnell kneten. Bei einfachen Rühr- und Knetmaschinen (Eingang-Maschinen): 15-18 Minuten.
Soll-Temperatur des Teigs: 25–26 °C

Teigruhe, Formen und Gare

Den Teig unter einer Folie oder einem sauberen Tuch ca. 25 Minuten in der Küche ruhen lassen. Anschließend in 3 gleich große Stücke portionieren, erst rund-, dann direkt langwirken und sofort mit dem Verschluss nach unten in gefettete Backformen ablegen. Für 40–45 Minuten auf Gare stellen. Die Brote kurz vor dem Backen einschneiden.
Temperatur für die Gare: 25–30 °C

Backen

Im Häussler Holzbackofen:
Bei 280 °C einschießen
Backzeit 50 Minuten

Im Häussler Elektro-Steinbackofen:
Bei Oberhitze 280 °C / Unterhitze 190 °C einschießen
Bei ausgeschaltenem Ofen 50 Minuten backen

Im herkömmlichen Haushaltsbackofen:
Bei 250 °C einschießen
Nach 5 Minuten auf 210 °C zurückschalten
Backzeit weitere 45 Minuten

ZUCCHINIBROT

FÜR 3 BROTE
JE ETWA 690 G TEIGGEWICHT
VORBEREITUNG: ROGGENSAUERTEIG HERSTELLEN, ZUCCHINI WASCHEN/RASPELN

Roggensauerteig (Einstufige Führung) ❶

150 g Roggenmehl, Type 1150
15 g Starterkultur/Anstellgut
bzw. Sauerteig-Starterkultur nach Angaben des Herstellers
ca. 120 ml Wasser
ca. 285 g Sauerteig
oder die entsprechende Menge Fertigsauerteig, nach Angaben des Herstellers

Soll-Temperatur des Sauerteigs: 24–27 °C
15–22 Stunden reifen lassen

Vorbereitung

300 g Zucchini waschen und grob raspeln

Zutaten der Teigbereitung

285 g Roggensauerteig ❶
500 g Weizenmehl, Type 550
300 g Roggenmehl, Type 1150
25 g Salz
20 g Frischhefe
Pfeffer und Muskatnuss
ca. 600 ml Wasser
50 g Weizenmehl, Type 550
300 g Zucchiniraspel
ca. 2080 g Brotteig

Kneten

Alle Zutaten, bis auf 50 g Weizenmehl, Type 550 und die Zucchiniraspel, in der angegebenen Reihenfolge in den Kneter geben und 6 Minuten langsam, dann 8 Minuten schnell kneten. Bei einfachen Rühr- und Knetmaschinen (Eingang-Maschinen): 16 Minuten. In den letzten 2 Minuten Zucchiniraspel und 50 g Weizenmehl unterlaufen lassen.
Soll-Temperatur des Teigs: 26–27 °C

Teigruhe, Formen und Gare

Den Teig unter einer Folie oder einem sauberen Tuch 20–25 Minuten in der Küche ruhen lassen. Anschließend in 3 gleich große Stücke portionieren, erst rund-, dann langwirken, mit dem Verschluss nach unten, in Sesam wälzen und mit dem Verschluss nach oben in gefetteten Kastenformen ablegen. Etwa 40 Minuten auf Gare stellen. Temperatur für die Gare: 25–30 °C

Backen

Im Häussler Holzbackofen:
Bei 280 °C einschießen
Backzeit 45 Minuten

Im Häussler Elektro-Steinbackofen:
Bei Oberhitze 280 °C / Unterhitze 190 °C einschießen
Bei ausgeschaltenem Ofen 45 Minuten backen

Im herkömmlichen Haushaltsbackofen:
Bei 245 °C einschießen
Nach 5 Minuten auf 210 °C zurückschalten
Backzeit weitere 40 Minuten

MÜNSTERLÄNDER BAUERNBROT
MIT BUTTERMILCH

FÜR 2 BROTE
JE ETWA 800 G TEIGGEWICHT
VORBEREITUNG: ROGGENSAUERTEIG HERSTELLEN

Roggensauerteig (Einstufige Führung) ❶

200 g Roggenmehl, Type 997
20 g Starterkultur/Anstellgut
bzw. Sauerteig-Starterkultur nach Angaben des Herstellers
ca. 180 ml Wasser

ca. 400 g Sauerteig
oder die entsprechende Menge Fertigsauerteig, nach Angaben des Herstellers

Soll-Temperatur des Sauerteigs: 24–27 °C
15–22 Stunden reifen lassen

Zutaten der Teigbereitung

400 g Roggensauerteig ❶
500 g Weizenmehl, Type 550
200 g Weizenmehl, Type 1050
300 ml Buttermilch
ca. 170 ml Wasser
18 g Salz
20 g Frischhefe

ca. 1610 g Brotteig

Kneten

Alle Zutaten in der angegebenen Reihenfolge in den Kneter geben und 7 Minuten langsam, dann 10 Minuten schnell kneten. Bei einfachen Rühr- und Knetmaschinen (Eingang-Maschinen): 20 Minuten.
Soll-Temperatur des Teigs: 24–26 °C

Teigruhe, Formen und Gare

Den Teig unter einer Folie oder einem sauberen Tuch ca. 30 Minuten in der Küche ruhen lassen. Anschließend in 2 gleich große Stücke portionieren und erst rund-, dann langwirken. Dafür das Tuch mit Mehl bestreuen und den ersten Brotlaib mit dem Verschluss nach oben rechts außen aufsetzen. Den zweiten Laib etwa 40 cm (je nach Brotgröße) links daneben setzen und diesen Laib mit dem Tuch an den ersten Laib heranziehen, sodass das Leinentuch die beiden Brote komplett trennt und etwa 1 cm zwischen den Broten Platz bleibt. Für etwa 40 Minuten auf Gare stellen. Die Brote kurz vor dem Backen längs einschneiden.
Temperatur für die Gare: 25–30 °C

Backen

Die Brote vom Leinentuch auf einen leicht bemehlten Backschieber legen und in den heißen Ofen schießen.

Im Häussler Holzbackofen:
Bei 280 °C einschießen
Backzeit 45 Minuten

Im Häussler Elektro-Steinbackofen:
Bei Oberhitze 280 °C / Unterhitze 190 °C einschießen
Bei ausgeschaltenem Ofen 45 Minuten backen

Im herkömmlichen Haushaltsbackofen:
Bei 255 °C einschießen
Nach 5 Minuten auf 200°C zurückschalten
Backzeit 40 Minuten

CURRYHÄHNCHEN-PFIRSICH-BROT

FÜR 3 BROTE
JE ETWA 710 G TEIGGEWICHT
VORBEREITUNG: ROGGENSAUERTEIG HERSTELLEN.

Roggensauerteig (Einstufige Führung) ❶
200 g Roggenmehl, Type 997
20 g Starterkultur/Anstellgut
bzw. Sauerteig-Starterkultur nach Angaben des Herstellers
ca. 180 ml Wasser
ca. 400 g Sauerteig
oder die entsprechende Menge Fertigsauerteig, nach Angaben des Herstellers

Soll-Temperatur des Sauerteigs: 24–27 °C
15–22 Stunden reifen lassen

Zutaten der Teigbereitung
400 g Roggensauerteig ❶
600 g Weizenmehl, Type 550
200 g Roggenmehl, Type 997
350 g Hähnchenbrust, gebraten, anschließend mit Currypulver gewürzt
150 g Pfirsiche aus der Dose
20 g Salz
20 g Frischhefe
ca. 400 ml Wasser
ca. 2140 g Brotteig

Kneten
Alle Zutaten in der angegebenen Reihenfolge in den Kneter geben und 6 Minuten langsam, dann 6 Minuten schnell kneten. Bei einfachen Rühr- und Knetmaschinen (Eingang-Maschinen): 14 Minuten.
Soll-Temperatur des Teigs: 25–27 °C

Teigruhe, Formen und Gare
Den Teig unter einer Folie oder einem sauberen Tuch ca. 30 Minuten in der Küche ruhen lassen. Anschließend in 3 gleich große Stücke portionieren, erst rund-, dann langwirken und mit dem Verschluss nach unten direkt in gefetteten sowie leicht bemehlten Kastenformen ablegen. 40–50 Minuten auf Gare stellen. Nach etwa 35 Minuten Oberfläche mit einer Schere kreuzförmig einschneiden.
Temperatur für die Gare: 25–30 °C

Backen
Im Häussler Holzbackofen:
Bei 280 °C einschießen
Backzeit 40-50 Minuten

Im Häussler Elektro-Steinbackofen:
Bei Oberhitze 280 °C / Unterhitze 190 °C einschießen
Bei ausgeschaltenem Ofen 40-50 Minuten backen

Im herkömmlichen Haushaltsbackofen:
Bei 255 °C einschießen
Nach 5 Minuten auf 200 °C zurückschalten
Backzeit weitere 35-45 Minuten

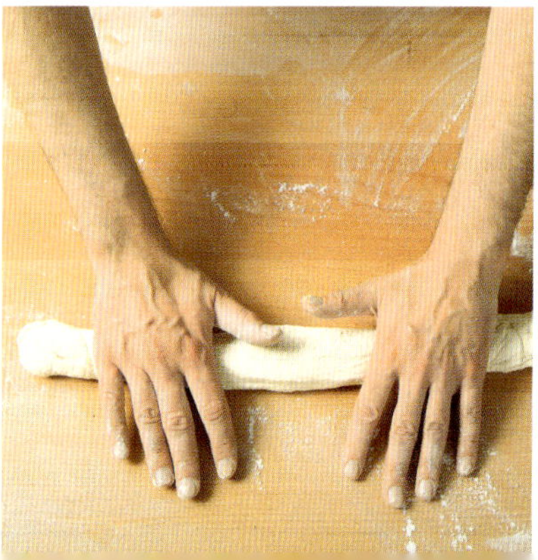

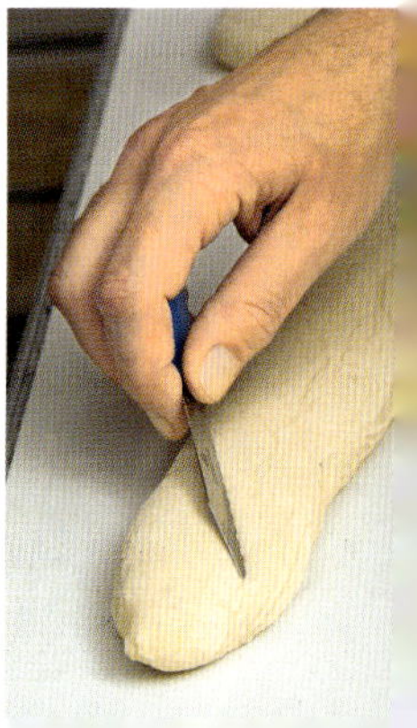

BAGUETTE

FÜR 5 BROTE
JE ETWA 340 G TEIGGEWICHT
VORBEREITUNG: WEIZENHEFEVORTEIG HERSTELLEN

Weizenhefevorteig ❶

285 g Weizenmehl, Type 550
ca. 2 g Frischhefe
ca. 230 ml Wasser
ca. 517 g Weizenhefevorteig

Soll-Temperatur des Weizenhefevorteigs: ca. 24 °C
Reifezeit: 1 – max. 5 Stunden bei 20–25 °C
Nach der Reifezeit steht der Vorteig zur Herstellung des Hauptteigs bereit oder kann bis zu 3 Tage im Kühlschrank (bei 5 °C) aufbewahrt werden.

Zutaten der Teigbereitung

517 g Weizenhefevorteig ❶
665 g Weizenmehl, Type 550
50 g Roggenmehl, Type 997
20 g Salz
10 g Frischhefe
ca. 470 ml Wasser
ca. 1730 g Brotteig

Kneten

Alle Zutaten in der angegebenen Reihenfolge in den Kneter geben und zunächst 10 Minuten langsam, dann 5-8 Minuten schnell kneten. Bei einfachen Rühr- und Knetmaschinen (Eingang-Maschinen): 18 Minuten.
Soll-Temperatur des Teigs: 23 °C

Teigruhe, Formen und Gare

Den Teig unter einer Folie oder einem sauberen Tuch 80–90 Minuten in der Küche ruhen lassen. Anschließend den Teig auf das Arbeitsbrett schütten, 5 gleich große längliche Stücke abstechen, diese etwa 10 Minuten ruhen lassen, dann mit wenig Druck langstoßen. Die Baguettes mit dem Verschluss nach oben auf ein bemehltes Leinentuch setzen. Den ersten Brotlaib rechts außen aufsetzen. Den zweiten Laib etwa 40 cm (je nach Brotgröße) links daneben setzen und diesen Laib mit dem Tuch an den ersten Laib heranziehen, sodass das Leinentuch die beiden Brote komplett trennt und etwa 1 cm zwischen den Broten Platz bleibt. Nun für etwa 40 Minuten auf Gare stellen.
Temperatur für die Gare: 25–27 °C

Backen

Die Brote vom Leinentuch auf einen leicht bemehlten Backschieber legen, mit einem Messer mehrmals schräg einschneiden und in den heißen Ofen schießen.

Im Häussler Holzbackofen:
Bei 280 °C einschießen
Backzeit 30 Minuten

Im Häussler Elektro-Steinbackofen:
Bei Oberhitze 280 °C / Unterhitze 190 °C einschießen
Bei ausgeschaltenem Ofen 30 Minuten backen

Im herkömmlichen Haushaltsbackofen:
Bei 255 °C einschießen
Nach 5 Minuten auf 200 °C zurückschalten
Backzeit weitere 25 Minuten

ORIGINAL SCHWEIZER BÜRLI

FÜR 3 ZUSAMMENGESETZTE BÜRLI
JE ETWA 600 G TEIGGEWICHT
VORBEREITUNG: WEIZENHEFEVORTEIG HERSTELLEN

Weizenhefevorteig ❶

200 g Weizenmehl Type 550
1 g Frischhefe
ca. 170 ml Wasser
ca. 371 g Weizenhefevorteig

Soll-Temperatur des Weizenhefevorteigs: ca. 24 °C
Reifezeit: 1 – max. 5 Stunden bei 20–25 °C
Nach der Reifezeit steht der Vorteig zur Herstellung des Hauptteigs bereit oder kann bis zu 3 Tage im Kühlschrank (bei 5 °C) aufbewahrt werden.

Zutaten für die Teigbereitung

371 g Weizenhefevorteig ❶
800 g Weizenmehl, Type 405 oder 550
25 g Salz
20 g Frischhefe
20 g Backmalz
ca. 600 ml Wasser
ca. 1840 g Brotteig

Kneten

Alle Zutaten in der angegebenen Reihenfolge in den Kneter geben, dabei allerdings 100 ml Wasser zurückbehalten. Zunächst 12 Minuten langsam, dann 10 Minuten schnell kneten. Das restliche Wasser nach und nach ab Minute 10 des Knetvorganges zugeben. Bei einfachen Rühr- und Knetmaschinen (Eingang-Maschinen): 25 Minuten.
Soll-Temperatur des Teigs: 24 °C

Teigruhe, Formen und Gare

Den Teig in eine geölte Wanne geben und 1 Stunde ruhen lassen, bis sich sein Volumen etwa verdoppelt hat. Nach dieser Ruhezeit den Teig auf einem bemehlten Tisch mehrmals zusammenfalten und wieder zurück in die Wanne legen. Nach 1 weiteren Stunde Ruhezeit den Teig auf die bemehlte Arbeitsplatte legen, in 150 g große Stücke einteilen und diese abgeteilten Teiglinge in Mehl wenden. Nun immer 4 Teiglinge zu einem Bürli-Brot zusammensetzen. Anschließend noch einmal 20 Minuten gären lassen, danach einschießen und auf einem mit Dauerbackfolie ausgelegten Backblech backen.
Temperatur für die Gare: ca. 25 °C

Backen

Im Häussler Holzbackofen:
Bei 300 °C einschießen
Backzeit 15-20 Minuten

Im Häussler Elektro-Steinbackofen:
Bei Oberhitze 300 °C / Unterhitze 200 °C einschießen
Bei ausgeschaltenem Ofen 15-20 Minuten backen

Im herkömmlichen Haushaltsbackofen:
Bei 250 °C einschießen
Nach 5 Minuten auf 220 °C zurückschalten
Backzeit 10–15 Minuten

FRANZÖSISCHES LANDWEISSBROT

FÜR 2 BROTE
JE ETWA 850 G TEIGGEWICHT
VORBEREITUNG: WEIZENSAUERTEIG HERSTELLEN

Weizensauerteig ❶

180 g Weizenmehl, Type 550
ca. 2 g Frischhefe
ca. 125 ml Wasser
oder Sauerteig-Starterkultur nach Angaben des Herstellers

ca. 307 g Weizensauerteig
oder die entsprechende Menge Fertigsauerteig, nach Angaben des Herstellers

Soll-Temperatur des Weizensauerteigs: ca. 28 °C
Reifezeit: 10–16 Stunden bei 25–28 °C

Zutaten der Teigbereitung

307 g Weizensauerteig ❶
720 g Weizenmehl, Type 550
100 g Weizenmehl, Type 1050
20 g Salz
10 g Frischhefe
ca. 610 ml Wasser

ca. 1770 g Brotteig

Kneten

Alle Zutaten in der angegebenen Reihenfolge in den Kneter geben und zunächst 6 Minuten langsam, dann 10 Minuten schnell kneten. Bei einfachen Rühr- und Knetmaschinen (Eingang-Maschinen): 18 Minuten.
Soll-Temperatur des Teigs: 24–25 °C

Teigruhe, Formen und Gare

Den Teig unter einer Folie oder einem sauberen Tuch ca. 2 Stunden in der Küche ruhen lassen. Anschließend in 2 gleich große Stücke portionieren, vorsichtig rundwirken und mit dem Verschluss nach oben in bemehlten Langkörben ablegen. Für 60–70 Minuten auf Gare stellen.
Temperatur für die Gare: 25–30 °C

Backen

Die Brote aus den Gärkörben auf einen leicht bemehlten Backschieber stürzen, mit einem Messer einschneiden und in den heißen Ofen schießen.

Im Häussler Holzbackofen:
Bei 280 °C einschießen
Backzeit 40-45 Minuten

Im Häussler Elektro-Steinbackofen:
Bei Oberhitze 280 °C / Unterhitze 190 °C einschießen
Bei ausgeschaltenem Ofen 40-45 Minuten backen

Im herkömmlichen Haushaltsbackofen:
Bei 250 °C einschießen
Nach 5 Minuten auf 200 °C zurückschalten
Backzeit weitere 35-40 Minuten

MEDITERRANES TOMATEN-OLIVEN-BROT

FÜR 3 BROTE
JE ETWA 680 G TEIGGEWICHT
VORBEREITUNG: WEIZENSAUERTEIG HERSTELLEN

Weizensauerteig ❶

150 g Weizenmehl, Type 550
ca. 1 g Frischhefe
oder Sauerteig-Starterkultur nach Angaben des Herstellers
ca. 105 ml Wasser

ca. 256 g Weizensauerteig
oder die entsprechende Menge Fertigsauerteig, nach Angaben des Herstellers

Soll-Temperatur des Weizensauerteigs: ca. 28 °C
Reifezeit: 10–16 Stunden bei 25–28 °C

Zutaten für die Teigbereitung

256 g Weizensauerteig ❶
850 g Weizenmehl, Type 550
150 g Oliven, in Scheiben geschnitten
5 g italienische Kräuter, getrocknet
70 ml Olivenöl
20 g Salz
ca. 15 g Frischhefe
ca. 530 ml Wasser
150 g getrocknete Tomaten, zerkleinert

ca. 2050 g Brotteig

Kneten

Alle Zutaten, bis auf die getrockneten Tomaten und Oliven, in der angegebenen Reihenfolge in den Kneter geben und zunächst 7 Minuten langsam, dann 8 Minuten schnell kneten. Die Tomaten und Oliven erst in den letzten 2–3 Minuten des Knetens zugeben. Bei einfachen Rühr- und Knetmaschinen (Eingang-Maschinen): 18 Minuten.
Soll-Temperatur des Teigs: 24 °C

Teigruhe, Formen und Gare

Den Teig unter einer Folie oder einem sauberen Tuch 35–45 Minuten in der Küche ruhen lassen. Anschließend in 3 gleich große Stücke portionieren, vorsichtig rund-, dann langwirken und nochmals 10 Minuten ruhen lassen. Die Brote vorsichtig langrollen und auf ein mit Mehl bestreutes Leinentuch setzten. Den ersten Brotlaib rechts, den zweiten Laib etwa 40 cm (je nach Brotgröße) links daneben setzen und diesen Laib mit dem Tuch an den ersten Laib heranziehen, sodass das Leinentuch die beiden Brote komplett trennt und etwa 1 cm zwischen den Broten Platz bleibt. Nun 40–50 Minuten auf Gare stellen. Die Brote kurz vor dem Backen über Kreuz einschneiden.
Temperatur für die Gare: 25–30 °C

Backen

Die Brote vom Leinentuch auf einen leicht bemehlten Backschieber legen und in den heißen Ofen schießen.

Im Häussler Holzbackofen:
Bei 280 °C einschießen
Backzeit 30-35 Minuten

Im Häussler Elektro-Steinbackofen:
Bei Oberhitze 280 °C / Unterhitze 190 °C einschießen
Bei ausgeschaltenem Ofen 30-35 Minuten backen

Im herkömmlichen Haushaltsbackofen:
Bei 240 °C einschießen
Nach 5 Minuten auf 200 °C zurückschalten
Backzeit weitere 25-30 Minuten

GRIECHISCHES FETABROT

FÜR 5 BROTE
JE ETWA 390 G TEIGGEWICHT
VORBEREITUNG: WEIZENSAUERTEIG HERSTELLEN

Weizensauerteig ❶

150 g Weizenmehl, Type 550
ca. 1 g Frischhefe
oder Sauerteig-Starterkultur nach Angaben des Herstellers
ca. 105 ml Wasser

ca. 256 g Sauerteig
oder die entsprechende Menge Fertigsauerteig, nach Angaben des Herstellers

Soll-Temperatur des Weizensauerteigs: ca. 28 °C
Reifezeit: 10–16 Stunden bei 25–28 °C

Zutaten für die Teigbereitung

256 g Weizensauerteig ❶
850 g Weizenmehl, Type 550
100 g Rucola, gewaschen und klein gezupft
100 g Feta, in kleine Würfel geschnitten
50 ml Balsamicoessig
20 g Frischhefe
20 ml Olivenöl
20 g Salz
10 g italienische Kräuter, getrocknet
ca. 530 ml Wasser

ca. 1960 g Brotteig

Kneten

Alle Zutaten in der angegebenen Reihenfolge in den Kneter geben und zunächst 6 Minuten langsam, dann 7 Minuten schnell kneten. Bei einfachen Rühr- und Knetmaschinen (Eingang-Maschinen): 16 Minuten.
Soll-Temperatur des Teigs: 23–25 °C

Teigruhe, Formen und Gare

Den Teig unter einer Folie oder einem sauberen Tuch ca. 40 Minuten in der Küche ruhen lassen. Anschließend in 5 gleich große Stücke portionieren, vorsichtig rund-, dann langwirken und mit dem Verschluss nach oben auf ein bemehltes Leinentuch setzen. Dafür den ersten Brotlaib rechts außen aufsetzen und die weiteren Laibe etwa 40 cm (je nach Brotgröße) links daneben setzen und diese dann mit dem Tuch an den ersten Laib heranziehen, sodass das Leinentuch die Brote komplett trennt und etwa 1 cm zwischen den Broten Platz bleibt. Für 30–35 Minuten auf Gare stellen. Die Brote kurz vor dem Backen rautenförmig einschneiden.
Temperatur für die Gare: 25–30 °C

Backen

Die Brote vom Leinentuch auf einen leicht bemehlten Backschieber legen und in den heißen Ofen schießen.

Im Häussler Holzbackofen:
Bei 270 °C einschießen
Backzeit 30 Minuten

Im Häussler Elektro-Steinbackofen:
Bei Oberhitze 270 °C / Unterhitze 180 °C einschießen
Bei ausgeschaltenem Ofen 30 Minuten backen

Im herkömmlichen Haushaltsbackofen:
Bei 230 °C einschießen
Nach 5 Minuten auf 200 °C zurückschalten
Backzeit weitere 25 Minuten

ITALIENISCHES CIABATTA

FÜR 5 BROTE
JE ETWA 380 G TEIGGEWICHT
VORBEREITUNG: WEIZENHEFEVORTEIG UND KOCHSTÜCK HERSTELLEN

Weizenhefevorteig ❶
240 g Weizenmehl
ca. 1 g Frischhefe, Type 550
ca. 190 ml Wasser
ca. 431 g Weizenhefevorteig

Soll-Temperatur des Weizenhefevorteigs: ca. 24 °C
Reifezeit: 1 – max. 5 Stunden bei 20–25 °C. Nach der Reifezeit steht der Vorteig zur Herstellung des Hauptteigs bereit oder kann bis zu 3 Tage im Kühlschrank (bei 5 °C) aufbewahrt werden.

Kochstück ❷
100 g Hartweizengrieß
ca. 280 ml Wasser
380 g Kochstück

Stehzeit: mindestens 5 Stunden
Am besten am Vortag zubereiten, damit es bis zur Teigbereitung quellen und auskühlen kann.

Zutaten der Teigbereitung
431 g Weizenhefevorteig ❶
380 g Kochstück ❷
100 g Roggenmehl, Type 997
560 g Weizenmehl, Type 550
10 g Frischhefe
5 g Zucker
20 ml Olivenöl
ca. 100 ml Vollmilch
ca. 280 ml Wasser
20 g Salz
ca. 1910 g Brotteig

Kneten
Alle Zutaten in der angegebenen Reihenfolge in den Kneter geben und zunächst 10 Minuten langsam, dann 7 Minuten schnell kneten. Bei einfachen Rühr- und Knetmaschinen (Eingang-Maschinen): 20 Minuten.
Soll-Temperatur des Teigs: 24 °C

Teigruhe, Formen und Gare
Den Teig unter einer Folie oder einem sauberen Tuch ca. 2 Stunden in der Küche ruhen lassen. Den weichen Teig auf eine kräftig bemehlte Arbeitsplatte schütten, sodass eine gleichmäßig hohe Teigschicht entsteht. Am besten 5 gleich große Stücke abstechen, diese evtl. etwas lang ziehen und auf eine gut bemehlte Fläche absetzen. 30–40 Minuten auf Gare stellen.
Temperatur für die Gare: 25–30 °C

Backen
Die Brote auf einen leicht bemehlten Backschieber legen und in den heißen Ofen schießen.

Im Häussler Holzbackofen:
Bei 280 °C einschießen
Backzeit 25 Minuten

Im Häussler Elektro-Steinbackofen:
Bei Oberhitze 280 °C / Unterhitze 190 °C einschießen
Bei ausgeschaltenem Ofen 25 Minuten backen

Im herkömmlichen Haushaltsbackofen:
Bei 230 °C einschießen
Nach 5 Minuten auf 200 °C zurückschalten
Backzeit weitere 20 Minuten

Tipp: Das Salz erst gegen Ende der Mischzeit zugeben. Dieses Brot schmeckt am besten, wenn es frisch gegessen wird. Für das Kochstück kann statt Wasser auch Milch verwendet werden.

UNGARISCHES PAPRIKABROT

FÜR 3 BROTE
JE ETWA 680 G TEIGGEWICHT
VORBEREITUNG: WEIZENSAUERTEIG HERSTELLEN

Weizensauerteig ❶

150 g Weizenmehl, Type 1050
2 g Frischhefe
oder Sauerteig-Starterkultur nach Angaben des Herstellers
ca. 105 ml Wasser

ca. 257 g Weizensauerteig
oder die entsprechende Menge Fertigsauerteig, nach Angaben des Herstellers

Soll-Temperatur des Weizensauerteigs: ca. 28 °C
Reifezeit: 10–16 Stunden bei 25–28 °C

Zutaten der Teigbereitung

257 g Weizensauerteig ❶
350 g Weizenmehl, Type 1050
500 g Weizenmehl, Type 550
25 g Salz
20 g Frischhefe
5 g Pfeffer
ca. 480 ml Wasser
400 g frische Paprika, in Streifen geschnitten

ca. 2040 g Brotteig

Kneten

Alle Zutaten in der angegebenen Reihenfolge in den Kneter geben und zunächst 6 Minuten langsam, dann 5–8 Minuten schnell kneten. Bei einfachen Rühr- und Knetmaschinen (Eingang-Maschinen): 15 Minuten. Die Paprika erst in den letzten 2–3 Minuten des Knetens zugeben.
Soll-Temperatur des Teigs: 24 °C

Teigruhe, Formen und Gare

Den Teig unter einer Folie oder einem sauberen Tuch 30–40 Minuten in der Küche ruhen lassen. Anschließend in 3 gleich große Stücke portionieren, vorsichtig rund-, dann langwirken und mit dem Verschluss nach oben auf ein bemehltes Leinentuch setzen. Den ersten Brotlaib rechts außen, den zweiten und dritten Laib jeweils etwa 40 cm (je nach Brotgröße) links daneben setzen und die Laibe mit dem Tuch an den ersten Laib heranziehen, sodass das Leinentuch die Brote komplett trennt und etwa 1 cm zwischen den Broten Platz bleibt. Nun 30–35 Minuten auf Gare stellen. Die Brote kurz vor dem Backen rautenförmig einschneiden.
Variation: Die Teigstücke rundwirken und in bemehlte Garkörbchen, mit dem Verschluss nach oben, ablegen und vor dem Schieben mehrfach quer einschneiden.
Temperatur für die Gare: 25–30 °C

Backen

Die Brote vom Leinentuch auf einen leicht bemehlten Backschieber legen und in den heißen Ofen schießen.

Im Häussler Holzbackofen:
Bei 270 °C einschießen
Backzeit 35 Minuten

Im Häussler Elektro-Steinbackofen:
Bei Oberhitze 270 °C / Unterhitze 180 °C einschießen
Bei ausgeschaltenem Ofen 35 Minuten backen

Im herkömmlichen Haushaltsbackofen:
Bei 230 °C einschießen
Nach 5 Minuten auf 200 °C zurückschalten
Backzeit weitere 30 Minuten

TÜRKISCHES FLADENBROT

FÜR 4 BROTE
JE ETWA 450 G TEIGGEWICHT
VORBEREITUNG: WEIZENSAUERTEIG HERSTELLEN.

Weizensauerteig ❶
100 g Weizenmehl, Type 1050
ca. 1 g Frischhefe
oder Sauerteig-Starterkultur nach Angaben des Herstellers
ca. 70 ml Wasser
ca. 171 g Weizensauerteig
oder die entsprechende Menge Fertigsauerteig, nach Angaben des Herstellers

Soll-Temperatur des Weizensauerteigs: ca. 28 °C
Reifezeit: 10–16 Stunden bei 25–28 °C

Zutaten der Teigbereitung
171 g Weizensauerteig ❶
900 g Weizenmehl, Type 550
100 ml Olivenöl
30 g Frischhefe
20 g Salz
10 g Zucker
ca. 570 ml Wasser
ca. 1800 g Brotteig

10 g Sesam und **5 g** Schwarzkümmel zum Bestreuen

Kneten
Alle Zutaten in der angegebenen Reihenfolge in den Kneter geben und zunächst 5 Minuten langsam, dann 7 Minuten schnell kneten. Bei einfachen Rühr- und Knetmaschinen (Eingang-Maschinen): 15 Minuten.
Soll-Temperatur des Teigs: 22–25 °C

Teigruhe, Formen und Gare
Den Teig unter einer Folie oder einem sauberen Tuch ca. 50 Minuten in der Küche ruhen lassen. Anschließend in 4 gleich große Stücke portionieren, vorsichtig zu Ballen rundwirken und auf Gare stellen. Nach 40 Minuten die Teigballen auf 20 cm Durchmesser drücken und auf einen bemehlten Backschieber legen. Die Fladenbrote mit geölten Fingern unregelmäßig eindrücken, mit Schwarzkümmel und Sesam bestreuen und in den heißen Ofen schieben.
Temperatur für die Gare: 25–30 °C

Backen
Im Häussler Holzbackofen:
Bei 300 °C einschießen
Backzeit 10-15 Minuten

Im Häussler Elektro-Steinbackofen:
Bei Oberhitze 300 °C / Unterhitze 200 °C einschießen
Bei ausgeschaltenem Ofen 10-15 Minuten backen

Im herkömmlichen Haushaltsbackofen:
Bei 250 °C einschießen
Nach 5 Minuten auf 190 °C zurückschalten
Backzeit weitere 5-10 Minuten

Tipp: Die Fladenbrote vor dem Backen mit Tomaten und Olivenscheiben belegen und mit einer Kräutermischung bestreuen.

SONNENBLUMENKERNBROT

FÜR 2 BROTE
JE ETWA 1050 G TEIGGEWICHT
VORBEREITUNG: ROGGENSAUERTEIG UND QUELLSTÜCK HERSTELLEN

Roggensauerteig (Einstufige Führung) ❶

150 g Roggenmehl, Type 997
15 g Starterkultur/Anstellgut
bzw. Sauerteig-Starterkultur nach Angaben des Herstellers
ca. 135 ml Wasser
ca. 300 g Sauerteig
oder die entsprechende Menge Fertigsauerteig, nach Angaben des Herstellers

Soll-Temperatur des Sauerteigs: 24–27 °C
15–22 Stunden reifen lassen

Quellstück ❷

300 g Sonnenblumenkerne
ca. 200 ml Wasser
22 g Salz
522 g Quellstück

Die Sonnenblumenkerne auf einem Backblech verteilen. Bei 190–200 °C 8–10 Minuten rösten. Ab und an mit einer Gabel wenden. Geröstete Sonnenblumenkerne mit kaltem Wasser übergießen, Salz zugeben, umrühren und abdecken.
Stehzeit: mindestens 5 Stunden

Zutaten der Teigbereitung

300 g Roggensauerteig ❶
522 g Quellstück ❷
350 g Roggenmehl, Type 997
500 g Weizenmehl, Type 550
20 g Frischhefe
ca. 415 ml Wasser
ca. 2105 g Brotteig

Kneten

Alle Zutaten in der angegebenen Reihenfolge in den Kneter geben und 6 Minuten langsam, dann ca. 8 Minuten schnell kneten. Bei einfachen Knet- und Rührmaschinen (Eingang-Maschinen): 17 Minuten.
Soll-Temperatur des Teigs: 25–27 °C

Teigruhe, Formen und Gare

Den Teig unter einer Folie oder einem sauberen Tuch 20–30 Minuten in der Küche ruhen lassen. Anschließend in 2 gleich große Stücke portionieren, erst rund-, dann langwirken und mit dem Verschluss nach unten auf den Tisch legen. Die Oberfläche mit Wasser abstreichen, in Sonnenblumenkernen wälzen und mit dem Verschluss nach unten in gefetteten Kastenformen ablegen. Etwa 50 Minuten auf Gare stellen. Etwa 10 Minuten vor Ende der Gare die Brote längs einschneiden.
Temperatur für die Gare: 25–30 °C

Backen

Im Häussler Holzbackofen:
Bei 280 °C einschießen
Backzeit 45–50 Minuten

Im Häussler Elektro-Steinbackofen:
Bei Oberhitze 280 °C/Unterhitze 190 °C einschießen
Bei ausgeschaltenem Ofen 45–50 Minuten backen

Im herkömmlichen Haushaltsbackofen:
Bei 250 °C einschießen
Nach 5 Minuten auf 200 °C zurückschalten
Backzeit weitere 45 Minuten

ZWIEBEL-KNOBLAUCH-STANGE

FÜR 2 BROTE
JE ETWA 1000 G TEIGGEWICHT
VORBEREITUNG: ROGGENSAUERTEIG HERSTELLEN

Roggensauerteig (Einstufige Führung) ❶
185 g Roggenmehl, Type 1150
18 g Starterkultur/Anstellgut
bzw. Sauerteig-Starterkultur nach Angaben des Herstellers
ca. 185 ml Wasser

ca. 388 g Sauerteig
oder die entsprechende Menge Fertigsauerteig, nach Angaben des Herstellers

Soll-Temperatur des Sauerteigs: 24–27 °C
15–22 Stunden reifen lassen

Zutaten der Teigbereitung
388 g Roggensauerteig ❶
365 g Roggenmehl, Type 1150
450 g Weizenmehl, Type 550
20 g Schmalz
20 g Salz
20 g Frischhefe
2 g Knoblauchpulver
ca. 570 ml Wasser
170 g Röstzwiebeln

ca. 2000 g Brotteig

Kneten
Alle Zutaten, bis auf die Röstzwiebeln, in der angegebenen Reihenfolge in den Kneter geben und 6 Minuten langsam, dann 7 Minuten schnell kneten. Bei einfachen Rühr- und Knetmaschinen (Eingang-Maschinen): 17 Minuten. Die Röstzwiebeln erst in den letzten 1–2 Minuten unterkneten.
Soll-Temperatur des Teigs: 25–27 °C

Teigruhe, Formen und Gare
Den Teig unter einer Folie oder einem sauberen Tuch ca. 25 Minuten in der Küche ruhen lassen. Anschließend in 2 gleich große Stücke portionieren, erst rund-, dann langwirken und 10 Minuten ruhen lassen. Die Brote langrollen, mit dem Verschluss nach oben auf ein mit Roggenmehl bestäubtes Leinentuch setzen. Den ersten Brotlaib rechts außen. den zweiten Laib etwa 40 cm (je nach Brotgröße) links daneben setzen und diesen Laib mit dem Tuch an den ersten Laib heranziehen, sodass das Leinentuch die beiden Brote komplett trennt und etwa 1 cm zwischen den Broten Platz bleibt. Dann für etwa 40–45 Minuten auf Gare stellen.
Temperatur für die Gare: 25–30 °C

Backen
Die Brote vom Leinentuch auf einen leicht bemehlten Backschieber legen, mit einem Messer mehrmals schräg einschneiden und in den heißen Ofen schießen.

Im Häussler Holzbackofen:
Bei 280 °C einschießen
Backzeit 40-45 Minuten

Im Häussler Elektro-Steinbackofen:
Bei Oberhitze 280 °C / Unterhitze 190 °C einschießen
Bei ausgeschaltenem Ofen 40-45 Minuten backen

Im herkömmlichen Haushaltsbackofen:
Bei 265 °C einschießen
Nach 5 Minuten auf 200 °C zurückschalten
Backzeit weitere 35–40 Minuten

Tipp: Das Knoblauchpulver genau dosieren. Es sollte nicht zu dominant hervorschmecken.

SCHINKEN-KÄSE-STANGE

FÜR 4 BROTE
JE ETWA 500 G TEIGGEWICHT
VORBEREITUNG: WEIZENSAUERTEIG HERSTELLEN UND KÄSE REIBEN

Weizensauerteig ❶

150 g Weizenmehl, Type 550
ca. 120 ml Wasser
2 g Frischhefe
oder Sauerteig-Starterkultur nach Angaben des Herstellers
ca. 272 g Weizensauerteig

Soll-Temperatur des Weizensauerteigs: ca. 28 °C
Reifezeit: 10–16 Stunden bei 25–28 °C

Zutaten der Teigbereitung

272 g Weizensauerteig ❶
850 g Weizenmehl, Type 550
20 g Salz
15 g Frischhefe
ca. 580 ml Wasser
250 g Schinkenwürfel
50 g Käse, grob gerieben
ca. 2040 g Brotteig
200 g geriebener Käse und **50 g** Sesam für die Brotoberfläche

Kneten

Alle Zutaten, bis auf die Schinkenwürfel, in der angegebenen Reihenfolge in den Kneter geben und 6 Minuten langsam, dann 7 Minuten schnell kneten. Bei einfachen Rühr- und Knetmaschinen (Eingang-Maschinen): 16 Minuten.
Die Schinkenwürfel und den geriebenen Käse erst in den letzten 2–3 Minuten unterkneten.
Soll-Temperatur des Teigs: 23–25 °C

Teigruhe, Formen und Gare

Den Teig unter einer Folie oder einem sauberen Tuch ca. 35 Minuten in der Küche ruhen lassen. Anschließend in 4 gleich große Stücke portionieren, erst rund-, dann langwirken und 10 Minuten ruhen lassen. Die Brote vorsichtig wie ein Baguette weiter langrollen. Ein Leinentuch dick mit der Käse-Sesam-Mischung bestreuen und die Brote im Abstand von ca. 20 cm mit dem Verschluss nach oben auf das Tuch setzen. Die Tuchfläche zwischen den Broten hochziehen, sodass die Brote fast direkt aneinander liegen. Für etwa 40 Minuten auf Gare stellen.
Temperatur für die Gare: 25–30 °C

Backen

Die Brote vom Leinentuch auf einen leicht bemehlten Backschieber legen und in den heißen Ofen schießen.

Im Häussler Holzbackofen:
Bei 270 °C einschießen
Backzeit 30 Minuten

Im Häussler Elektro-Steinbackofen:
Bei Oberhitze 270 °C / Unterhitze 180 °C einschießen
Bei ausgeschaltenem Ofen 30 Minuten backen

Im herkömmlichen Haushaltsbackofen:
Bei 240 °C einschießen
Nach 5 Minuten auf 210 °C zurückschalten
Backzeit weitere 25 Minuten

Tipp: Das Schinkenaroma wird intensiver, wenn Sie etwa die Hälfte der Schinkenwürfel vor der Verwendung anbraten.

BRATKARTOFFELBROT

FÜR 4 BROTE
JE ETWA 600 G TEIGGEWICHT
VORBEREITUNG: ROGGENSAUERTEIG HERSTELLEN, KARTOFFELN KOCHEN, SCHINKEN UND ZWIEBELN WÜRFELN

Roggensauerteig (Einstufige Führung) ❶
100 g Roggenmehl, Type 997
ca. 10 g Starterkultur/Anstellgut
bzw. Sauerteig-Starterkultur nach Angaben des Herstellers
ca. 190 ml Wasser

ca. 200 g Roggensauerteig
oder die entsprechende Menge Fertigsauerteig, nach Angaben des Herstellers

Soll-Temperatur des Sauerteigs: 24–27 °C
15–22 Stunden reifen lassen

Vorbereitung
500 g geschälte Kartoffeln, in Scheiben geschnitten
50 g Schinkenwürfel
50 g Zwiebelwürfel
Öl zum Anbraten

Kartoffelscheiben in einer Pfanne anbraten und salzen. Schinken- und Zwiebelwürfel ebenfalls getrennt anbraten (16 Scheiben für die Dekoration zur Seite legen).

Zutaten der Teigbereitung
200 g Sauerteig ❶
900 g Weizenmehl, Type 1050
ca. 500 g angebratene Kartoffelscheiben
50 g angebratene Schinkenwürfel
50 g angebratene Zwiebelwürfel
20 g Salz
20 g Frischhefe
5 g Pfeffer
5 g Brotgewürz
ca. 650 ml Wasser

ca. 2400 g Brotteig

Kneten
Alle Zutaten in der angegebenen Reihenfolge in den Kneter geben und zunächst 6 Minuten langsam, dann 7 Minuten intensiv und schnell kneten. Bei einfachen Rühr- und Knetmaschinen (Eingang-Maschinen): 16 Minuten.
Soll-Temperatur des Teigs: 25–26 °C

Teigruhe, Formen und Gare
Den Teig unter einer Folie oder einem sauberen Tuch ca. 20 Minuten in der Küche ruhen lassen. Anschließend in 4 gleich große Stücke portionieren, erst rund-, dann langwirken. Ein Leinentuch mit Weizenmehl bestäuben, die Brote im Abstand von ca. 30 cm mit dem Verschluss nach oben daraufsetzen und die Tuchfläche zwischen den Broten hochziehen, sodass die Brote fast aneinander liegen (ca. 1 cm Abstand). Für etwa 40 Minuten auf Gare stellen. Die Brote nach der Gare mit einer Reihe roher Kartoffelscheiben belegen.
Temperatur für die Gare: 25–30 °C

Backen
Die Brote vom Leinentuch auf einen leicht bemehlten Backschieber legen und in den heißen Ofen schießen.

Im Häussler Holzbackofen:
Bei 280 °C einschießen
Backzeit 40-45 Minuten

Im Häussler Elektro-Steinbackofen:
Bei Oberhitze 280 °C / Unterhitze 190 °C einschießen
Bei ausgeschaltenem Ofen 40-45 Minuten backen

Im herkömmlichen Haushaltsbackofen:
Bei 245 °C einschießen
Nach 5 Minuten auf 210 °C zurückschalten
Backzeit weitere 35-40 Minuten

Tipp: Bestreichen Sie die aufgelegten Kartoffelscheiben mit etwas Öl, dann glänzen sie schön.

GRÜNKOHLBROT MIT METTWURST

FÜR 3 BROTE
JE ETWA 860 G TEIGGEWICHT
VORBEREITUNG: ROGGENSAUERTEIG UND BRÜHSTÜCK HERSTELLEN, GRÜNKOHL UND METTWURST VORBEREITEN

Roggensauerteig (Einstufige Führung) ❶

180 g Roggenmehl, Type 997
18 g Starterkultur/Anstellgut
bzw. Sauerteig-Starterkultur nach Angaben des Herstellers
ca. 140 ml Wasser
ca. 338 g Roggensauerteig
oder die entsprechende Menge Fertigsauerteig, nach Angaben des Herstellers

Soll-Temperatur des Roggensauerteigs: 24–27 °C
15–22 Stunden reifen lassen

Brühstück ❷

100 g Sesam
50 g Leinsamen
150 ml Wasser
300 g Brühstück

Sesam und Leinsamen in eine Schüssel geben, mit kochendem Wasser übergießen, umrühren und abdecken.
Stehzeit: mindestens 5 Stunden
Am besten am Vortag zubereiten, damit es bis zur Teigbereitung quellen und auskühlen kann.

Vorbereitung

700 g Grünkohl, tiefgefroren
150 g Mettwurst

Den Grünkohl auftauen und gut abtropfen lassen (er verliert dadurch 40–50 % seines Gewichts). Die Mettwurst in etwa 600 ml Wasser kochen (Achtung: Kochwasser wird später verwendet, nicht wegschütten), auskühlen lassen, dann in verschieden große Stücke (Scheiben, halbe Scheiben, etc.) schneiden.

Zutaten der Teigbereitung

338 g Roggensauerteig ❶
300 g Brühstück ❷
420 g Roggenmehl, Type 997
100 g Roggenschrot, Type 1800
300 g Weizenmehl, Type 550
20 g Frischhefe
22 g Salz
5 g Muskatnuss
5 g Pfeffer
ca. 580 ml Wasser
350 g abgetropfter Grünkohl
150 g gekochte Mettwurststücke
ca. 2590 g Brotteig

Kneten

Alle Zutaten, bis auf Grünkohl und Mettwurststücke, in der angegebenen Reihenfolge in den Kneter geben und 5-8 Minuten langsam, dann 8 Minuten schnell kneten. Bei einfachen Rühr- und Knetmaschinen (Eingang-Maschinen): ca. 17 Minuten. Erst wenn der Knetprozess abgeschlossen ist, Grünkohl und Mettwurststücke kurz unterkneten.
Soll-Temperatur des Teigs: 25–27 °C

Teigruhe, Formen und Gare

Den Teig unter einer Folie oder einem sauberen Tuch ca. 20 Minuten in der Küche ruhen lassen. Anschließend in 3 gleich große Stücke portionieren, erst rund-, dann langwirken und in gefetteten, mit etwas Roggenschrot bestreuten Kastenformen mit dem Verschluss nach unten ablegen. Etwa 40 Minuten auf Gare stellen. Die Brote nach etwa 30 Minuten längs einschneiden.
Temperatur für die Gare: 25–30 °C

Backen

Im Häussler Holzbackofen:
Bei 280 °C einschießen
Backzeit 50 Minuten

Im Häussler Elektro-Steinbackofen:
Bei Oberhitze 280 °C/Unterhitze 190 °C einschießen
Bei ausgeschaltenem Ofen 50 Minuten backen

Im herkömmlichen Haushaltsbackofen:
Bei 250 °C einschießen
Nach 5 Minuten auf 210 °C zurückschalten
Backzeit weitere 45 Minuten

BIERBROT

FÜR 3 BROTE
JE ETWA 590 G TEIGGEWICHT
VORBEREITUNG: ROGGENSAUERTEIG HERSTELLEN

Roggensauerteig (Einstufige Führung) ❶

180 g Roggenmehl, Type 1150
ca. 18 g Starterkultur/Anstellgut
bzw. Sauerteig-Starterkultur nach Angaben des Herstellers
ca. 150 ml Wasser

348 g Roggensauerteig
oder die entsprechende Menge Fertigsauerteig, nach Angaben des Herstellers

Soll-Temperatur des Roggensauerteigs: 24–27 °C
15–22 Stunden reifen lassen

Zutaten der Teigbereitung

348 g Roggensauerteig ❶
370 g Roggenmehl, Type 1150
450 g Weizenmehl, Type 550
30 g Schmalz
20 g Salz
20 g Frischhefe
ca. 530 ml Bier

ca. 1770 g Brotteig
200 g Hafer- oder Roggenflocken für die Brotoberfläche

Kneten

Alle Zutaten in der angegebenen Reihenfolge in den Kneter geben und ca. 6 Minuten langsam und 7 Minuten schnell kneten. Bei einfachen Rühr- und Knetmaschinen (Eingang-Maschinen): ca. 17 Minuten.
Soll-Temperatur des Teigs: 26–27 °C

Teigruhe, Formen und Gare

Den Teig unter einer Folie oder einem sauberen Tuch 20–30 Minuten in der Küche ruhen lassen. Anschließend in 3 gleich große Stücke portionieren und erst rund-, dann etwas langwirken und mit dem Verschluss nach unten auf einem bemehlten Tisch ablegen. Anschließend mit einer Brotbürste nässen und in Hafer- oder Dinkelflocken wälzen. Mit dem Verschluss nach unten in gefetteten Kastenformen ablegen und für 40–45 Minuten auf Gare stellen und vor dem Backen längs einschneiden.
Temperatur für die Gare: 25–30 °C

Backen

Im Häussler Holzbackofen:
Bei 280 °C einschießen
Backzeit 45-50 Minuten

Im Häussler Elektro-Steinbackofen:
Bei Oberhitze 280 °C / Unterhitze 190 °C einschießen
Bei ausgeschaltenem Ofen 45-50 Minuten backen

Im herkömmlichen Haushaltsbackofen:
Bei 260 °C einschießen
Nach 5 Minuten auf 200 °C zurückschalten
Backzeit weitere 40-45 Minuten

Tipp: Wenn Sie die Möglichkeit haben, sich bei einer Brauerei Treber zu besorgen, dann können Sie dem Rezept 200 g Treber und 100 ml Bier hinzufügen.

SAUERKRAUTBROT
MIT SCHINKEN UND KARTOFFELN

FÜR 3 BROTE
JE ETWA 730 G TEIGGEWICHT
VORBEREITUNG: ROGGENSAUERTEIG UND WEIZENSAUERTEIG HERSTELLEN

Roggensauerteig (Einstufige Führung) ❶
100 g Roggenmehl, Type 1150
10 g Starterkultur/Anstellgut
bzw. Sauerteig-Starterkultur nach Angaben
des Herstellers
ca. 90 ml Wasser

ca. 200 g Sauerteig
oder die entsprechende Menge Fertigsauerteig, nach
Angaben des Herstellers

Soll-Temperatur des Roggensauerteigs: 24–27 °C
15–22 Stunden reifen lassen

Weizensauerteig ❷
100 g Weizenmehl, Type 1050
1 g Frischhefe
ca. 70 ml Wasser

ca. 171 g Weizensauerteig
oder Sauerteig-Starterkultur nach Angaben
des Herstellers

Soll-Temperatur des Weizensauerteigs: ca. 28 °C
Reifezeit: 10–16 Stunden bei 25–28 °C

Vorbereitung
350 g Weinsauerkraut
50 g Weizenmehl, Type 1050
100 g Kartoffeln, geschält

Das Sauerkraut gut abtropfen lassen, sodass 300 g übrig bleibt. Das Mehl zum Kraut geben und unterarbeiten. Die Kartoffel in 1 cm große Stücke schneiden und 10 Minuten dünsten.

Zutaten der Teigbereitung

200 g Roggensauerteig ❶
171 g Weizensauerteig ❷
750 g Weizenmehl, Type 1050
20 g Salz
20 g Frischhefe
etwas Pfeffer, Muskatnuss und Kümmel
ca. 480 ml Wasser
300 g Weinsauerkraut
50 g Weizenmehl, Type 1050, zum Sauerkraut geben, leicht unterarbeiten
100 g gedünstete Kartoffelstücke
100 g Schinkenwürfel

ca. 2190 g Brotteig

Kneten

Alle Zutaten, bis auf die Sauerkraut-Mehl-Mischung, die Kartoffelstücke und die Schinkenwürfel, in der angegebenen Reihenfolge in den Kneter geben und 6–8 Minuten langsam, dann ca. 7 Minuten schnell kneten.
Bei einfachen Rühr- und Knetmaschinen (Eingang-Maschinen): 17 Minuten. 3 Minuten vor Ende des Knetprozesses die restlichen Zutaten zugeben.
Soll-Temperatur des Teigs: 25–26 °C

Teigruhe, Formen und Gare

Den Teig unter einer Folie oder einem sauberen Tuch 20–25 Minuten in der Küche ruhen lassen. Anschließend in 3 gleich große Stücke portionieren, rundwirken, dann mit dem Verschluss nach unten auf mit Roggenmehl bestreuten Brettern ablegen. Mit Mehl einstäuben. Etwa 45–50 Minuten auf Gare stellen.
Temperatur für die Gare: 25–30 °C

Backen

Die Brote mit dem bemehlten Boden nach oben auf einen leicht bemehlten Backschieber legen und in den heißen Ofen schießen.

Im Häussler Holzbackofen:
Bei 280 °C einschießen
Backzeit 40 Minuten

Im Häussler Elektro-Steinbackofen:
Bei Oberhitze 280 °C/Unterhitze 190 °C einschießen
Bei ausgeschaltenem Ofen 40 Minuten backen

Im herkömmlichen Haushaltsbackofen:
Bei 245°C einschießen
Nach 5 Minuten auf 200 °C zurückschalten
Backzeit weitere 35 Minuten

HASELNUSS-WALNUSS-BROT

FÜR 3 BROTE
JE ETWA 740 G TEIGGEWICHT
VORBEREITUNG: ROGGENSAUERTEIG, WEIZENHEFEVORTEIG UND QUELLSTÜCK HERSTELLEN

Roggensauerteig (Einstufige Führung) ❶

150 g Roggenmehl, Type 1370
15 g Starterkultur/Anstellgut
bzw. Sauerteig-Starterkultur nach Angaben des Herstellers
ca. 135 ml Wasser
ca. 300 g Sauerteig
oder die entsprechende Menge Fertigsauerteig, nach Angaben des Herstellers

Soll-Temperatur des Sauerteigs: 24–27 °C
15–22 Stunden reifen lassen

Weizenhefevorteig ❷

140 g Weizenmehl, Type 1050
ca. 100 ml Wasser
ca. 1 g Frischhefe
ca. 241 g Weizenhefevorteig

Soll-Temperatur des Weizenhefevorteigs: ca. 24 °C
Reifezeit: 1 – max. 5 Stunden bei 20–25 °C. Nach der Reifezeit steht der Vorteig zur Herstellung des Hauptteigs bereit oder kann bis zu 3 Tage im Kühlschrank (bei 5 °C) aufbewahrt werden.

Quellstück ❸

400 g Hasel- und Walnüsse
100 ml Wasser
500 g Quellstück

Hasel- und Walnüsse grob zerkleinern, auf einem Backblech verteilen und bei ca. 200 °C 8–10 Minuten rösten. Ab und an wenden. Geröstete Nuss- und Kernstücke mit kaltem Wasser übergießen, umrühren und abdecken.
Stehzeit: mindestens 5 Stunden

Zutaten der Teigbereitung

300 g Roggensauerteig ❶
241 g Weizenhefevorteig ❷
500 g Quellstück ❸
560 g Weizenmehl, Type 1050
150 g Roggenmehl, Type 1370
50 g Kleie
10 g Honig
22 g Salz
25 g Frischhefe
ca. 390 ml Wasser
ca. 2250 g Brotteig

Kneten

Alle Zutaten, bis auf das Quellstück, in der angegebenen Reihenfolge in den Kneter geben und 8 Minuten langsam, dann ca. 7 Minuten schnell kneten. Das Quellstück 6 Minuten vor Ende der Knetzeit zugeben.
Bei einfachen Rühr- und Knetmaschinen: 17 Minuten
Soll-Temperatur des Teigs: ca. 26 °C

Teigruhe, Formen und Gare

Den Teig unter einer Folie oder einem sauberen Tuch ca. 60 Minuten in der Küche ruhen lassen. Anschließend in 3 gleich große Stücke portionieren, rund-, dann langwirken und mit dem Verschluss nach unten auf den Tisch legen. Die Oberfläche mit Wasser abstreichen, in Hasel- oder Walnussstückchen wälzen und mit dem Verschluss nach unten in gefetteten Kastenformen ablegen. 40–45 Minuten auf Gare stellen. Etwa 15 Minuten vor Ende der Gare die Brote längs einschneiden.
Temperatur für die Gare: ca. 30 °C

Backen

Im Häussler Holzbackofen:
Bei 270 °C einschießen
Backzeit 45 Minuten

Im Häussler Elektro-Steinbackofen:
Bei Oberhitze 270 °C / Unterhitze 180 °C einschießen
Bei ausgeschaltenem Ofen 45 Minuten backen

Im herkömmlichen Haushaltsbackofen:
Bei 240 °C einschießen
Nach 5 Minuten auf 200 °C zurückschalten
Backzeit weitere 40 Minuten

Achtung: Nuss- und Mandelstückchen nicht zu dunkel rösten.

DREIKORNBROT MIT FRÜCHTEN

FÜR 4 BROTE
JE ETWA 600 G TEIGGEWICHT
VORBEREITUNG: ROGGENSAUERTEIG UND QUELLSTÜCK HERSTELLEN, FRÜCHTE ZERKLEINERN

Roggensauerteig (Einstufige Führung) ❶

150 g Roggenvollkornmehl
125 g Roggenmehl, Type 1150
28 g Starterkultur/Anstellgut
bzw. Sauerteig-Starterkultur nach Angaben des Herstellers
ca. 275 ml Wasser
ca. 580 g Sauerteig
oder die entsprechende Menge Fertigsauerteig, nach Angaben des Herstellers

Soll-Temperatur des Sauerteigs: 24–27 °C
15–22 Stunden reifen lassen

Quellstück ❷

350 g Roggenvollkorn, frisch gemahlen
50 g Hafer, frisch gequetscht
70 g Leinsamen
25 g Salz
ca. 470 ml Wasser
965 g Quellstück

Die Zutaten in eine Schüssel geben, mit kaltem Wasser übergießen, umrühren und abdecken.
Stehzeit: mindestens 5 Stunden
Am besten am Vortag zubereiten, damit es bis zur Teigbereitung quellen kann.

Vorbereitung

150 g getrocknete Aprikosen
100 g getrocknete Datteln
100 g getrocknete Pflaumen
50 g getrocknete Feigen
400 g getrocknete Früchte

Alle Trockenfrüchte grob zerkleinern. Einzelne Früchte dürfen auch ganz bleiben.

Zutaten der Teigbereitung

580 g Roggensauerteig ❶
965 g Quellstück ❷
125 g Roggenmehl, Type 1150
200 g Weizenmehl, Type 550
10 g Honig
15 g Frischhefe
ca. 105 ml Wasser
400 g vorbereitete Trockenfruchtstücke
ca. 2400 g Brotteig

Kneten

Alle Zutaten, bis auf die Trockenfruchtstücke, in der angegebenen Reihenfolge in den Kneter geben und 17 Minuten langsam, dann 5 Minuten schnell kneten. Bei einfachen Rühr- und Knetmaschinen (Eingang-Maschinen): 25 Minuten. Die Trockenfrüchte erst in den letzten 3 Minuten der Knetzeit zugeben.
Soll-Temperatur des Teigs: 26–27 °C

Teigruhe, Formen und Gare

Den Teig unter einer Folie oder einem sauberen Tuch 20–25 Minuten in der Küche ruhen lassen. Anschließend in 4 gleich große Stücke portionieren, rund-, dann langwirken und mit dem Verschluss nach unten auf den Tisch legen. In Roggenflocken wälzen und mit dem Verschluss nach unten in gefetteten Kastenformen ablegen. 50–55 Minuten auf Gare stellen. Kurz vor Ende der Gare die Brote mit einer Schere längs einschneiden.
Temperatur für die Gare: 25–30 °C

Backen

Im Häussler Holzbackofen:
Bei 280 °C einschießen
Backzeit 60-65 Minuten

Im Häussler Elektro-Steinbackofen:
Bei Oberhitze 280 °C / Unterhitze 190 °C einschießen
Bei ausgeschaltenem Ofen 60-65 Minuten backen

Im herkömmlichen Haushaltsbackofen:
Bei 255 °C einschießen
Nach 5 Minuten auf 200 °C zurückschalten
Backzeit weitere 55-60 Minuten

LEINSAMENBROT

FÜR 2 BROTE
JE ETWA 930 G TEIGGEWICHT
VORBEREITUNG: ROGGENSAUERTEIG UND QUELLSTÜCK HERSTELLEN

Roggensauerteig (Einstufige Führung) ❶
200 g Roggenmehl, Type 997
20 g Starterkultur/Anstellgut
bzw. Sauerteig-Starterkultur nach Angaben des Herstellers
ca. 180 ml Wasser
ca. 400 g Sauerteig
oder die entsprechende Menge Fertigsauerteig, nach Angaben des Herstellers

Soll-Temperatur des Sauerteigs: 24–27 °C
15–16 Stunden reifen lassen

Quellstück ❷
70 g Leinsamen
100 ml Wasser
170 g Quellstück

Die Leinsamen in eine Schüssel geben, mit kaltem Wasser übergießen, umrühren und abdecken.
Stehzeit: mindestens 5 Stunden
Am besten am Vortag zubereiten, damit es bis zur Teigbereitung quellen kann.

Zutaten der Teigbereitung
400 g Roggensauerteig ❶
170 g Quellstück ❷
350 g Roggenmehl, Type 997
450 g Weizenmehl, Type 550
22 g Salz
20 g Frischhefe
470 ml Wasser
ca. 1860 g Brotteig

Kneten
Alle Zutaten in der angegebenen Reihenfolge in den Kneter geben und 6 Minuten langsam, dann 7 Minuten schnell kneten. Bei einfachen Rühr- und Knetmaschinen: 15 Minuten.
Soll-Temperatur des Teigs: 25–27 °C

Teigruhe, Formen und Gare
Den Teig unter einer Folie oder einem sauberen Tuch 15–20 Minuten in der Küche ruhen lassen. Anschließend in 2 gleich große Stücke portionieren, erst rund-, dann langwirken und mit dem Verschluss nach unten auf den bemehlten Tisch legen. Mit Wasser abstreichen und in Sesam wälzen. Die Brote mit dem Verschluss nach oben auf ein bemehltes Leinentuch setzen, die Seiten des Tuches zwischen den Broten hochziehen und für 50–60 Minuten auf Gare stellen. Nach 40 Minuten Garzeit die Brote mehrmals schräg einschneiden.
Temperatur für die Gare: ca. 32 °C

Backen
Die Brote vom Leinentuch auf einen leicht bemehlten Backschieber legen und in den heißen Ofen schießen.

Im Häussler Holzbackofen:
Bei 280 °C einschießen
Backzeit 50 Minuten

Im Häussler Elektro-Steinbackofen:
Bei Oberhitze 280 °C / Unterhitze 190 °C einschießen
Bei ausgeschaltenem Ofen 50 Minuten backen

Im herkömmlichen Haushaltsbackofen:
Bei 255 °C einschießen
Nach 5 Minuten auf 200 °C zurückschalten
Backzeit weitere 45 Minuten

LINSENBROT

FÜR 3 BROTE
JE ETWA 1040 G TEIGGEWICHT
VORBEREITUNG: ROGGENSAUERTEIG UND KOCHSTÜCK HERSTELLEN

Roggensauerteig (Einstufige Führung) ❶

200 g Roggenmehl, Type 1370
20 g Starterkultur/Anstellgut
bzw. Sauerteig-Starterkultur nach Angaben des Herstellers
ca. 180 ml Wasser
ca. 400 g Sauerteig
oder die entsprechende Menge Fertigsauerteig, nach Angaben des Herstellers

Soll-Temperatur des Roggensauerteigs: 24–27 °C
15–22 Stunden reifen lassen

Kochstück ❷

450 g Beluga- oder Tellerlinsen
ca. 1200 ml Wasser
20 g Salz
1670 g Kochstück

Stehzeit: mindestens 5 Stunden
Am besten am Vortag zubereiten, damit es bis zur Teigbereitung quellen und auskühlen kann.

Zutaten der Teigbereitung

400 g Roggensauerteig ❶
1670 g Kochstück ❷
450 g Weizenmehl, Type 1050
200 g Roggenmehl, Type 1370
20 g Salz
30 g Frischhefe
ca. 350 ml Wasser
ca. 3120 g Brotteig

Kneten

Alle Zutaten, bis auf das Kochstück, in der angegebenen Reihenfolge in den Kneter geben und 7 Minuten langsam, dann ca. 8 Minuten schnell kneten. Bei einfachen Rühr- und Knetmaschinen (Eingang-Maschinen): 16 Minuten. Den Teig etwa 10 Minuten ruhen lassen, dann die Linsen unterkneten.
Soll-Temperatur des Teigs: 25–27 °C

Teigruhe, Formen und Gare

Den Teig unter einer Folie oder einem sauberen Tuch ca. 30 Minuten in der Küche ruhen lassen. Anschließend in 3 gleich große Stücke portionieren, rund-, dann langwirken und mit dem Verschluss nach oben in mit Kartoffelstärke bemehlten Gärkörben ablegen. Etwa 40–50 Minuten auf Gare stellen.
Temperatur für die Gare: 25–30 °C

Backen

Die Brote aus der Gärkörben auf einen leicht bemehlten Backschieber geben, mit einem Messer mehrmals schräg einschneiden und in den heißen Ofen schießen.

Im Häussler Holzbackofen:
Bei 280 °C einschießen
Backzeit 50 Minuten

Im Häussler Elektro-Steinbackofen:
Bei Oberhitze 280 °C / Unterhitze 190 °C einschießen
Bei ausgeschaltenem Ofen 50 Minuten backen

Im herkömmlichen Haushaltsbackofen:
Bei 260 °C einschießen
Nach 5 Minuten auf 200 °C zurückschalten
Backzeit weitere 45 Minuten

SCHWÄBISCHE DINNETE

FÜR 10 DINNETEN
JE ETWA 180 G TEIGGEWICHT
VORBEREITUNG: ZWIEBELN SCHÄLEN UND ANDÜNSTEN

Vorbereitung

250 g Zwiebeln, geschält

Zwiebeln in feine Ringe schneiden und in etwas Fett glasig andünsten, dann abkühlen lassen.

Masse für den Belag

250 g Schmand (Sauerrahm)
60 g Weizenmehl, Type 550
55 g Ei (etwa 1 Ei, Größe L)
8 g Salz
8 g Knoblauchpulver
5 g Pfeffer
250 g gedünstete Zwiebelringe
30 g Schnittlauch
200 g geräucherter Bauchspeck
ca. 870 g Masse als Belag

Aus Schmand, Weizenmehl, Ei und Gewürzen eine cremige Masse rühren, dann Zwiebelringe zugeben und zuletzt den Schnittlauch unterheben.

Zutaten der Teigbereitung

1000 g Weizenmehl, Type 550
20 g Salz
20 g Frischhefe
ca. 800 ml Wasser
ca. 1840 g Dinneteteig

Kneten

Alle Zutaten in der angegebenen Reihenfolge in den Kneter geben und zunächst 5 Minuten langsam, dann 6 Minuten schnell kneten. Bei einfachen Rühr- und Knetmaschinen (Eingang-Maschinen): 12 Minuten.
Soll-Temperatur des Teigs: 26 °C

Teigruhe, Formen und Gare

Den Teig unter einer Folie oder einem sauberen Tuch ca. 60 Minuten in der Küche ruhen lassen. Den Teig in 10 gleich große Stücke portionieren, vorsichtig rundwirken, entspannen lassen und von Hand auf 0,5–1 cm Dicke ausziehen und direkt auf den bemehlten Backschieber oder Pizzapapier legen. Die Masse gleichmäßig auf den Fladen verteilen, dann den Bauchspeck sowie etwas Kümmel aufstreuen und sofort in den Ofen schießen.
Temperatur für die Gare: 25–30 °C

Backen

Im Häussler Holzbackofen:
Bei 320 °C einschießen
Backzeit 6-8 Minuten

Im Häussler Elektro-Steinbackofen:
Bei Oberhitze 320 °C / Unterhitze 235 °C einschießen
Backzeit 6-8 Minuten

APFEL-MANDEL-FLADEN

FÜR 10 FLADEN
JE ETWA 180 G TEIGGEWICHT
VORBEREITUNG: ÄPFEL RASPELN UND BETRÄUFELN

Vorbereitung

600 g Äpfel (ca. 12 mittelgroße Äpfel), geschält
etwas Zitronensaft
ca. 600 g geraspelte Äpfel

Die Äpfel grob raspeln und mit etwas Zitronensaft beträufeln.

Masse

400 g Schmand oder Sauerrahm
200 g Sahne
100 g Ei (etwa 2 Eier, Größe M)
8 g Zimtzucker
8 g Mandelblättchen
ca. 715 g Masse als Belag

Aus Schmand, Sahne, Ei und Zimtzucker eine cremige Masse rühren.

Zutaten der Teigbereitung

1000 g Weizenmehl, Type 550
20 g Salz
20 g Frischhefe
ca. 800 ml Wasser
ca. 1840 g Fladenteig

Kneten

Alle Zutaten in der angegebenen Reihenfolge in den Kneter geben und zunächst 5 Minuten langsam, dann 6 Minuten schnell kneten.
Bei einfachen Rühr- und Knetmaschinen (Eingang-Maschinen): 12 Minuten
Soll-Temperatur des Teigs: ca. 26 °C

Teigruhe, Formen und Gare

Den Teig unter einer Folie oder einem sauberen Tuch ca. 60 Minuten in der Küche ruhen lassen. Den Teig in 10 gleich große Stücke portionieren, vorsichtig rundwirken, entspannen lassen und von Hand auf 0,5–1 cm Dicke ausziehen. Direkt auf ein bemehlten Backschieber oder Pizzapapier legen. Zuerst die geraspelten Äpfel auftragen, dann die Masse gleichmäßig mit einem Löffel darauf verteilen. Zuletzt mit Mandelblättchen bestreuen und sofort in den Ofen schieben.

Variation: herzhaft, einfach

Das Weizenmehl durch Dinkelmehl, Type 630 ersetzen. Die Fladen nach dem Aufziehen mit Wasser abstreichen und grobkörniges Salz (Brezelsalz) und Kümmel aufstreuen. Nach dem Backen die heißen Fladen sofort mit aufgelöster Butter abstreichen, die auch mit einer Kräutermischung und/oder Knoblauch gewürzt sein kann.

Backen

Im Häussler Holzbackofen:
Bei 320 °C einschießen
Backzeit 10 Minuten

Im Häussler Elektro-Steinbackofen:
Bei Oberhitze 320 °C / Unterhitze 235 °C einschießen
Backzeit 10 Minuten

SCHWÄBISCHER BAUERNLAIB

FÜR 2 BROTE
JE ETWA 860 G TEIGGEWICHT
VORBEREITUNG: WEIZENHEFEVORTEIG HERSTELLEN

Weizenhefevorteig ❶

225 g Weizenmehl, Type 1050
ca. 160 ml Wasser
1 g Hefe

386 g Weizenhefevorteig

Soll-Temperatur des Weizenhefevorteigs: ca. 24 °C
Reifezeit: 1 - max. 5 Stunden bei 20-25 °C Nach der Reifezeit steht der Vorteig zur Herstellung des Hauptteigs bereit oder kann bis zu 3 Tage im Kühlschrank (bei 5 °C) aufbewahrt werden.

Zutaten der Teigbereitung

386 g Weizenhefevorteig ❶
525 g Weizenmehl, Type 1050
150 g Dinkelmehl, Type 630 oder 1050
100 g Roggenmehl, Type 1150
20 g Salz
12 g Frischhefe
ca. 540 ml Wasser

ca. 1735 g Brotteig

Kneten

Alle Zutaten in der angegebenen Reihenfolge in den Kneter geben und zunächst 6 Minuten langsam, dann 7 Minuten intensiv und schnell kneten. Bei einfachen Rühr- und Knetmaschinen (Eingang-Maschinen): 15 Minuten.
Soll-Temperatur des Teigs: ca. 26 °C

Teigruhe, Formen und Gare

Den Teig unter einer Folie oder einem sauberen Tuch ca. 1 Stunde und 40 Minuten in der Küche ruhen lassen. Anschließend in 2 gleich große Stücke portionieren und nur leicht rundstoßen, um die Porung zu erhalten. Die Brotlaibe mit dem Verschluss nach unten auf die stark bemehlte Arbeitsplatte ablegen und für 10-15 Minuten auf Gare stellen.
Temperatur für die Gare: 25-30 °C

Backen

Die Brote mit dem Teigschluss nach oben auf einen leicht bemehlten Backschieber setzen und in den heißen Ofen schießen.

Im Häussler Holzbackofen:
Bei 280 °C einschießen
Backzeit 60 Minuten

Im Häussler Elektro-Steinbackofen:
Bei Oberhitze 280 °C / Unterhitze 190 °C einschießen
Bei ausgeschaltenem Ofen 60 Minuten backen

HEFEZOPF

FÜR 4 ZÖPFE
JE ETWA 450 G TEIGGEWICHT
VORBEREITUNG: WEIZENHEFEVORTEIG HERSTELLEN

Weizenhefevorteig ❶

200 g Weizenmehl, Type 550
ca. 140 ml Milch (alternativ: Wasser)
1 g Frischhefe
341 g Weizenhefevorteig

Soll-Temperatur des Weizenhefevorteigs: ca. 24 °C
Reifezeit: 1 – max. 5 Stunden bei 20–25 °C Nach der Reifezeit steht der Vorteig zur Herstellung des Hauptteigs bereit oder kann bis zu 3 Tage im Kühlschrank (bei 5 °C) aufbewahrt werden.

Zutaten der Teigbereitung

341 g Weizenhefevorteig ❶
800 g Weizenmehl, Type 550
100 g Butter
100 g Eier (2 Eier, Größe M)
100 g Zucker
10 g Salz
40 g Frischhefe
10 g unbehandelter Zitronenabrieb und -saft
ca. 310 ml Milch
ca. 1810 g Brotteig

Kneten

Alle Zutaten in der angegebenen Reihenfolge in den Kneter geben und zunächst 6 Minuten langsam, dann 6 Minuten schnell kneten. Bei einfachen Rühr- und Knetmaschinen (Eingang-Maschinen): 12 Minuten.
Soll-Temperatur des Teigs: ca. 25 °C

Teigruhe, Formen und Gare

Den Teig unter einer Folie oder einem sauberen Tuch ca. 40 Minuten in der Küche ruhen lassen. Anschließend in 4 gleich große Stücke portionieren und nur leicht rundwirken. Jedes Teigstück wiederum in 2 gleich große Stücke teilen und diese zu je 90 cm langen Strängen ausrollen. Die Zöpfe folgendermaßen flechten:

1. Die linke Hand nimmt den rechten Querstrang und legt ihn oberhalb des linken Querstrangs ab. Die rechte Hand nimmt den linken Querstrang und legt ihn nach rechts ab.
2. Die linke Hand legt den oberen Teil nach unten, die rechte Hand den unteren Teilnach oben.
3. Nach diesem Muster fortfahren. Zum Abschluss die Enden fest zusammendrücken und leicht nach unten stülpen. Die Zöpfe direkt auf einem mit Dauerbackfolie belegtes Lochblech ablegen und 30–40 Minuten auf Gare stellen.

Temperatur für die Gare: 25–30 °C

Backen

Die Zöpfe mit Ei bestreichen und auf Wunsch mit Hagelzucker und Mandeln bestreuen. Danach in den heißen Ofen schießen.

Im Häussler Holzbackofen:
Bei 220 °C einschießen
Backzeit 30-35 Minuten

Im Häussler Elektro-Steinbackofen:
Bei Oberhitze 210 °C / Unterhitze 130 °C einschießen
Bei ausgeschaltenem Ofen 30-35 Minuten backen

Tipp: Die Zöpfe nach dem Backen mit zerlassener Butter bestreichen und Hagelzucker und Mandelblättchen aufstreuen.

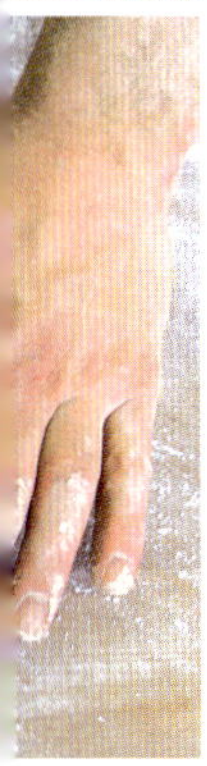

FORMBROT I

FÜR 3 BROTE
JE ETWA 600 G TEIGGEWICHT
VORBEREITUNG: ROGGENSAUERTEIG, WEIZENHEFEVORTEIG UND KOCHSTÜCK HERSTELLEN

Roggensauerteig (Einstufige Führung) ❶

175 g Roggenmehl, Type 997
18 g Starterkultur/Anstellgut
bzw. Sauerteig-Starterkultur nach Angaben des Herstellers
ca. 175 ml Wasser
ca. 368 g Sauerteig
oder die entsprechende Menge Fertigsauerteig, nach Angaben des Herstellers

Soll-Temperatur des Roggensauerteigs: 24–27 °C
15–22 Stunden reifen lassen

Weizenhefevorteig ❷

140 g Weizenmehl, Type 1050
ca. 110 ml Wasser
1 g Frischhefe
251 g Weizenhefevorteig

Soll-Temperatur des Weizenhefevorteigs: ca. 24 °C
Reifezeit: 1 – max. 5 Stunden bei 20–25 °C
Nach der Reifezeit steht der Vorteig zur Herstellung des Hauptteigs bereit oder kann bis zu 3 Tage im Kühlschrank (bei 5 °C) aufbewahrt werden.

Kochstück ❸

50 g Weizengrieß
ca. 150 ml Wasser
200 g Kochstück

Stehzeit: mindestens 5 Stunden
Am besten am Vortag zubereiten, damit es bis zur Teigbereitung quellen und auskühlen kann.

Zutaten der Teigbereitung

368 g Roggensauerteig ❶
251 g Weizenhefevorteig ❷
200 g Kochstück ❸
75 g Roggenmehl, Type 997
350 g Weizenmehl, Type 550
210 g Weizenmehl, Type 1050
30 g Frischhefe
30 g Schmalz
18 g Salz
ca. 315 ml Wasser
ca. 1830 g Brotteig

Kneten

Alle Zutaten in der angegebenen Reihenfolge in den Kneter geben und zunächst 6 Minuten langsam, dann 8 Minuten intensiv und schnell kneten. Bei einfachen Rühr- und Knetmaschinen (Eingang-Maschinen): 15 Minuten.
Soll-Temperatur des Teigs: 20–25 °C

Teigruhe, Formen und Gare

Den Teig unter einer Folie oder einem sauberen Tuch 20–25 Minuten in der Küche ruhen lassen. Anschließend 3 Stücke à 450 g abwiegen und 3 Stücke à 150 g. Die größeren Teigstücke je rund-, dann langwirken. Mit dem Rollholz eine Vertiefung bilden. Die kleineren Teigstücke zu einem Strang rollen und zu einer Kugelkette formen. Diese in die Vertiefung legen. Die Brotlaibe direkt auf ein mit Dauerbackfolie belegtes Backblech legen und für 35-40 Minuten auf Gare stellen.
Temperatur für die Gare: 25–30 °C

Backen

Im Häussler Holzbackofen:
Bei 280 °C einschießen
Backzeit 35-40 Minuten

Im Häussler Elektro-Steinbackofen:
Bei Oberhitze 280 °C / Unterhitze 190 °C einschießen
Bei ausgeschaltenem Ofen 35-40 Minuten backen

Im herkömmlichen Haushaltsbackofen:
Bei 250 °C einschießen
Nach 5 Minuten auf 200 °C zurückschalten
Backzeit weitere 30-35 Minuten

FORMBROT 2

FÜR 3 BROTE
JE ETWA 600 G TEIGGEWICHT
VORBEREITUNG: ROGGENSAUERTEIG, WEIZENHEFEVORTEIG UND KOCHSTÜCK HERSTELLEN

Roggensauerteig (Einstufige Führung) ❶

75 g Roggenmehl, Type 997
7 g Starterkultur/Anstellgut
bzw. Sauerteig-Starterkultur nach Angaben des Herstellers
ca. 65 ml Wasser

ca. 147 g Roggensauerteig
oder die entsprechende Menge Fertigsauerteig, nach Angaben des Herstellers

Soll-Temperatur des Sauerteigs: 24–27 °C
15–22 Stunden reifen lassen

Weizenhefevorteig ❷

140 g Weizenmehl, Type 1050
ca. 110 ml Wasser
1 g Frischhefe

251 g Weizenhefevorteig

Soll-Temperatur des Weizenhefevorteigs: ca. 24 °C
Reifezeit: 1 – max. 5 Stunden bei 20–25 °C
Nach der Reifezeit steht der Vorteig zur Herstellung des Hauptteigs bereit oder kann bis zu 3 Tage im Kühlschrank (bei 5 °C) aufbewahrt werden.

Kochstück ❸

50 g Weizengrieß
ca. 150 ml Wasser

200 g Kochstück

Stehzeit: mindestens 5 Stunden
Am besten am Vortag zubereiten, damit es bis zur Teigbereitung quellen und auskühlen kann.

Zutaten der Teigbereitung

147 g Roggensauerteig ❶
251 g Weizenhefevorteig ❷
200 g Kochstück ❸
175 g Roggenmehl, Type 997
350 g Weizenmehl, Type 550
210 g Weizenmehl, Type 1050
30 g Frischhefe
30 g Schmalz
20 g Salz
ca. 420 ml Wasser

ca. 1830 g Brotteig

Kneten

Alle Zutaten in der angegebenen Reihenfolge in den Kneter geben und zunächst 6 Minuten langsam, dann 7 Minuten intensiv und schnell kneten. Bei einfachen Rühr- und Knetmaschinen (Eingang-Maschinen): 15 Minuten.
Soll-Temperatur des Teigs: 24–26 °C

Teigruhe, Formen und Gare

Den Teig unter einer Folie oder einem sauberen Tuch 20–25 Minuten in der Küche ruhen lassen. Anschließend in 3 gleich große Stücke portionieren und rundwirken. Mit einem Ring (Durchmesser ca. 3 cm) mittig 1 cm tief einstechen. Die Brotlaibe direkt auf ein mit Dauerbackfolie belegtes Lochblech ablegen, seitlich mehrmals einschneiden und für 30–35 Minuten auf Gare stellen.
Temperatur für die Gare: 25–30 °C

Backen

Im Häussler Holzbackofen:
Bei 280 °C einschießen
Backzeit 35-40 Minuten

Im Häussler Elektro-Steinbackofen:
Bei Oberhitze 280 °C / Unterhitze 190 °C einschießen
Bei ausgeschaltenem Ofen 35-40 Minuten backen

Im herkömmlichen Haushaltsbackofen:
Bei 240 °C einschießen
Nach 5 Minuten auf 210 °C zurückschalten
Backzeit weitere 30-35 Minuten

KLEINES ERNTEDANKBROT

FÜR 3 BROTE
JE ETWA 580 G TEIGGEWICHT
VORBEREITUNG: ROGGENSAUERTEIG HERSTELLEN

Roggensauerteig (Einstufige Führung) ❶
180 g Roggenmehl, Type 1150
18 g Starterkultur/Anstellgut
bzw. Sauerteig-Starterkultur nach Angaben des Herstellers
ca. 150 ml Wasser

348 g Roggensauerteig
oder die entsprechende Menge Fertigsauerteig, nach Angaben des Herstellers

Soll-Temperatur des Roggensauerteigs: 24–27 °C
15–22 Stunden reifen lassen

Zutaten der Teigbereitung
348 g Roggensauerteig ❶
370 g Roggenmehl, Type 1150
450 g Weizenmehl, Type 550
30 g Schmalz
20 g Salz
20 g Frischhefe
ca. 500 ml Wasser

ca. 1740 g Brotteig

Kneten
Alle Zutaten in der angegebenen Reihenfolge in den Kneter geben und ca. 6 Minuten langsam und 8 Minuten schnell kneten. Bei einfachen Rühr- und Knetmaschinen (Eingang-Maschinen): ca. 17 Minuten. Soll-Temperatur des Teigs: 26–27 °C

Teigruhe, Formen und Gare
Den Teig unter einer Folie oder einem sauberen Tuch 15–20 Minuten in der Küche ruhen lassen. Anschließend in 3 gleich große Stücke portionieren, einen kleinen Teil des Teigs für die Ähren zur Seite legen und die 3 großen Stücke erst rund-, dann langwirken. Die Ähren aus dem restlichen Teig formen. Die Brote mit Wasser abstreichen, die Ähren aufbringen, fertig ausarbeiten (mit einer Schere einschneiden), dann die Brote nochmals abstreichen. Auf ein mit Dauerbackfolie belegtes Lochblech ablegen und für 40–45 Minuten auf Gare stellen. Temperatur für die Gare: 25–30 °C

Backen
Im Häussler Holzbackofen:
Bei 270 °C einschießen
Backzeit 40-45 Minuten

Im Häussler Elektro-Steinbackofen:
Bei Oberhitze 270 °C / Unterhitze 180 °C einschießen
Bei ausgeschaltenem Ofen 40-45 Minuten backen

Im herkömmlichen Haushaltsbackofen:
Bei 245 °C einschießen
Nach 5 Minuten auf 200 °C zurückschalten
Backzeit weitere 35-40 Minuten

STERNBROT

FÜR 2 BROTE
JE ETWA 840 G TEIGGEWICHT
VORBEREITUNG: WEIZENHEFEVORTEIG HERSTELLEN

Weizenhefevorteig

200 g Weizenmehl, Type 550
ca. 140 ml Wasser
1 g Frischhefe
341 g Weizenhefevorteig

Soll-Temperatur des Weizenhefevorteigs: ca. 24 °C
Reifezeit: 1 – max. 5 Stunden bei 20–25 °C
Nach der Reifezeit steht der Vorteig zur Herstellung des Hauptteigs bereit oder kann bis zu 3 Tage im Kühlschrank (bei 5 °C) aufbewahrt werden.

Zutaten für die Teigbereitung

341 g Weizenhefevorteig ❶
750 g Weizenmehl, Type 550
50 g Roggenmehl, Type 1050
20 g Frischhefe
20 g Salz
20 g Olivenöl
ca. 490 ml Wasser
ca. 1690 g Teig

Kneten

Alle Zutaten in der angegebenen Reihenfolge in den Kneter geben und 4 Minuten langsam, dann 6 Minuten schnell kneten. Bei einfachen Rühr- und Knetmaschinen (Eingang-Maschinen): 12 Minuten.
Soll-Temperatur des Teigs: ca. 25 °C

Teigruhe, Formen und Gare

Den Teig mit einer Folie abgedeckt 70–80 Minuten ruhen lassen. Danach 2 Teigstücke zu je 640 g und 2 Teigstücke zu je 200 g abwiegen und rundwirken. Anschließend 10–15 Minuten zugedeckt ruhen lassen und danach wie folgt aufarbeiten:

1. Einen Teigballen zu 640 g und einen zu 200 g auf der bemehlten Arbeitsfläche bereitlegen und etwas flachdrücken.
2. Den kleineren Ballen mit dem Rollholz dünn und rund ausrollen, sodass er einen Durchmesser von etwa 20 cm hat.
3. Anschließend die Mitte mit etwas Olivenöl bestreichen. Den Rand (ca. 3 cm) mit Wasser besprühen.
4. Den 640 g schweren Ballen nun flach drücken, bis er ebenfalls ca. 20 cm Durchmesser aufweist und mittig auf den ausgerollten Teig legen.
5. Einen Sterndrücker anschließend kräftig durch den Teig drücken.
6. Auf ein Backblech mit Backpapier oder Dauerbackfolie legen.
7. Die 6 Spitzen nun nacheinander von innen nach außen klappen, sodass ein Stern entsteht und leicht mit Mehl besieben.
8. Jeden Zacken des Sterns mit einem Messer von innen nach außen zweimal parallel einschneiden, zum Rand hin das Messer nicht ganz durchziehen.
9. Die Sterne nun ca. 40 Minuten auf Gare stellen
   Temperatur für die Gare: 25–30°C

Backen

Im Häussler Holzbackofen:
Bei 270 °C einschießen
Backzeit 40 Minuten

Im Häussler Elektro-Steinbackofen:
Bei Oberhitze 270 °C / Unterhitze 180 °C einschießen
Bei ausgeschaltenem Ofen 40 Minuten backen

Im herkömmlichen Haushaltsbackofen:
Bei 240 °C einschießen
Nach 5 Minuten auf 200 °C zurückschalten
Backzeit weitere 25-35 Minuten

Nützliches Zubehör: Sternbrotdrücker: Mit diesem Ausstecher zaubern Sie mit einfachen Handgriffen die wunderschönen Sternbrote. Auch hervorragend geeignet als Teigteiler für 6 Brötchen à 80 g. Er besteht aus stabilem Edelstahl mit Griff (Durchmesser 15 cm, Gewicht: 0,5 kg, Bezugsuelle: www.backdorf.de).

SÜSSER PLATZ
AUS BUTTERHEFETEIG

FÜR 5 BROTE
JE ETWA 540 G TEIGGEWICHT
VORBEREITUNG: WEIZENHEFEVORTEIG HERSTELLEN UND FRÜCHTEMISCHUNG VORBEREITEN

Weizenhefevorteig ❶

200 g Weizenmehl, Type 550
ca. 160 ml Wasser
1 g Frischhefe
361 g Weizenhefevorteig

Soll-Temperatur des Weizenhefevorteigs: ca. 24 °C
Reifezeit: 1 - max. 5 Stunden bei 20-25 °C
Nach der Reifezeit steht der Vorteig zur Herstellung des Hauptteigs bereit oder kann bis zu 3 Tage im Kühlschrank (bei 5 °C) aufbewahrt werden.

Vorbereitung ❷

380 g Rosinen
70 ml Rum
80 g Mandeln, gestiftet
50 g Zitronat
50 g Orangeat
ca. 100 ml Wasser
730 g Früchtemischung

Rosinen waschen und gut abtropfen lassen. Dann mit Rum übergießen und 4-5 Tage in einem geschlossenen Gefäß ziehen lassen. Die Mandeln auf einem Blech im Ofen leicht anrösten. Dann Zitronat, Orangeat und Mandeln in eine Schüssel geben und kurz vor der Teigbereitung mit Wasser übergießen und mischen.

Zutaten der Teigbereitung

361 g Weizenhefevorteig ❶
800 g Weizenmehl, Type 550
15 g Salz
60 g Frischhefe
150 g Butter
150 g Zucker
150 g Eier (3 Eier, Größe M)
15 ml Zitronensaft
etwas Bourbonvanille
ca. 290 ml Vollmilch
730 g Früchtemischung ❷
ca. 2720 g Teig

Kneten

Alle Zutaten, bis auf die vorbereiteten Rosinen, Zitronat und Orangeat, in der angegebenen Reihenfolge in den Kneter geben und zunächst 8 Minuten langsam, dann 10 Minuten schnell kneten. Bei einfachen Rühr- und Knetmaschinen (Eingang-Maschinen): 19 Minuten. Die vorbereiteten Früchte erst in den letzten 2-3 Minuten zugeben.
Soll-Temperatur des Teigs: ca. 25 °C

Teigruhe, Formen und Gare

Den Teig unter einer Folie oder einem sauberen Tuch 25-30 Minuten in der Küche ruhen lassen. Nach der Ruhezeit in 5 gleich große Stücke portionieren, rundwirken und auf ein mit Dauerbackfolie belegtes Backblech ablegen und 45-50 Minuten auf Gare stellen. Nach 30 Minuten über Kreuz tief einschneiden.
Temperatur für die Gare: 25-30 °C

Backen

Im Häussler Holzbackofen:
Bei 240 °C einschießen
Backzeit 30 Minuten

Im Häussler Elektro-Steinbackofen:
Bei Oberhitze 240 °C/Unterhitze 150 °C einschießen
Bei ausgeschaltenem Ofen 30 Minuten backen

Im herkömmlichen Haushaltsbackofen:
Bei 220 °C einschießen
Nach 5 Minuten auf 190 °C zurückschalten
Backzeit weitere 25 Minuten

Tipp: Weitere Mandelstifte in der Pfanne leicht anrösten und kurz vor dem Backen aufstreuen.

BANANEN-KOKOS-STUTEN

FÜR 3 BROTE
JE ETWA 640 G TEIGGEWICHT
VORBEREITUNG: WEIZENHEFEVORTEIG HERSTELLEN

Weizenhefevorteig ❶

200 g Weizenmehl, Type 550
ca. 160 ml Wasser
1 g Frischhefe
361 g Weizenhefevorteig

Soll-Temperatur des Weizenhefevorteigs: ca. 24 °C
Reifezeit: 1 - max. 5 Stunden bei 20-25 °C
Nach der Reifezeit steht der Vorteig zur Herstellung des Hauptteigs bereit oder kann bis zu 3 Tage im Kühlschrank (bei 5 °C) aufbewahrt werden.

Bananen-Kokos-Füllung

300 g Kokosraspel
300 g Butter
450 g Banane, geschält
100 g Zucker
50 g Vanillezucker
50 g Weizenpuder
1 Prise Salz
ca. 1250 g Füllung

Die Kokosraspel trocken in einer Pfanne anrösten, dann abkühlen lassen. Die Butter zerlassen und die Bananen mit einer Gabel zerdrücken. Alle Zutaten in eine Schüssel geben und kräftig rühren.

Zutaten der Teigbereitung

361 g Weizenhefevorteig ❶
800 g Weizenmehl, Type 550
150 g Zucker
125 g Butter
100 g Eier (2 Eier, Größe M)
70 g Frischhefe
20 g Salz
ca. 290 ml Milch
ca. 1915 g Teig

Kneten

Alle Zutaten in der angegebenen Reihenfolge in den Kneter geben und zunächst 5 Minuten langsam, dann 10-12 Minuten schnell kneten. Bei einfachen Rühr- und Knetmaschinen (Eingang-Maschinen): ca. 16 Minuten.
Soll-Temperatur des Teigs: 24-26 °C

Teigruhe, Formen und Gare

Den Teig unter einer Folie oder einem sauberen Tuch ca. 15 Minuten in der Küche ruhen lassen. Nach der Ruhezeit in 3 gleich große Stücke portionieren, diese leicht rundwirken und nochmals ca. 20 Minuten ruhen lassen. Kastenformen mit Butter ausstreichen und mit Bröseln (vorzugsweise Kuchen- oder Keksbrösel) ausstreuen. Jeden Teig auf ca. 30 × 40 cm ausrollen.
Je ⅓ der Füllung aufstreichen und auf die Länge der Kastenform aufrollen. Die Rolle in die vorbereiteten Kastenformen ablegen und ca. 40 Minuten auf Gare stellen. Die Stuten nach 20 Minuten längs mit einer Schere tief einschneiden.
Temperatur für die Gare: ca. 30 °C

Backen

Im Häussler Holzbackofen:
Bei 230 °C einschießen
Backzeit 40-50 Minuten

Im Häussler Elektro-Steinbackofen:
Bei Oberhitze 220 °C / Unterhitze 140 °C einschießen
Bei ausgeschaltenem Ofen 40-50 Minuten backen

Im herkömmlichen Haushaltsbackofen:
Bei 220 °C einschießen
Nach 5 Minuten auf 190 °C zurückschalten
Backzeit weitere 35-45 Minuten

KINDERBROT MIT HAFER

FÜR 3 BROTE
JE ETWA 700 G TEIGGEWICHT
VORBEREITUNG: WEIZENHEFEVORTEIG UND KOCHSTÜCK HERSTELLEN

Weizenhefevorteig ❶

200 g Weizenmehl, Type 1050
160 ml Wasser
1 g Hefe
361 g Weizenhefevorteig

Soll-Temperatur des Weizenhefevorteigs: ca. 24 °C
Reifezeit: 1 - max. 5 Stunden bei 20–25 °C
Nach der Reifezeit steht der Vorteig zur Herstellung des Hauptteigs bereit oder kann bis zu 3 Tage im Kühlschrank (bei 5 °C) aufbewahrt werden.

Kochstück ❷

200 g Hafer, frisch gequetscht
20 g Salz
370 ml Wasser
590 g Kochstück

Stehzeit: mindestens 5 Stunden
Am besten am Vortag zubereiten, damit es bis zur Teigbereitung quellen und auskühlen kann.

Zutaten der Teigbereitung

361 g Weizenhefevorteig ❶
590 g Kochstück ❷
600 g Weizenmehl, Type 550
100 g Magerquark
100 g Schokosplitter
50 g Honig
30 g Hefe
ca. 270 ml Wasser
ca. 2100 g Brotteig

Kneten

Alle Zutaten in der angegebenen Reihenfolge in den Kneter geben und zunächst 8 Minuten langsam, dann 9 Minuten schnell kneten.
Bei einfachen Rühr- und Knetmaschinen: 19 Minuten.
Soll-Temperatur des Teigs: 23–25 °C

Teigruhe, Formen und Gare

Den Teig unter einer Folie oder einem sauberen Tuch ca. 30 Minuten in der Küche ruhen lassen. Nach der Ruhezeit in 3 gleich große Stücke portionieren, rundwirken und mit dem Verschluss nach oben auf ein mit Weizenmehl, Type 1050 bemehltes Brett legen. 30–35 Minuten auf Gare stellen. Die Brote zum Einschießen auf ein mit Dauerbackfolie belegtes Backblech ablegen, einen Smiley aus Kakaopulver aufzeichnen und im Anschluss backen.
Temperatur für die Gare: ca. 32 °C

Backen

Im Häussler Holzbackofen:
Bei 250 °C einschießen
Backzeit 35 Minuten

Im Häussler Elektro-Steinbackofen:
Bei Oberhitze 260 °C / Unterhitze 170 °C einschießen
Bei ausgeschaltenem Ofen 35 Minuten backen

Im herkömmlichen Haushaltsbackofen:
Bei 235 °C einschießen
Nach 5 Minuten auf 200 °C zurückschalten
Backzeit weitere 30 Minuten

SÜSSES FLADENBROT

FÜR 5 BROTE
JE ETWA 390 G TEIGGEWICHT
VORBEREITUNG: WEIZENSAUERTEIG HERSTELLEN

Weizensauerteig ❶

50 g Weizenmehl, Type 997
1 g Frischhefe
oder Sauerteig-Starterkultur nach Angaben des Herstellers
ca. 35 ml Wasser

ca. 86 g Weizensauerteig
(oder die entsprechende Menge Fertigsauerteig, nach Angaben des Herstellers)

Soll-Temperatur des Weizensauerteigs: ca. 28 °C
Reifezeit: 10–16 Stunden bei 25–28 °C

Zutaten der Teigbereitung

86 g Weizensauerteig ❶
950 g Weizenmehl, Type 550
100 g Joghurt
50 g Butter
50 ml Olivenöl
50 g Frischhefe
20 g Salz
100 g Zucker
ca. 570 ml Wasser

ca. 1975 g Teig

Kneten

Alle Zutaten in der angegebenen Reihenfolge in den Kneter geben und zunächst 5 Minuten langsam, dann 6 Minuten schnell kneten. Bei einfachen Rühr- und Knetmaschinen (Eingang-Maschinen): 13 Minuten.
Soll-Temperatur des Teigs: 22–25 °C

Teigruhe, Formen und Gare

Den Teig unter einer Folie oder einem sauberen Tuch ca. 30 Minuten in der Küche ruhen lassen. Nach der Ruhezeit in 5 gleich große Stücke portionieren, vorsichtig rundwirken und auf Gare stellen. Nach 40 Minuten die Teigballen von Hand auf 20 cm Durchmesser drücken, auf ein Pizzapapier legen und nochmals 10 Minuten auf Gare stellen. Vor dem Einschießen die Fladenbrote mit geölten Fingern eindrücken.
Temperatur für die Gare: 25–30 °C

Backen

Im Häussler Holzbackofen:
Bei 300 °C einschießen
Backzeit 10-15 Minuten

Im Häussler Elektro-Steinbackofen:
Bei Oberhitze 300 °C / Unterhitze 200 °C einschießen
Backzeit 10-15 Minuten

Im herkömmlichen Haushaltsbackofen:
Bei 250 °C einschießen
Nach 5 Minuten auf 210 °C zurückschalten
Backzeit weitere 5-10 Minuten

Tipp: Fladen vor dem Backen mit einigen Feigen- und Pflaumenscheiben belegen oder mit zerlassener Butter bestreichen und mit Vanillezucker bestreuen.

SCHOKO-CHILI-KIRSCH-BROT

FÜR 4 BROTE
JE ETWA 610 G TEIGGEWICHT
VORBEREITUNG: WEIZENHEFEVORTEIG UND ROGGENSAUERTEIG HERSTELLEN

Weizenhefevorteig ❶

200 g Weizenmehl, Type 550
160 ml Milch
1 g Frischhefe
361 g Weizenhefevorteig

Soll-Temperatur des Weizenhefevorteigs: ca. 24 °C
Reifezeit: 1 – max. 5 Stunden bei 20–25 °C
Nach der Reifezeit steht der Vorteig zur Herstellung des Hauptteigs bereit oder kann bis zu 3 Tage im Kühlschrank (bei 5 °C) aufbewahrt werden.

Roggensauerteig (Einstufige Führung) ❷

100 g Roggenmehl, Type 1150
10 g Starterkultur/Anstellgut
bzw. Sauerteig-Starterkultur nach Angaben des Herstellers
ca. 100 ml Wasser
ca. 210 g Sauerteig
oder die gleiche Menge Fertigsauerteig, siehe Herstellerangaben

Soll-Temperatur des Sauerteigs: 24–27 °C
15–22 Stunden reifen lassen

Zutaten der Teigbereitung

361 g Weizenhefevorteig ❶
210 g Roggensauerteig ❷
100 g Roggenmehl, Type 1150
600 g Weizenmehl, Type 550
150 g Kuvertüre
100 g Butter
100 g Zucker
50 g Ei (1 Ei, Größe M)
20 g Salz
50 g Frischhefe
3 g Chilipulver
ca. 400 ml Milch
300 g Sauerkirschen
ca. 2445 g Brotteig

Kneten

Alle Zutaten, bis auf die Sauerkirschen, in der angegebenen Reihenfolge in den Kneter geben und zunächst 7 Minuten langsam, dann 8 Minuten schnell kneten. Die Sauerkirschen in den letzten Sekunden zugeben.
Bei einfachen Rühr- und Knetmaschinen (Eingang-Maschinen): ca. 17 Minuten.
Soll-Temperatur des Teigs: 24–25 °C

Teigruhe, Formen und Gare

Den Teig unter einer Folie oder einem sauberen Tuch ca. 30 Minuten in der Küche ruhen lassen. In 4 gleich große Stücke portionieren, leicht (ohne großen Druck) rund-, dann langwirken (Kirschen dabei nicht zerdrücken und nach innen arbeiten) und mit dem Verschluss nach unten in gefetteten Kastenformen ablegen. 35–45 Minuten auf Gare stellen. Nach 30 Minuten die Brote längs tief einschneiden.
Temperatur für die Gare: 25–30 °C

Backen

Im Häussler Holzbackofen:
Bei 260 °C einschießen
Backzeit 30-35 Minuten

Im Häussler Elektro-Steinbackofen:
Bei Oberhitze 260 °C / Unterhitze 170 °C einschießen
Bei ausgeschaltenem Ofen 30-35 Minuten backen

Im herkömmlichen Haushaltsbackofen:
Bei 230 °C einschießen
Nach 5 Minuten auf 200 °C zurückschalten
Backzeit weitere 25-30 Minuten

Der Autor

Werner Kräling stammt aus einer Bäckerfamilie und erlernte nach dem Abitur das Handwerk von der Pike auf. Nach der Ausbildung zum Bäcker studierte er die Fächer Deutsch, Wirtschaft und Soziologie an der Universität Bielefeld und erwarb 1998 das Staatsexamen für das Lehramt der Sekundarstufe II. Anschließend besuchte er die Erste Deutsche Bäckerfachschule in Olpe, machte 1999 seinen Meister im Bäckerhandwerk und schloss 2000 ein Volontariat zum Fachredakteur beim Deutschen Bäckerverlag in Bochum an.

Von 2004 bis 2006 war er Chefredakteur des slow baking-magazins und veranstaltete mit den Fachschulen des Bäckerhandwerks sowie renommierten Instituten der Backbranche slow baking-Fortbildungsseminare für Handwerksbäcker. 2006 führte er als Erster Vorsitzender auch den Verein »slow baking – Backen mit Zeit für Geschmack«.

2007 wechselte er zum Matthaes-Verlag in Stuttgart und leitete als Chefredakteur bis 2010 die Allgemeine BäckerZeitung. 2009 hat er maßgeblich an der Konzeption des ersten Deutschen Backkongresses mitgearbeitet und als Dozent an der Ersten Deutschen Bäckerfachschule in Olpe sowie an der Akademie des Bäckerhandwerks (Weinheim) Bäckermeister im Fortbildungsseminar zum Produktionsleiter unterrichtet.

Werner Kräling arbeitet seit 2010 als freier Fachjournalist, Buchautor, Back- und PR-Berater in der Backbranche. Mit einer Reihe von Fachbüchern zählt er zu den bekannten Buchautoren der backenden Zunft.

2014 übernahm er die fachliche Beratung und Aufgabenstellung für die erste Staffel der TV-Serie »Deutschlands bester Bäcker« im ZDF mit Johann Lafer. Mit Leidenschaft setzt er sich für eine handwerkliche Backkultur ein und gibt mit seinen Beiträgen in der Fachpresse gleichermaßen wertvolle wie auch kritische Impulse für die Backbranche.

BÜCHER VON UND MIT WERNER KRÄLING

- 2003: Alte Rezepte – neu entdeckt, BackMedia Verlagsgesellschaft, Bochum.
- 2004: So werden Sie zum Champion – Theorie und Praxis der handwerklichen Backwarenherstellung, BackMedia Verlagsgesellschaft, Bochum.
- 2005: slow baking – Der Weg zurück zum Geschmack, Convention Verlagsgesellschaft, Winterberg (Co-Autoren: Prof. Dr. Walter Freund und Hermann Kleinemeier).
- 2010: Snacks – Chancen für die Bäckerei Matthaes Verlag, Stuttgart (Co-Autor: Jürgen Rieber).
- 2010: Snacks und kleine Gerichte, Matthaes Verlag, Stuttgart (Co-Autor: Jürgen Rieber).
- 2012: Frühstück – Chancen für die Bäckerei, Matthaes Verlag, Stuttgart (Co-Autoren: Bernd Kütscher, Pierre Nierhaus, Rainer Veith).
- 2013: Kaffee in der Bäckereipraxis. In: Erfolgsfaktor Kaffee in Bäckereien und Konditoreien, Hrsg.: BÄKO-magazin, Verlag Chmielorz, Wiesbaden.
- 2013: Verfahren der Weizenkleingebäckherstellung: Premiumbrötchen aus der handwerklichen Bäckerei. In: Handbuch Backwaren Technologie, Hrsg.: Prof. Dr. Walter Freund, Behrs Verlag Hamburg.
- 2014: Brot – Chancen für die Bäckerei, Matthaes Verlag, Stuttgart (Co-Autor: Meinolf Kräling).

Wer das volle Profi-Wissen zum Brotbacken kennenlernen will, dem sei das Buch »Brot – Chancen für die Bäckerei« empfohlen: Fortgeschrittene Hobbybäcker erfahren in diesem Buch alles über die Grundlagen und Geheimnisse des Sauerteigs und bekommen viele Tipps rund um das Brotbacken sowie 25 zusätzliche Top-Rezepte.

Dank des Autors

Ohne viele fleißige Hände und kluge Köpfe ist es nicht möglich, ein Buch zu erstellen.

Und für dieses Buch haben mir gleich vier echte Bäckermeister tatkräftig in der Backstube zur Seite gestanden, die ihr Handwerk von der Pike auf gelernt haben und ihre ganz besondere Profession mitbringen.

Fridolin Renz arbeitet seit 15 Jahren als Kundenberater und Anwendungstechniker im Häussler-Backdorf und hat in unzähligen Back-Seminaren sein Wissen weitergegeben. Er führt regelmäßig Bäckermeister in die Kunst des Backens im Holzofen ein. Er kennt nicht nur jeden Backofen aus dem FF, sondern weiß auch, wie man im Holzofen richtig Feuer macht.

Klaus Müller machte seinen Bäckermeister an der württembergischen Bäckerfachschule Stuttgart und kennt sich bestens bei allen Teigführungen und Backverfahren aus: »Mr. Teigruhe« bringt viel Geduld mit – auf dass die Brotteige bestens reifen können.

Felix Rommel ist bei Häusslers der Experte für internationale Brotspezialitäten wie z. B. das Schweizer Bürli oder italienische Ciabatta. Er weiß, wie man ein Bürli »aufzieht« und warum in einem guten Olivenöl die Seele der italienischen »Pantoffeln« schlummert.

Mein Bruder **Meinolf Kräling** führte 35 Jahre lang unsere elterliche Handwerksbäckerei in Winterberg, bevor er Ende 2014 nach Neuseeland auswanderte, um nun im Kiwiland am anderen Ende der Erde die deutsche Brotkultur zu verbreiten. Sein Verständnis für Teige ersetzt jede Computersteuerung am Knetbottich.

Ich danke euch ganz herzlich!

ISBN 978-3-9809661-9-1

Praxisteil / Fachwissen: Werner Kräling, Winterberg

Rezeptentwicklung / Backen: Werner und Meinolf Kräling, Winterberg / Häussler (Klaus Müller, Fridolin Renz, Felix Rommel), Heiligkreuztal

Fotografie: Werner Kräling, Winterberg, S. 3–23 auch © Häussler, Fotolia: S. 24 © Chepko Danil | S. 29 © HandmadePictures | S. 29 © Romario len | S. 29 © Elena Schweitzer | S. 36 © al62 | S. 44 © exclusive-design | S. 49 © Alena Yakusheva | S. 49 © nikilitov | S. 49 © humbak
Autorenfoto: Torsten Stecher, Düsseldorf / Michael Zapf, Hamburg
Gestaltung: die basis, Jeanne van Stuyvenberg, Wiesbaden
Lektorat: Dr. Ulrike Strerath-Bolz, usb bücherbüro, Friedberg/Bayern, und Julia Bauer, Redaktionsbüro Küchenzeile, Berlin
Repro: RGD Plus Repro-Grafik-Design, Langen und Koch. Prepress Print Media GmbH, Wiesbaden

Printed in Germany